はしがき

牧原　憲夫

発端は今西一さんの〝義憤〟だった。西川長夫さんの国民国家（批判）論[★1]が正確に理解されていない、というのである。たしかに、「再考・方法としての戦後歴史学」のタイトルのもと、石井寛治・西川長夫・二宮宏之の三氏が報告した一九九九年度歴史学研究会大会の全体会では、西川さんに批判が集中した。そして、この三報告を中心にまとめられた『戦後歴史学再考』[★2]のなかでも、安田浩さんが、「戦後歴史学の多様な成果のなかには、国民国家論の新たな提起をうけて発展させるべき問題が存在して」いるとしながらも、「国民」からの離脱を希求する国民国家論は、「特定の社会的諸関係のなかで生きる以外にない現実的諸個人に対しての高踏的批判」であり、かつての「大学闘争時代の『自己否定の哲学』を思い出し、嫌な感じをもつ」と、強い反発を示した。[★3]また、大門正克さんも以前から精力的に国民国家論を批判しており、近代国家を相対化した意義は認めたうえで、国家の「拘束性」を強調し国家を「忌避する」傾向は、新自由主義の「強い個人」に通じると論じていた。[★4]一九九八年度日本史研究会大会も「『国民国家論』とその批判」[★5]であり、このほかにもさまざまな批判が出されていた。[★6]

これに対して、今西さんは、「国民国家論論争への所感」[★7]などで、大門・小路田泰直・徐京植の諸氏に反論するとともに「非国民化の回路」の模索こそが現代の課題だと主張し、牧原も、国民国家論への共感と批判論に対する疑問を表明していた。[★8]

こうしたいきさつから、二〇〇一年一月、戦後歴史学と国民国家論に関する公開シンポジウムを開こうという今西さんの提案に私も同意し、大まかな企画案の相談をした。そして、西川さん、安田浩さん、大門さんと、歴研大会の仕掛け人で論争に独自のスタンスをとる安田常雄さんにお願いしたところ、皆さん快諾してくださった。

三月二六日、日本経済評論社の片隅で最初の打合せ会を開き、今西さんが「戦後歴史学の超え方——シンポジウムの趣旨と構想」を報告した（この日は西川さんには声をかけなかった）。そして、単純な「対決」よりも、じっくり議論して新たな展望を拓きたいという趣旨から、一泊二日の非公開討論会という形と、予備討論を行うことが決まった。また、女性史や国語論などで活躍する長志珠絵さんにも参加していただくことにした。会の名称については、曲折の末に「越え方研」となった。むろんこれは、西川長夫『国境の越え方』を受けたものだが、さて今度はなにを「越える」のか、戦後歴史学か、国民国家論か、新しい歴史学か、参加者のなかでもまちまちで、しかし、それゆえにぜひ議論しようという雰囲気になってきた。

予備討論会の報告者とテーマは次の通り（場所は日本経済評論社）。

第一回　二〇〇一年六月九日　参加者　今西・大門・西川・安田常雄・安田浩・牧原
報告　安田常雄　国民国家論の構図を考えるために——今西一『国民国家とマイノリティ』（日本経済評論社、二〇〇〇年）について
安田　浩　「国民国家論」再検討のための覚書
第二回　二〇〇一年九月二二日　参加者　今西・大門・長・西川・安田常雄・安田浩・牧原
報告　大門正克　記憶・表象・語りの地平——成田龍一『歴史学のスタイル』（校倉書房、二〇〇一年）をめぐって
長志珠絵　近現代女性史研究の動向——大門正克「日本近代史研究における一九九〇年代」

（『歴史評論』二〇〇一年一〇月）へのコメントを中心に

この二回の議論をふまえ、かつ参加者の体力も考慮して、一泊二日ではなく半日ずつ四回の討論会を開くことに変更した。また、天皇制の政治文化論的な研究を意欲的に行っている高木博志さんにも参加していただくことにした。予備討論を終えてからの参加で最初はかなりとまどわれたようだが、無理なお願いを受けてくださったことに感謝している。

こうして、一二月八日、次のような構成で議論をすることに決まった。第一回をジェンダーにしたのは、長さんが半年間、北京日本学研究中心に出講することになったためで、参加できない第二回は、討論記録を読んでコメントしてもらうことにした。また、第一回については、西川祐子さんに批評をお願いすることにした。

第一回　二〇〇一年一二月二七日　午後一時〜六時　学士会館
　ジェンダーと国民国家　報告＝長 志珠絵　コメント＝大門正克
第二回　二〇〇二年三月二七日　午後一時〜五時　日本教育会館
　個・民衆・国民　報告＝大門正克　コメント＝今西 一
第三回　二〇〇二年七月二八日　午後一時〜五時　日本教育会館
　近代天皇制と国民国家　報告＝安田 浩　コメント＝高木博志
第四回　二〇〇二年八月二七日　午後一時〜五時　日本教育会館
　歴史学と「われわれ」　報告＝安田常雄　コメント＝今西 一

毎回の討論はおおむね次のような形にした。報告者はあらかじめ、若干の参考文献をメンバーに送付しておき、簡単なレジメをもとに三〇～四〇分の報告をする。コメントは、報告に対する意見とともに独自の視点で問題提起をする。それらを受けて討論に入るが、報告・コメントの論点を順次個別に論じていくのではなく、大まかなテーマをいくつか立てて自由に議論する。

司会は四回とも牧原が担当した。最初に述べたとおり、この企画を主導したのは今西さんだが、あいにく韓国留学と体調不良が重なったこともあり、参加者のなかで一番ひまな牧原が事務局を引き受け、いきがかりで司会と討論記録の整理も担当した（本書の「編者」が私の名前になっているのは、ただそれだけの理由からであり、本来ならば、著者として全員の名前を列挙すべきことはいうまでもない）。

討論メンバーの年齢は、六〇歳代後半が一人、四〇歳代後半～五〇歳代が五人、四〇歳前後が二人だが、一番ラディカルなのはもちろん最年長の西川長夫さんだった。原理的な問題が西川さんから提起されても、牧原をはじめとする中年組は、ともすると「日本近代史」の枠のなかでの議論にのめりこみがちになり、西川さんをいらだたせた。もともと今回の討論では、「国民国家とは」「主体とは」といった問いをつねに意識しつつも、哲学や思想の研究者の真似をするよりは、実証的な歴史研究者に可能なスタイル、つまり具体的な素材を通してそれらに接近することをめざしたのだが、それにしても司会はほとんど討論をコントロールできず、ひとつの論点が充分に詰められないうちに他の話題にずれ込んでいくことがしばしばだった。これは私の非力さゆえで申し訳なく、四つの報告がそれぞれ単独の論考として自立できるほどの力作であっただけに、学会のシンポジウムなどでは許されないことだろう。

ただ、ケガの功名といおうか、議論の〝自然な〟流れのなかで、論点の受けとめ方、展開の仕方のうちにその人の思考様式が露呈したり、意表をつく発言や本音がつぎつぎに飛び出したりして、気が抜けなかった。端から見るとどうかわからぬが、当事者としては、なにかについての合意や結論ではなく、細部のやりとりに意味とおもしろさがあった。「井戸端談義」と名づけた所以である。ただし、本文は討論をそのまま再現したものではなく、多少の整理・補筆をしており、時間切れになった論点などについて、あとから加筆してもらったところもある。
一年半ものあいだ、なんども集まって議論できたのは、なによりも楽しかったからだ。基本的な意見の違いを越えて実りのある討論をする、これはそうした「立場の越え方」の実験でもあった。むろん、西川祐子さんの批評や「討論を終えて」にあるように、課題は数多く残された、というよりも、むしろ増えたというべきだが、本書がひとつの刺激になって、あちらこちらで井戸端談義が始まればとひそかに願っている。

注

★1 『国境の越え方』筑摩書房、一九九二年（『増補 国境の越え方』平凡社ライブラリー、二〇〇一年）、「日本型国民国家の形成」（西川長夫・松宮秀治編『幕末明治期の国民国家形成と文化変容』新曜社、一九九五年）、『国民国家の射程』（柏書房、一九九八年）、「帝国の形成と国民化」（西川長夫・渡辺公三編『世紀転換期の国際秩序と国民文化の形成』柏書房、一九九九年）、『戦争の世紀を越えて』（平凡社、二〇〇二年）など。

★2 歴史学研究会編『戦後歴史学再考』（青木書店、二〇〇〇年）。収録論文は次のとおり。安田常雄「方法についての断章」、石井寛治「戦後歴史学と世界史」、西川長夫「戦後歴史学と国民国家論」、二宮宏之「戦後歴史学と社会史」、牧原憲夫「らせん階段をひとまわり」、中條献「方法としての『〈戦後〉歴史学』」、安田浩「戦後歴史学の論じ方によせて」。

★3 前掲『戦後歴史学再考』一七七、一七五頁。

★4 「歴史への問い／現在への問い」（『評論』第一〇一〜一〇三号、一九九七年、日本経済評論社）、「〈歴史への問い／現在への問い〉その後」（『評論』第一一二号、一九九九年）、「歴史意識の現在を問う」（『日本史研究』第四四〇号、一九九九年四月）、「いま、『国民』をどのように問うべきか」（『東京都立大学人文学報』第二九六号、一九九九年三月）など。

★5 『日本史研究』（第四四〇号、一九九九年四月）。

★6 「シンポジウム 『国民国家論』・『国民の物語』を考える」（『東京都立大学人文学報』第二九六号、一九九九年三月）など。

★7 今西一『国民国家とマイノリティ』（日本経済評論社、二〇〇〇年）。

★8 牧原憲夫「国民国家の発見」（『立命館言語文化研究』第七巻二号、一九九五年一一月）、「私にとっての国民国家論」（『人民の歴史学』第一三九号、一九九九年三月）、「国民国家における重層性と相互浸透をめぐって」（『立命館言語文化研究』第一一巻二号、二〇〇〇年九月）など。

目次

1

ジェンダー・家族・国民国家

ジェンダー・家族・国民国家　　長　志珠絵

1. 国民化とジェンダー

・大門――「女性史」研究とは、対象領域の拡大に対する名づけ？

・ジェンダー・アプローチと女性史

J・スコット　女性史批判……「ジェンダー」……「肉体的性差のうえに意味を付与する〈知〉」

問われる公/私――線引き

・国民国家論の視点とジェンダー・アプローチ

国民化……例：牧原　身分制社会で政治主体ではありえなかった民衆が、どのような回路によって「国民」になるのか？……問いの立て方――女性はどのようにして国民になるのか？（例：人びとを分ける指標――身分ではなく性差へ）

作業視点

・差異／差異化

「近代」の特徴としての男/女――という差異の特化

・「国民化」――前提としての「女」とは誰か？

エリート女性の同定のされ方／男性研究・セクシュアリティ研究

イヴ・K・セジウィック……ホモソーシャル/ホモセクシュアル

・「国民化」――内部と外部の構築

80年代女性史の戦争責任論

植民地研究潮流のジェンダー論――女性性・男性性という境界線の移動・変動、帝国

主体にとっての他者――「植民地の女という他者性（外部にある性的な他者）」

2. 近代家族論の射程

・近代家族論と国家論の出会い――「女」はどこにいるのか？……問われる「市民社会」

男/女の権力関係の磁場としての「家族」／近代国家の制度としての「家族」

封建的「家」から近代市民社会「家族」／「家庭」像批判

・いくつかの課題

ブルジョア・モデルとしての家族規範――労働者家族にどのように広まるのか？

労働運動領域の再検討――「家族賃金」論　　近代家族――国家の再生産装置

例：西川祐子――「近代家族とは近代国家の基礎単位としての家族である」

家族の上位集団……中間団体から国家へ

家/家庭/家族　家族の容れもの

女性の位置としての家族・妻役割――「性」の二重規範

公/私領域の線引き、ゆらぎのダイナミズム

主体構築の困難さ・バイアスの複雑さ・主体の声を回復するための手続き、方法の模索：平田由美『女性表現の明治史』1999年、西川祐子『借家と持ち家の文学史』1998年

補足　国家装置と公共性・ジェンダー論

牧原（司会）　第一回のテーマは「ジェンダー・家族・国民国家」です。まず議論の前提について確認しておきます。

戦後の女性史研究を上野千鶴子「歴史学のフェミニズム」[★1]をもとにごく大ざっぱに整理すると、最初は井上清の女性史に代表される、いわば「抑圧からの解放」をめざす女性運動史で、おおむね、階級的解放なしには女性の解放もないという前提があった。一九七〇～八〇年代の第二期には、村上信彦などの実証的な生活史や、民衆史的な女性史、さらには第一次フェミニズムによって、階級論的「解放史」批判が展開されるが、基本的には近代主義的な進歩史観の枠組みのなかにあった。これに対して、一九八〇年代後半からの第三期には、社会史的な視点と同時にジェンダー論が有力となり、近代批判の視座を明確に打ち出してくる。

たとえば家族に関しても、旧民法の「家」を封建的なものとみなした第一期に対して、第三期の研究は、近代でこそ家父長的抑圧関係が形成されることを強調した。その結果、明治以後の日本の家族は「近代家族」とみなすか否かをめぐってあらためて議論になるとともに、家族の外部、国家などとの関連が問われなくなる傾向もあった。それに対して、西川祐子『近代国家と家族モデル』は、「近代国家のもとにある家族は近代家族である」という明快な規定とともに、現実の家族を、戦前期は「家」家族と「家庭」家族の二重制度、戦後は「家庭」家族と「個人」家族の新二重家族制度としてとらえるという構図を打ち出した、といったところでしょうか。

今回は、報告者の長志珠絵さんが選ばれた次の作品を共通の手がかりにしながら議論してみたいと思います。では長さん、お願いします。

西川祐子『近代国家と家族モデル』[★2]

★1　『岩波講座日本通史　別巻一』（一九九五年）。

★2　西川祐子『近代国家と家族モデル』（吉川弘文館、二〇〇〇年）。

加藤千香子「戦間期における女子労働者と労働政策★3」
北原恵「正月新聞に見る〈天皇ご一家〉像の形成と表象★4」
竹村和子『フェミニズム★5』
長志珠絵「天子のジェンダー★6」
大門正克「日本近代史研究における一九九〇年代★7」

ジェンダー・家族・国民国家

長　「ジェンダー・家族・国民国家」というタイトルでまず念頭に浮かんだのは、西川長夫「戦後歴史学と国民国家論★8」です。そのなかで西川さんはトリン・T・ミンハを引かれて、「国民国家論を最もラジカルに表現しているのはとくに尖端的なジェンダー論であろう」と述べられています。ではジェンダー論は国民国家論とかかわってどのようなレベルで先鋭的なのか。この点を、ひとつは国民化という観点から、もうひとつは近代家族論という観点から考えてみたいと思います。

　ところで国民国家が提起する重要な論点が人びとを国民にしていくための国家装置の問題であり、そこでは内部の均質性や同質性が必要とされるわけで、当然現実にあるさまざまな違い、差異を権力的に再構成する操作なしには行えない。社会の内部の変化とは質的に異なる飛躍を想定する必要があるだろうと思います。実現の程度は別として。ことに近代社会にとっての性差とは、人間集団を分かつさまざまな差異から特化して構築されたものであるにもかかわらず、固定化されて自明視される。性差を文化的歴史的に構築されたものととらえる。スコットの「ジェンダー」定義、「肉

★3　大口勇次郎編『女の社会史』(山川出版社、二〇〇一年)。
★4　『現代思想』二九—六、二〇〇一年二月。
★5　竹村和子『フェミニズム』岩波書店、二〇〇〇年。
★6　西川祐子・荻野美穂編『共同研究・男性論』(人文書院、一九九九年)。
★7　『歴史評論』六一八号、二〇〇一年一〇月。
★8　歴史学研究会編『戦後歴史学再考』(青木書店、二〇〇〇年)。

体的な性差の上に意味を付与する知[★9]」は、よく引かれるわけですが、それでも概念として熟成されたわけではなく、たとえば近年のセクシュアリティ研究をふまえた竹村和子さん『フェミニズム』のなかで、肉体的な性差については本質主義に陥っている定義だとして「上に」ではなく、肉体的な性差に「よって」と変えるべきだと再定義の必要性を論じておられます。ここではその定義にならって、「肉体的性差によって意味を付与する知」と立てますが、近代社会において個人を弁別する手段として特化された「性差」と性差によった制度化という観点から見れば、「国民」という仮構された均質性が男性国民を普遍という名において、女性を見えないものにしているという点が明らかになる。視点をどこにおくかによって全体の構造が問われるわけですが、これは国家論を考えるときに非常に重要な論点、今や避けられない考え方だと思います。

まず、大門さんの指定された参考文献[★10]についての感想から始めたいと思いますが、フェミニズムに対比させるとしばしば中立的に考えられることの多いジェンダー・アプローチについてスコットは、「政治の歴史」と「歴史学の政治」の再考を行うための党派的な試みであると明言しています。ジェンダー・アプローチによって歴史学を分析する場合には、方法であるとともに関心の所在をどこに定めるのか、明確な批判理論として提起されていると思います。で、そう考えているものですから、大門さんの参考文献で、柱が三つ立てられていて、そのなかのとくに二の部分、地域史・戦時期という対象領域と並立して女性史が立てられている点をどう理解すればよいのか。ジェンダー・アプローチによる分析、つまり従来の女性史とは理論的な違いを持つ第二波フェミニズムの洗礼を、少なくとも理論研究のレベルでは受けているジェンダー概念導入以後の女性史研究に対しても、対象領域の拡大として、あるいは全体史の一部として位置づけていいのだろうかと感じます。で、またここで思い出すのは、スコットがじつは、社会史研究の成果を重視しながらも方法論とし

★9 ジョーン・W・スコット『ジェンダーと歴史学』(荻野美穂訳、平凡社、一九九二年)。なお、政治主体としての女性の問題については、ジョーン・W・スコット「女であることのパラドックス――フェミニズムの歴史を読み直す」(『同志社アメリカ研究』三五、一九九九年)。

★10 ★7の文献および「解説・民衆世界への問いかけ」(大門正克・小野沢あかね編『展望日本歴史21 民衆世界への問いかけ』(東京堂出版、二〇〇一年)。

て批判的であった点です。スコットは『ジェンダーと歴史学』第二章で女性史を論じていますが、そこでは社会史と女性史との共通点について政治史から排除されてきた従属的な社会集団に焦点を当てるという点で関心を共有しているが、狭義の政治史への対抗的な叙述に終始する点に危惧をあらわします。ジェンダー・アプローチは、人文社会科学が前提としてきた公私の境界を構築されたものととらえ、この線引きと性別役割が固定化されてシステムとして機能する点を問題としてきました。だからスコットに言わせれば、みせかけの公私を疑わない分析は方法の放棄になってしまう。そうした枠組みを前提に、既存の社会史の説明へ収斂したり、女性に特有の歴史を構築してしまったり、女性たちが参加者であった私的および社会的生活という考え方を踏襲することは枠組みや従来の前提を少しも変えないというわけです。上野千鶴子さんの、「日本の女性史とフェミニズムの不幸な出会い」という指摘★11はインパクトを持つものですが、実際の歴史叙述の場面ではいろいろな読み方が可能だと思います。おそらく、日本史の研究史上からいえば、たとえば、帝国の女性たちの戦争責任を問う論述と同時代の庶民女性の生活史叙述との同時共存をどう説明していくのか、いわば、社会史と歩調をあわせた女性の生活史叙述の動きとジェンダー・アプローチとをどう折り合いをつけていくのか、という点が問われるのではないでしょうか。

しかしいずれにせよ、女性の「私」的生活史として全体史を構成してしまうような、つまり歴史学の全体そのものは揺るがさない部分史としての女性史という批判に通底する指摘だと思います。もちろん地域に実在した女性の生の記録とか経験の発掘は非常におもしろい。あるいは歴史の複数性に気づかされるわけです。こうした重要性は重々承知しているつもりですが、今日では新たな問題系として、「つくる会」教科書に代表されるような、性別役割をふまえ女性を部分史として扱う叙述の極北として自由主義史観という形があります。自由主義史観の人たちがつくっている『教科

★11　★1参照。

書が教えない歴史1』[12]は女性の個人史——ありきたりの情報ですが——中心で構成されています。「乃木希典の妻」も「昭憲皇太后」もたしかに、現行教科書には書かれていないでしょうが、誰々の妻という、近代が構築してきた良妻賢母主義の補完物として、津田梅子まで含めて主体を奪われた叙述に徹しています。ですから女性史叙述は、自由主義史観が出てきた今日、現実には「掘り起こし」が必要であるにせよ、マイノリティ研究として始まった女性史叙述、認識そのものが問われている。かつての位置づけに安住している段階ではないのではないか、と感じるわけです。

女性の国民化とジェンダー・アプローチ

次に「国民化」という視点ですが、ジェンダー・アプローチからどういう問いが立つのか。この点で、七〇年代民衆史の成果を接合させた牧原さんのお仕事は民衆のなかに敢えて女性をカッコに括ってしまって入れない分、非常にクリアだと思います。牧原さんの基本的なモチーフは、政治主体ではありえなかった民衆がどのような回路で国民になるのかという問いであり、兵士としての体験がその主体化に非常にかかわっているとされるわけですが、だとすれば、性別役割分担がシステムに組み込まれることで戸主も参政権も兵役システムとも、あるいは学歴社会とも無関係である女性は、「国民」になるためのシステムの外部者であることに意味を持たされた存在です。

その意味では二流国民ですらない。だから女性はどのような回路で国民になるのかという問題が当然浮上します。そのためにはどこにいたのか、を問う作業が必要でしょう。上野さんが『近代家族の成立と終焉』[13]で近代家族論を総まとめされたように、成人健常者男子が国民として主体となり、再生産機能を持つ公的な領域は、家族という私的領域に支えられる構造によって成り立つわけです。さらに上野さんは『ナショナリズムとジェンダー』[14]で、女性の国民化の定義を議論されました。こ

★12 藤岡信勝・自由主義史観研究会、産経新聞ニュースサービス、一九九六年。

★13 上野千鶴子、岩波書店、一九九四年。

★14 上野千鶴子、青土社、一九九八年。

こでは公領域は影の領域をともないながら、公共性たりうる構造を問題にし、国民と女性はそもそも背理を抱えている、と指摘されています。歴史学の作業としては女性はいつどのような回路で国民になるのだろう、どのような経過と異なる可能性があったのだろうといった問いが当然立てられるでしょうし、当初から女性は二流国民だ、と断定すると植民地の位相が入ってこない恨みが残る気がするのです。その場合、三つくらいの論点が思い浮かびます。

ひとつは、差異と差異化を区分する。つまり、構造を暴くにとどまらず、そうした構造がつくられていく過程、あるいは極端にゆらぐ過程を見出す作業が必要であると思います。ゆらぎのようなものを描きたい。あるいは伝統社会の人びとやそのなかでの人間集団を分ける原理が、どういう回路や仕方で変わっていくのか。身分差や地域差、世代差といったさまざまで多様な違いによって、ではなくて個体をアイデンティファイする圧倒的な指標のひとつが性差としてどのようにして固定化されていくのか、その時に何が起こるのか、どういう配置転換がなされるのか、という点を丹念に拾っていく必要があるのではないでしょうか。

なぜこういうことを言うかというと、「二流国民」であった女性が「国民」をめざす場面を問うた上野さんの研究は、女性参政権運動が最も現実的であった一九三〇年代を扱っておられる。非常に静態的なモデルだと思いますし、大衆社会の成立や植民地女性が存在していた一九三〇年代という時期が気になります。ことに、ジェンダー・アプローチによる「国民化」論は、システムと関連づけられた女性群を女性の容れ物としての「家族」に括った、という議論とつながると思うのですが、そしていわゆる近代家族論の研究は国民国家成立期の言説空間に注目するわけですが、この方法を使う際にも時期的に偏りがあって、女性たちの場所と二流国民の政治権獲得過程が単線的に結びついているような印象を受けます。女性、男性のアイデンティティが確認される確認の仕方は、竹村和子さんがP・ブルデューのハビトゥス概念を使って言われているように何回も何回も、くり返される。装置とその再生産というものに注目する国民国家論の射程は、差異化という点で非常に有効なのではないかと思います。

二番目に、第二波フェミニズムは「女とは誰か」という問いを浮上させたわけですが、戦略としての国民化という見方からは、では「国民化」のプロセスのなかで女性はどこにいたのか？ という問いが生じる。この視点は、第一波フェミニズムの課題であった女性の地位向上、社会的進出という一点に指標を合わせてきた叙述の仕方を揺るがします。「つくる会」教科書は、津田梅子を良妻賢母教育者と描きましたが、日本語のまとまった文章を残していない、彼女自身の声を発していないでつねに外側から記述されてきた人物で、帰国した彼女たちには女性であるということの一点において、文部省も含め、どこからもオファーがなく無為の日々を過ごしていた、ということが、大庭みな子さんの『津田梅子』★15はじめ、一〇〇年たって英文の自筆の手紙が発見されわかってきています。以前の女性史叙述だと村上信彦さんも含め、自律的な女は職業を持つべきだという見方で、大山巌との結婚を選んだ山川捨松を非難します。彼女たちを文明開化の恩恵を受けた成功者として描く言説は、彼女たちの発見された「声」を読むかぎり、叙述者の価値が先行していて少しも分析的ではありません。むしろ自己実現の道をめざす可能性を持った、過渡期の女性たちにとって、能力主義という一見平等に求められた基準がどうリアリティを持つか、分析者の立場が問われる事例だと思います。

さらに国民化にとって性差が非常に重要な位置を占めるとするならば、ジェンダー・アプローチからいえば、もう一方の性差がモデル化されたり固定化される必要、こういう過程も当然、時間的なズレがあると思いますが、問われる必要があると思います、非対称な対《つい》として構築されていく天

★15 大庭みな子、朝日新聞社、一九九〇年。

皇、皇后のような特権身分はわかりやすい例でしょう。身分差から性差への大きな転換が彼らの位置づけの変化のなかにははっきり見てとれます。

あるいは最近の男性研究やセクシュアリティ研究は、普遍としての男性像の成り立つ構造についても論じています。たとえばイギリスの文学テキストを扱うセジウィックはホモソーシャルとホモセクシュアルという二つの概念を設定し、父権的な男たちのあいだでいったいなにが起こっているのかということを性的な嗜好に即して分析しています。★16 とくに彼女は、社会制度を支えている男たちの連帯は、性的対象としての女の交換を前提とするものであり、そのホモソーシャルな共同体は異性愛を強制する一方、自分たちの共同体構成員のなかから女性を必ず排除する。共同体には入れないもう一方の性に対する蔑視と、ホモソーシャルな共同体のなかでの同性愛排除、同性愛嫌悪を表裏一体のものとしてとらえます。同性愛嫌悪が、個人の性的嗜好としてではなく、男たちの共同体を守るためにシステムとして必要とされるという見方は興味深い論点だと思います。性的要素を公的領域のなかから排除し、性的要素を異性愛とともに私的領域のなかに局所化してしまうと考えていくと、たとえば性的な再生産の媒体である家族は必ず私的なもので、異性愛の場として制度化されねばならない。

けれど、日本の伝統社会では同性愛と異性愛は排除しあう対ではなかったでしょうし、逆に言えば今や排除しあう対として考えすぎているのではないか、同性愛が異性愛と対になって社会から排除される過程は、男性性のつくられ方という観点から描かれるべきではないか、と感じます。

あるいは、「国民」という名の男性規範は、兵役や収入さらにはもっと身体レベルにおいて、規範から逸脱する人びとをつくり出すわけですが、物質的な基盤からいえば、規範を実現できない人口の方が多いはずであって、ではそういう階層が国民男性としてのアイデンティティを獲得するた

★16　イヴ・コゾフスキー・セジウィック『クローゼットの認識論』（外岡尚美訳、青土社、一九九九年）、同『男同士の絆』（上原早苗・亀澤美由紀訳、名古屋大学出版会、二〇〇一年）。

めの最も可能性のある方法はなにか？　と考えた場合に、セジウィック的な発想でいえば、非対象的な性に対する蔑視とか暴力という形をとる可能性があるのではないか、そういうふうに見ることは可能なのではないかと思います。

第三に、「二流」国民としての女性の帝国国民としての責任、戦争責任の問題です。国民化は互いに排他的な関係にある内部と外部を作り出すわけですから、現実にはひと括りにできないにせよ制度として帝国の内外という位置関係から自由ではありえない。八〇年代女性史は加納実紀代さんなどを中心に戦争責任の問題を厳しく自己内省的に問うてきたわけですが[★17]、そうした潮流と、今述べてきたような流れはどこでつながるのか、あるいはつながらないのか。その一方では、九〇年代後半の議論からは、フェミニズムの対国家言説は国家を越える思想を持ってきたのかどうか、むしろ一九世紀に歴史的起源を持つフェミニズム思想の限界をふまえる形での提起が行われてきました。ただ「責任」という語は「日本人女性の責任」といったように、内部に向けて均一に使うことが可能かどうか。責任、というからには責任を引き受ける主体が求められることになると思いますが、戦前の社会において帝国の女を一括してとらえることには違和感が残ります。ポストコロニアリズムが提起してきた視点を現実の歴史アプローチにどう組み込んで生かしていくのか、模索段階なのだと思います。

近代家族論の課題

重複しますが、冒頭の二つめの論点を提起したいと思います。女性はどこにいるのか。この問いは、「近代家族論」によって一定の方向性と解答を得てきた、と考えています。近代家族という概念は、よく知られているようにP・アリエスの功績[★18]によるところが大きく、社会史に代表されるよ

★17　たとえば加納実紀代『女たちの「銃後」』（筑摩書房、一九八七年）など。研究動向については姫岡とし子「各論1　女性・ジェンダーの近代」（歴史学研究会編『歴史学における方法的転回（現代歴史学の成果と課題Ⅰ、一九八〇〜二〇〇〇年）』青木書店、二〇〇二年）参照。

★18　まとまった解説としては山田昌弘編『家族本40』（平凡社、二〇〇一年）、参照。

うな「子ども」という存在の発見と子どもをとりまく人びとの情緒的な関係が歴史的な産物として相対化されます。子どもを中心とした家族の情緒的な関係を家族の持つ本質的な機能と考えたり、血縁関係を前提としたり、といった像は、一七～一八世紀のブルジョア・モデル、近代の家族モデルであった、ととらえる。またブルジョア・モデルなので、労働者家族に広まるのはせいぜい一九世紀できわめて新しい歴史しか持っていないわけです。大門さんが指摘されているように、日本でこの問題を蓄積してきた一方の核は、近世を中心とした社会史研究にあって、子どもへのかかわりを変数でとらえる見方から家族関係の内部に立ちいって分析し、必ずしも近代家族論の流れとは重ならない家族の位相を豊富に描きだす。しかし、近代家族という概念は、もうひとつの大きな指摘を行っていて、第二派フェミニズムに大きな示唆を与えています。アリエス自身は、保守的な立場、むしろ近代家族のゆらぎを憂える立場のようですが、社会と家族との関係を描き直す契機を含んでいるように思います。それは、たとえばスコットの著作に見られるように、性差が文化的に構築されるという点とかかわって、公と私、あるいは国家と家族、労働とセクシュアリティといったみせかけの二項対立とその構造への問いです。国家権力の現れ方が非常に重視されていると思います。

落合恵美子さんや上野さん牟田和恵さん、小山静子さん西川祐子さんといった近代家族パラダイムを使った日本の近代家族論の著作が、一九九〇年代後半にいっせいに論文をまとめる形で一冊の本となって出てきます。これらは主に認識としての家族に焦点をあて、近代的家族と近代家族の違いをまずは強調するわけで、共通の論点としてはひとつは、従来の封建遺制としての家族国家観批判を前提に、前近代との制度としての家族の質的な違いを論じます。また国家と家族との関係は今では、いわゆる近代家族論者のなかで最も焦点と化し立場を異にするのではないか、と感じますが、当初の議論は近代家族の質的な違いの論拠を、近代国家が、家族を単位として民衆管理を行っていたこと、家族は国家のユニットとしてとらえられている、という点をある程度共有していたのではないか、と思います。女とは誰かということを問うことで、女はどこにいるのかに至った論点は、性差によってひとまとまりに括られた「女性」という対象が、ばらばらに存在しているのではなく、私的領域として線引きされた家族という容れ物のなかに位置づけられている点をふまえながら、分析を行う必要が提起されているわけです[★19]。

ここでは近代家族を国民国家の装置制度として意識的に論じ、分析方法も示してきた西川祐子さんの業績を考えたいと思います。西川祐子氏は、落合さんとの論争で明確に、近代家族とは近代国家の基礎単位としての家族である、あるいは制度であるとする定義に至っておられます。今日、落合さんはむしろ家族形態を明らかにすべきだ、という点を強調されていて、そのことと考えあわせるとこの定義は、装置としての国民国家あるいは国家との関係で家族をとらえるという、近代家族論内部の違いをふまえた立場性を非常にはっきりさせた点に特徴があります。とくに近世、近代の移行の問題を考える際に、家族の上位集団は国家なのか中間団体なのか、西川さんが強調されているこの違いが近代国民国家の特徴として、もっと認識されてもいいのではないかと私はあらためて思います。また、近代家族論のこれまでの成果はたしかに言説分析中心ではあってそこに現実の家族形態や基礎的な情報が不足しているという批判も成り立つのですが、西川祐子さんは、言説分析の方法論についても意識的な提起をされて学ぶところは多い。分析装置として狭義の制度、法のレベルと表象のレベルと規範という三つのレベルの区分けが必要だと言われ、とくに表象のレベルを家族の容器、たとえば住宅の図とか広告ということで、人が住む空間、可能な空間を示しておられて、その変遷に着目をされる。言説分析の方法としておもしろいと思います。

ただし、戦前の日本の社会においては、〈近代家族〉を実現するような物質的な基盤は非常に限

★19　家族論の研究史理解については、長志珠絵「『家』から『家族』へ」（『歴史学における方法的転回』［★17参照］）と重複する点が多い。

定されています。だから「規範」としての性格が強い、という見方も可能なわけですが、当然、深めるべき論点が残される。問いとしては、たとえばブルジョア・モデルがどのように労働者家族に広まるのか、あるいは、国家はどのような仕方で「家族」を維持しようとしていくのか、という点。

他方、規範研究として進める場合、新たな地平としては、女性を妻役割に限定するという原則がもたらす女性のダブルスタンダードをどう近代家族論に組み入れていくのか、という点が重要でしょう。妻か娼婦か、この枠組みは、今でも典型的に性奴隷制をめぐる議論に埋め込まれているし、同時に、歴史的には女性の主体獲得において疎外をもたらしてきました。現実の基盤が整わないにもかかわらず、規範性が強く、人びとが家族を渇望するなら、よりいっそう、近代国家は確実に家族システムの外部に存在する女性を生みだす。しょせん、性別役割が規範である以上、規範から逸脱した存在や行為すべてがあてはめられてしまうからです。妻／娼婦の境界は容易に越えられないことによって意味を持たされる。「家族」に位置づけられ、二流国民へと上昇していくサイクルとその外部に多くの女性たちが生みだされ、内部からもつねに脱落者を生み出す構造となっている。

近代家族論はそうした装置としての国民国家論の射程を共有することで、最近のフェミニズム研究が前提にしてきた女性の一体性をめぐる亀裂や裂け目の所在を、具体的な分析装置をともなって提起してきたと思います。★20

ということで、大門さんが『民衆世界への問いかけ』★21のなかに近代家族論の論考をまったく抜かしておられ、解説でも触れておられないのはやはり伺ってみたいと思います。あるいはそのなかに、牧原さんが書かれた「〝腰巻ひとつ〟の終焉」を入れておられますが、これも二重の問いがあるのではないか、婆さんが女性であるということ、にもかかわらず性的対象として除外されていること、誰が観察し、誰がどの位置から言うのかということ、などですね。

★20　たとえば古久保さくら「満州女性の体験」（『年報女性史学』七、一九九九年）参照。
★21　★10参照。

ところで近代家族論批判ですが、近代・前近代との断絶を強調しすぎる点、ブルジョア・モデルと社会の受容とはレベルが別なのではないか、といった批判があります。個々の作品の批判としては妥当であるにせよ、近代家族論が提起した問題、という点では、家族を自明視するのではなく、内部の性別役割を問題視し、家族と国家、公私の線引きをシステムとしてとらえる視点は手放せないと思います。近世史においては、社会史研究の進展によって、経営体としての家と生活単位としての家族を分けて分析しようとする論点が提起されていますが、近代家族論は、家／家族に加え、家族／家庭という差異に意識的な段階にあると思います。

またこう考えてくると、たとえば社会史研究における家族論といった場合、家族論と国家論を切り離さない、対立項としてとらえないという視点は、どれほど意識的に維持されているのかということについてやはり再考の余地があると思います。落合さんは、江戸の家族研究をベースに西川さんとの論争では、家族と国家を切り離す論点を強調されていたり、江戸時代との連続性を問題にする立場を明確にされつつあるように感じるのですが、前提となっている社会史研究は社会や家族を国家に対する抵抗の拠点ととらえる枠組みは強固であるように思います。もちろんとくに近世の人口の大半を占める農民家族の具体像は豊富ですし、家族や家経営体の内部の構成や家族形態について非常に豊富な像が提供されてきていると思います。思いますが、近代家族論が批判される時、国家論と新しく切り結んだことで、公や国家そのものの枠組み、その認識そのものを問い直すという論点の有効性は意識されていないのではないでしょうか。

他方、近代家族論は、言説分析中心なので、近代家族論を有効だとする立場からも、批判的研究が存在します。木本喜美子さんは、アリエスの手法を観念史的アプローチとし、家族形態を追跡する家族社会学による家族論を一九世紀的な家族像を敷衍させているにすぎないと厳しく批判する一方、ブルジョア・モデルがなぜ、家父長的な家族関係を持たない労働者家族に広まったのかが説明されていないという論点を『家族・ジェンダー・企業社会』[★22]で出されました。そしてその解として、英国の研究を紹介しながら「家族賃金」という労働運動の論理とその背後のイデオロギーを、「男性ブレッドウィナーイデオロギー」と名づけました。また第二章でジェンダー・アプローチによる家族研究を議論しています。労働運動も含めて、夫や父、つまり男性による賃金という観念、夫の賃金で家族を養うべきだという心性が労働者階級に広まっていく、とするものです。日本では加藤千香子さんがこの提起を受けて、一九二〇年代の労働運動のなかに同じ論理を発見されています。門外漢には非常におもしろい指摘でした。

公と私の境界

最後に、前回の予備討論で、西川長夫さんに問われた、公／私の線引きといったときに、最近の公共性の議論とジェンダー論のそれはどう違うのかと言われた点ですが、たしかにアルチュセールが言うように国家から見れば基本的に同じである、という言い方はできるわけですが[★23]、ジェンダー論が暴いたのは、むしろみせかけの区分があることの問題性であり、歴史分析としては、そのみせかけの公と私の境界線がずれ、動揺し、変化をする局面をとらえ、読み解くという作業が重要だと思います。皇室の家族メタファーを使った北原恵さんの分析が非常におもしろいと思う点のひとつは、占領下という状況で、ジェンダー・メタファーが変わり、しかもそれが、家族役割を示しながらずれていく、という点が説得的に提示されているからです。

さらに公共性という議論についてですが、これはハーバマスの言う公共圏と、それについての日本史のなかでの議論を指しておられるのだとは思います。これも私には難題ですが、日本史研究史

★22 木本喜美子、ミネルヴァ書房、一九九五年。

★23 アルチュセール理解については、本書三五〜三六頁参照。

上のこうした議論は、国民国家論に対する批判としてしばしばひとり歩きして援用されているように感じるわけですが、それは国家装置と市民的公共圏や討議や団体というものを区分したい、「社会」を免罪したいという衝動が根底にあって多数の賛同者を得ているのだと思います。ただハーバマスが援用される場合にはいくつか前提があって、援用する側はそれをふまえているのでしょうか、この点疑問です。つまりハーバマスのいう市民的公共圏や討議や中間団体というものは、誰がというよりは討議の場や相互作用というか、ハーバマスは共通利害という言い方をすると思いますが、それらの関係性が問われ、議論されるべき言説や空間か何かがあることが前提で、実在する主体や団体が問題とされているわけではない、というところが重要なのではないでしょうか。

もうひとつは、ハーバマスの公共圏は、所詮ブルジョア公共権だ、という批判の仕方がありますが、その場合の、ブルジョア公共圏だから限界として排除の議論を無視しているという指摘は、とくにジェンダー・アプローチを前面に出した際、初めて可能なのではないでしょうか。ハーバマスの討議、つまり共通利害は、従来の公私を前提にした役職から離れた「私」的な人格が公共的な論争をしなければならないわけです。問題解決的なレベルでいうと、たとえばセクシュアル・ハラスメントやドメスティック・バイオレンスは、議論ができないのではないか、ナンシー・フレイザーはそういった批判を行っています[★24]。ただ、国家装置と市民的公共権を分けることについて徹底的に批判ができるかどうかということでは、齋藤純一さんがとくにナンシー・フレイザーやアイリス・ヤングを、フェミニズムの側からの先鋭的な議論として位置づけられているわけですが[★25]、私はまだあまり西川さんの言われている議論とうまく噛めているかどうかはわからないところがあります。

たとえば公共圏と言われているものが社会的な下位集団を形成する人たちにとっての自己実現の場であったり、正義やアイデンティティを獲得する場であるという意味での開かれた場である必要

★24　クレイグ・キャルフォーン編『ハーバマスと公共圏』（山本啓・新田滋訳、未来社、一九九九年）。

★25　齋藤純一『公共性』（岩波書店、二〇〇〇年）。

は当然あります。この国家装置か市民的公共圏かという区分そのものを――批判者はよくそういう批判をすると思いますが、そこだけを議論するということは、まだそういう段階に至っていないのではないか中間的な段階なのではないか、と感じています。★26

牧原　ありがとうございました。コメントは今の報告に直接に対応してというよりも、異なった観点から問題に接近する、ということにしました。では大門さん、お願いします。

コメント

大門　挑発役として適任（笑）の長さんの報告を聞きながら、納得できたところ、共感できたところ、疑問に思ったところについて、長さんのあげてくれた参考文献への感想を述べる形でコメントをしたいと思います。

フェミニズムの研究やジェンダーの研究は、上野千鶴子さん以来、近代批判、あるいは近代理論の批判として重要な研究であるということをそれなりに認識してきたつもりです。フェミニズムの初期の問題設定でいえば、衝撃的というか、目から鱗という感じだったのは、個人的なことは政治的である、長さんの指摘でいえば、私領域に政治性があるという指摘であり、性差の政治学と言われた問題設定です。そこの問題の立て方はジェンダー研究につながる側面があり、長さんの議論でいえば、公私の見直しとか、国家、家族をとらえる枠組みそのものを見直す。近代によってつくり出された枠組みそのものを見直すという論点を提示した点で、フェミニズムやジェンダーは近代を考えるときに欠かせない問題の提示だと思ってきました。

★26　労働者女性を無償労働とする「主婦化」の要因について、「資本家が負担しなければならないコストを外部化すること」ととらえるマリア・ミースは主婦化が同時に、政治力と団体交渉の力を欠いて隠れた労働者としてばらばらになることを意味する、と述べている。「植民地化と主婦化」（マリア・ミース『国際分業と女性』〈奥田暁子訳、日本経済評論社、一九九七年〉）。

と同時に、きょうも紹介されていた竹村和子さんも言っていたように、あるいはこの間の西川祐子さんや長さんたちの男性論研究にもみられるように、フェミニズム、ジェンダーの問いはもはや女性だけの問題ではなくて、男性規範そのものにも及んできています。今までの規範的な理論をくり返し問い直していくところに、この議論の生命力があるように思っています。

その点で、学ぶところが大きいのですが、ぼくのなかでいつも問いとしてあるのは、ジェンダー研究の方法を歴史学でどういうふうに受けとめたらいいのか、あるいは歴史研究の場でどのように適応させることができるのか、そのことがつねに気になってきたわけです。こうした点でどのような仕事が参考になるのだろうか、そういう読み方をしてきました。

ジェンダー研究は近代に作り出された規範を問題にするわけですが、歴史学に適用するときに規範的アプローチといったらいいのでしょうか、規範を演繹的に歴史に適用するような印象が残る研究が多くありました。あるいは規範が設定されていて、それとの偏差で歴史を説明するような印象です。それでは歴史研究として視野の限定がはたらいてしまうのではないか、そんな不満をもつことがあったわけです。

『歴史評論』のぼくの論文に対して、長さんは対象領域を拡張しただけではないか、ジェンダー研究の方法をきちんと位置づけていないのではないかといわれたのですが、ぼくの意図としては、ジェンダー研究の重要性は認めたうえで、しかし、今言った規範的アプローチの傾向を含むものとして成田龍一さん、川村邦光さんの議論を紹介し、そのうえで倉地克直さんと沢山美果子さんの議論を提示するという形をとりました。そのときに倉地さんと沢山さんの研究を提示したのは、いわゆる女性史研究と倉地さん、沢山さんは少し違うポジションにあると考えていたからです。ジェンダー研究も念頭におきながら、男と女の関係性を歴史研究としてどのように議論すべきかということとを考えつづけてきた人たちとしてお二人を位置づけたわけです。

そういう点で、ジェンダー研究を半面、受けとめた人として倉地さん、沢山さんを紹介したつもりです。ただし、あの論文では方法と対象の両方を含むものとしてジェンダー研究に言及したわけではなかったので、その点では不十分だったのかもしれません。しかし、ぼくとしては、倉地さん、沢山さんを参照例にしたこと自体にこだわっていたつもりなのです。ジェンダー研究にままみられる規範的アプローチではなく、またいわゆるジェンダー研究と離れた女性史研究でもなく、沢山さん、倉地さんというつもりで提示したのであり、その理由は『歴史評論』の批評に書いたつもりです。

規範的アプローチと歴史研究のあいだをどのように考えればいいのか、その点を考えるために長さん、北原恵さん、加藤千香子さん、西川祐子さんの研究について一言ずつコメントしてみたく思います。

長さんの論文と北原さんの論文は接続する位置にあると思いました。長さんの論文でおもしろかったのは、性別役割分担がまだ曖昧だった一八八〇年代の軍神神功皇后像について検討した個所であり、北原さんでは、性差の撹乱と指摘されていた一九四六年の天皇と皇后の写真です。なぜそこが一番おもしろかったのかというと、そこでは規範がこうであるという説明の仕方ではなく、規範とずれる対象についての考察がある。神功皇后についていえば、まだ十分な規範を持っていない民衆の神功皇后像が想定されている。そういう切れ目というか裂け目が見えたとき、あるいはジェンダーと民衆世界をとりあえず別の言葉で言えば、別個のものと考えているわけではないですが、接点が浮かび上がったときに、歴史研究の本領が発揮されるという感じがしました。

北原さんの論文では、天皇ご一家というイメージがじつは戦前来のものであり、それは一九二〇年代に登場して、一九三〇年代に定着するという話の筋でした。北原論文を読んですぐ思い出したのは、鈴木正幸さんの以前の仕事です。鈴木さんは、『近代の天皇』[★27]や『皇室制度』[★28]のなかで、大正期の社会の近代化に対して、皇室は皇太子のヨーロッパ外交などをきっかけにして、開かれた存在へと姿をかえていこうとしたと指摘しました。それと一九二〇年代から登場する天皇の家族写真という話は、当然、重なるわけです。

ただし、鈴木さんは、その後の一九三〇年代から戦時期になると、天皇は現人神へ祀り上げられていくと指摘していたのですが、北原論文では近代家族の展開を背景に持つ天皇ご一家像が戦前から戦後にかけておおよそ連続的にとらえられており、現人神の問題は登場しません。北原さんが現人神としての天皇をとりあげないのは、研究対象外の問題だからなのか、あるいはジェンダーの分析方法にかかわる問題なのか、両方ありうると思いますが、北原論文にはジェンダー変数の扱い方で規範的なアプローチが影を落としているという印象があり、その点が気になりました。

ところで長さんからはあまり言及がありませんでしたが、加藤千香子さんの論文はとてもおもしろく読みました。戦間期に日本の労働運動のなかからも母性保護を掲げた女子の労働者保護、男子労働者の生活安定を求める声が上がり、それがＩＬＯから出てきたような男女平等に基づく同一労働同一賃金という理念を後景に押しやってしまったのではないかというのが加藤さんの指摘でした。加藤さんのような歴史研究は今まで空白でした。性別役割分業の歴史的成立を家計分析から指摘した千本暁子さんのような仕事[★29]はありましたが、労働運動と関連づけた研究は今までありませんでした。先ほど、長さんからマルクス主義家族賃金の研究の流れが紹介されました。加藤さんの研究はそれと共通の問題関心をもっており、男性を家長とする家族賃金の歴史的出自に関する研究ということができます。

★27　鈴木正幸、岩波ブックレット、一九九二年。

★28　鈴木正幸、岩波新書、一九九三年。

★29　千本暁子「日本における性別役割分業の形成」(『制度としての〈女〉』平凡社、一九九〇年)。

加藤さんの研究では、戦間期のいくつかの文献から家族賃金を求める声を「家族の論理」という言い方で表現しています。「家族の論理」とは何なのか、この点についてもっと知りたく思いました。どういうことかというと、加藤さんの議論をふまえれば、家族手当てを求める流れが戦間期にヨーロッパでも日本でも出てくるということになります。その点は興味深かったのですが、ヨーロッパと日本を同じ近代家族、性別役割分業という文脈のみで理解していいのか、まだ検討すべき点が残されているように思いました。

一九九〇年代に進展した家族賃金、生活給に関する、大沢真理さんや北明美さん、木下武男さん、後藤道夫さんらの研究★30をふまえると、ヨーロッパでは戦後になってから、あるいは戦間期から、性差の問題は、近代家族の文脈だけでなく、社会保障の問題、つまり福祉国家の問題のなかに埋め込まれていきます。賃金面では比較的男女格差の少ない賃金になり（七〜八割の水準ですが）、社会保障を家族ないしは個人のチャンネルで実施するようになります。家族を背景にもつ男性家長に社会保障を行うのがイギリス型、そうではなくて個人単位でやるのがスウェーデン・デンマーク型です。それに対して日本では、男性賃金に対する家族手当てからさらに家族賃金へと移行し、高度成長以降の男女の賃金格差は二対一というように決定的に大きくなりました。一九九〇年代になると、賃金面だけでなく、社会保障の面でも家族を背景に持っている男性がチャンネルの窓口に設定されることが研究で明らかにされてきました。

ヨーロッパと日本の相違を念頭におくと、日本の戦間期に出てきたような問題を「家族の論理」、つまり近代家族の論理、性別役割分担という文脈のみで理解していいのかどうかという疑問が残りました。ぼく自身はまだよくわからないのですが、少なくとも社会保障、あるいは福祉国家に向かっていくような労働運動が日本では弱かったということがあります。ヨーロッパの労働運動もた

★30　大沢真理『企業中心社会を超えて』（時事通信社、一九九三年）、北明美「ジェンダー平等——家族政策と労働政策の接点」（岡沢憲美・宮本太郎編『比較福祉国家論』法律文化社、一九九七年）、後藤道夫「非『市民社会』から『日本型大衆社会』へ」（渡辺治編『現代日本社会論』労働旬報社、一九九六年）。木下武男「日本的労使関係の現段階と年功賃金」（『講座　現代日本3　日本社会の再編成と矛盾』大月書店、一九九七年）。

しかに男性中心でしたが、しかしILOの男女同一賃金というような勧告も出ていた。そうすると「家族の論理」だけで解けるのか、あるいは家族と労働、労働のなかでのさまざまなつながりを組み合わせたときに、ヨーロッパと日本の流れの違いが見えてくるのか、あるいは企業社会の問題、企業の論理とか、どういう変数をジェンダー変数と組み合わせればいいのか、この点をぼくも考えてみようと思いました。

西川祐子さんの論文は、とてもおもしろくというか、研究の蓄積をもとにした壮大な論文で、戦前から戦後の見通しもとてもいいと思いました。少し疑問に感じた点だけをいうと、二重家族制度による巧みな微調整が出てきます。

長　私もそれは思いました。「二重家族制度」というのはうまく説明されていると思うのですが、一方で「家」の側はそれほど具体的には展開されていない。近代家族論の射程からもう一度、「家」を説明しなおすとどうなるのか。もっともこれは西川さん個人の課題というよりも研究史上の課題だとも思いますが。

大門　巧みな微調整がずうっと続いていて、移行していく。全体に非常に調整的だという形で問題が提示されている。そうすると「家」家族から「家庭」家族へ、個人へというのが微調整で連続的につながっていくという問題の提示の仕方です。そういう側面もあっただろうとも感じます。あるいは日本では「家」家族と「家庭」家族の真ん中にあった近代家族の規範力が強かったということを前提にすれば、西川さんの議論も成り立つのだろうと思いますが、しかし、巧みな微調整でずっと続くという問題の提示の仕方でいいのだろうか。つまり二重規範の間の、二重家族のあいだの矛盾があまり指摘されずに議論が展開される。具体的に指摘すると、戦時期の家族を隣組家族と呼んだのは西川さんが初めてだと思います。そういう文脈が出てくると同時に、しかし他方で戦時期には家というところに軍人家族、「未亡人」をとどめておこうという方向性が強く出てきます。二つの規範あるいは制度が戦時期には矛盾、葛藤を強めるというのがぼくの印象ですが、そういう問題は西川さんの文脈ではどう扱われているのでしょうかという質問です。

また、きょうの長さんの報告では指摘されませんでしたが、フェミニズムやジェンダーの論文を読んできてあらためて感じたのは、主体としての女性という概念を設定することの非常な困難さという問題と、それと同時になおかつ主体としての女性を設定しようとする、そういう局面のなかにジェンダー研究、フェミニズム研究の活路があるのではないかということです。竹村和子さんの本を読むと、たしかに女というところには本質主義的な把握がいやになるくらいまとわりついており、その言葉を使えないのではないかと思うぐらいに問題がたくさん塗り込められているという印象を持ちました。

しかし、平田由美さんの『女性表現の明治史』[★31]を読み直してみたとき、女性がかかえた問題をあれだけ拾ってきた最後に平田さんが指摘していた言葉に目がとまりました。そこで平田さんは、明治一〇年代のある人の投稿文を指して、「書くという行為において女が遭遇せざるをえないさまざまな隘路」を「女という主体を引き受けることによって逆に切り拓いていこうという決意の、もののみごとな表明である」と指摘しています。あるいは、書く行為がさまざまな回路に回収されるものであることをくり返し論じたあとに、「女が手に入れた書く行為は一枚岩と思われていたものに亀裂を入れ、それを内部から崩壊させてゆく力、排除と統合による《国民化》に対抗し、その暴力をあばき出す主体の営為である」。塗り込められているものを一つひとつあばいていったときに、なおかつ女性が主体として議論しうると平田さんは言っていると思います。塗り込められていることをどれだけ丁寧にはがすことができるのかというところに、たとえば長さんがいうフェミニズム

★31 平田由美、岩波書店、一九九九年。

理論をどの程度歴史研究として受けとめているのかという問題の提示の仕方があると思います。

さきほど、沢山美果子さんと倉地克直さんを紹介したのは、女性をめぐる考察にはさまざまな困難があるにもかかわらず、お二人は最終的に女性の側から問題を立てようとする、そこを抜かしてしまうと規範的で演繹的なアプローチになってしまうことを了解していて、何とか演繹的なアプローチとは異なる方法を試みようとする、そこに共感するからです。平田さんの指摘のように、どうにかして主体の側から考えることがどうしても必要ではないかとぼくは思います。

最後に長さんの報告のなかで出た質問で、答え忘れたものがありました。それは『展望日本歴史21　民衆世界への問いかけ』のなかに、なぜ近代家族をテーマにした論文を収録しなかったのかという質問です。それは作品の問題です。近代家族の論文を入れることも、もう一人の編者の小野沢あかねさんとずいぶん検討したんですが、これぞという作品にうまくめぐり合うことができなくて、入れることができませんでした。ただし、家族の問題はずっと気になっていて、鹿野政直さんの論文と、少し方法は違うけれども千本暁子さんの論文を収録しました。掲載した沢山美果子さんの批評でもそのことはとりあげていたので、家族自体を抜きにして女性だけを考えたということではありません。

それぞれの応答

牧原　ありがとうございました。まずは報告とコメントに対する感想を手短かに出していただきましょうか。

今西　雑談を最初にさせていただきます。私が七年ぐらい前にニューヨークに初めて行ったときに、驚かされたことが三つあります。一つは街角で男同士、抱き合って、キスしてるシーンが見られたことです（笑）。ホモセクシュアルの問題が強く出てきていたということです。二つ目は、ニューヨークではレイプ事件が多い、一日に一回は必ず起こっているという話を聞いて、性暴力の問題に学生が非常に強い関心を示していることに驚きました。三つ目には、「トランス嬢」、トランスジェンダーの人たちの写真が、BC級の雑誌ですが、女性の体をしているのに男性の性器を持っているという写真がたくさん載っている。むこうでは、性文化の問題をコーネル大学で話をしたんですが、非常に関心が高いのです。さっき出た竹村さんのクイア理論という新しい理論が当時、非常に流行っていました。クイアは日本語であまりいい訳がないです。「変態」という意味で、「変態」理論と訳すのは問題があるので、クイア理論と言っています。

アメリカでは、一九六九年にニューヨークのグリニッジ・ビレッジのストーンウォールというゲイバーが警察のガサ入れを受けるわけです。そのときにたくさんのゲイとゲイの客が逮捕され、しかもアメリカの警察は写真を撮って新聞に載せたわけです。これにゲイやレスビアンが反抗して暴動が起きています。これがストーンウォール暴動です。その問題があって、そのときにゲイ／レスビアンという問題が浮上してきます。その後、八〇年代のレーガンとブッシュ政権になり、エイズの問題が出てきて、同性愛者に対する非常な弾圧があって、社会的に公言ができなくなります。九〇年代はそれまでと違って、クリントンがホモの軍隊内での自由ということを言い出して、九〇年のカリフォルニア大学サンタ・クルーズ校の研究会議でクイア理論が提唱されて、九一年に『ディファレンシズ』という雑誌で特集が出ます。それ以降、ものすごくもてはやされていまして、同性愛問題をどう考えるかということが大きな問題として出ていました。そのことがひとつ。

それからレイプの問題は、あとで性暴力の問題とか、「従軍慰安婦」とかいろいろ問題にされたらいいと思いますが、当時ボスニア戦争のレイプ事件と、ニューヨークのレイプ事件とがダブって、ひろたまさきさんがコーネルやコロンビア大学で「従軍慰安婦」の話をされたら、非常に学生が関心を持って、性暴力についてよく質問が出ていました。

私はそういうこともあって、少しその問題に対する関心を持っていました。竹村さんが書かれたものが出たときに、私は非常に確信を持ったことは、性愛に「変態」はない、これは「変態」だと決めつけることに非常に大きな問題があるということです。長さんが言われたように、伝統社会のなかでの男色とか、そういうものに対する多様な見方があったが、とくに近代社会で鶏姦《けいかん》法という同性愛者に対する取り締まりが強くなって、それ以降、同性愛を「変態」として見ていく見方が非常に固定化されてくるということの問題があります。『文明開化と差別』[★32]に少しそのことを書いています。

二つ目には、ホモエロティシズムという問題とホモソサエティは区別して概念化しなければいけないということを竹村さんに教えてもらいました。それは『男同士の絆』などですでに書かれていますが、ホモソサエティは非常にホモエロティシズムにつながりやすいのですが、男の身体の問題としてはそのことを非常に教えられたわけです。とくに最近の韓国では、ハリスという性転換をした美人が大変な人気を博していますが、「第三の性」と言われている問題も重要だと思います。

そういうことを、大門さんは歴史学の理論としてつながりにくいという話をされましたが、私は身体観の転換という問題を含めて、近代社会がどう「変態」観念をつくり出していくかという問題、「男らしさ」「女らしさ」をつくり出す、「日本人らしさ」「外国人らしさ」と差別をそのなかでつくり出していくといった、社会の差異性のつくり出し方という問題を、ジェンダー理論のほうから大変勉強させてもらったわけです。

★32 今西一、吉川弘文館、二〇〇一年。

安田（常）　私も断片的で申し訳ないですが、端的に、ジェンダー史という概念はどういう意味で成立するのでしょうか。つまりジェンダーが方法と対象に密接にかかわっているというテーマがきょうの全体の枠組みだと思います。その場合に、ジェンダーという切り口を通して、歴史のさまざまな出来事や局面を鮮明に描ける。それはとても重要だと思うのです。が、それを横につなげてジェンダー史、たとえば女性史に代わるジェンダー史という形で問題が立てられるのかどうかという点がひとつ、気になりました。

それとある意味でかかわると思いますが、西川祐子さんのご本は全体として興味深く、とくに前半のところの住まいの歴史的な変遷をとおした分析は、さまざまな連想を触発される、とてもおもしろいところだと思います。しかし、きょうのお話はそこではなくて、真ん中あたりに総力戦に関する二本の論文がございます。その二本の論文が時期を異なって書かれています。前の論文は、吉岡弥生と高群逸枝の翼賛体制への協力過程を分析されたものですが、きょうの話ではどちらかというと歴史学寄りというか、ある意味では事実ないしは実態に即した戦争中の思想と運動についての記述という方法的なスタンスになっていると思います。

それに対して、その後に書かれた第二の論文は、西川祐子さんの表現を借りれば、言説分析である。つまり、全日本婦選大会と時局婦人大会の決議文を文体としてどう読むか、あるいはレトリックとしてどう読むか、あるいは言葉の組み合わされ方としてどう読むか。そのなかで、当然主体の立ち上げという問題ともかかわりますが、主語と述語の置き方の変化というところを軸にして書かれている。つまりこの二つの論文を並べたときに、ジェンダー分析と、従来の歴史分析がどこで接点を持って、どこでずれるかという問題があるように思います。

そういう言説分析ないしはレトリックの問題は、たぶん西川祐子さんは以前から試みられていた領域ですが、ここは大会の決議文でありますから、ニュアンスとかレトリックを忠実に読み解いていくには、ある意味で堅苦しい対象だと思います。その辺はぼくもはっきりしないですが、西川祐子さんの考えるジェンダー分析は、言説分析から比較分析という方向性がひとつ書かれています。その場合、最初に書かれた第一論文を事実分析という名前で呼ぶとすれば、事実分析から言説分析と比較分析というところにつながっていく全体の方法的な組み合わせとか装置、その問題が最初に出たジェンダー史という問題を考えるときの方法の問題としてあるような気がします。

おそらく、それはさきほど大門さんが言われた歴史学への媒介性という問題とも密接にかかわっている。つまり、理論そのものをなまの形で本質的な歴史的な概念として使えるかという問題があると思います。ただ、理論のほうからアプローチする場合には、それがある程度実証可能な、一種の媒介カテゴリーみたいなものを二次的に自分でつくり出していく作業が一方で必要になるだろうと思います。

もうひとつ、それとは逆に、中間カテゴリーをつくる場合には、具体的な史料からつくるという方向があると思います。これをかなりうまくやった一人は、丸山真男さんだと思います。丸山さんの文体が独特のアクチュアリティを持っているのは、史料の言葉をある抽象レベルで使うからなんですね。そういう意味ではかなり感覚的な日常語であったりする場合もあります。そういうものを抽象レベルを上げたところでのひとつの中間カテゴリーとして使って、それを全体の論理に組み込んでいくという性格があると思います。そういう意味では、歴史学への橋渡しないし媒介、そのための中間カテゴリーを考えるときに、両方からの接近があると思います。そうすれば一方ではジェンダー理論のほうから中間カテゴリーに向けて、いかに具体性を持ったカテゴリーをつくるかということになるし、他方では史料とかデータという方向からのカテゴリー構成の問題が出てくるように思います。

そんなことを考えると、一番初めの話に戻れば、ジェンダー史という形でべったり横につなげて描く歴史のあり方ではなくて、ある意味ではジェンダーという問題を通してある歴史の局面に焦点をあてて新しい問題領域を切り拓いていくという方法になるのでしょうか、という質問です。

安田（浩） フェミニズム論とかジェンダー論とかは勉強しなければいけないと思いつつ、一番苦手であまり勉強しなかったところだから、伺いたいことがたくさんあります。疑問に思っていたことを出して、論点が具体的になってくればよいかと思います。

ひとつは、しばしば性差が近代によって特権化された区分であると言われています。これがなぜそうなるのかということが本当にうまく説明されているのか。いろいろ書かれているけれども、ぼくは納得がいってない。なぜそうなるのか。近代において特別の特権化された区分に本当になっているのかどうか。

これがなぜ問題かというと、長さんの報告でも、前近代史では、性差が基本ではなく、身分のなかで取り扱われていると言われました。近代において性差のほうが特権化されてくるとすると、身分社会から非身分社会へという問題とどう関連するのか。その辺をフェミニズムなりジェンダー論なりをやってる人がどう考えているのかよくわからない、というのがぼくの第一の疑問です。

この問題は、論点として考えてみると、女性とか家族という問題をどういう意味で問題としてとりあげていくかにかかわってくるだろうと思います。ぼくも、西川祐子さんの家族論は、近代家族の問題が近代国家の制度の問題だという形で基本的に立てられている議論で、これは非常に整理がうまく付く理論だと思い、意味がよくわかりました。

最終的になぜそういう区分が可能かというと、長さんも触れていましたが、家族の上位集団が国家か中間団体かという観点。直接的に国家が家族を掴むという形になったところで、その意味では、まさに近代家族は政治的な制度だという論点が出されているわけです。それもさっき言った、身分が解体された社会という問題にかかわる論点だろうと思います。

そういう意味では西川さんの理論は非常にわかりやすい、ぼくにとっては説得的な議論だけれども、問題の立て方は国家と家族というか、近代家族を国家とのかかわりで考える議論だと思います。そこと違う次元を問題にしている議論もたくさんあるようで、ぼくには、その辺のそれぞれのやられている議論の差異がよくわからないので、西川さんのような切り方の強みと、それだと、どこが落ちてきて、違う立場の議論が出てくるのか、その辺をもう少し説明していただけるとありがたいと思います。

全体としては、そういうことをふまえて、国民国家論とのかかわりでジェンダーを考えるときに、国民化されることの意味合いをどうとらえるかという問題になると思います。これは西川長夫さんにもあとで発言していただきたいのですが、国民国家論を最もラジカルに表現しているのは戦闘的なフェミニズムやジェンダー論だ、と言われたあの含意をもう少し展開していただきたいと思います。

ぼくの今考えていることを言いますと、国民化するというとき、国民国家を立ち上げていくときに、国民として想定されているのは、基本的には能動的市民であったということが最も中核的な問題だと思います。能動的な市民のみが国民として想定されるという形が、近代の歴史が展開する一番原型的なあり方である。そうなりますと能動的な市民としての資格を持たない存在は、皆、市民外、国民外ということになります。その次の段階では、これまで排除されていた対象がどうやって組み込まれていくか、あるいは組み込みを要求していくかという問題が出て、その問題を考えられたのが牧原さんの客分としての国民化、能動的市民という形に必ずしもならない国民化という問題提起だと思います。[★33] その意味では、近代の公民というか、公を担えるような主体という設定の問題が一番中核的な問題としてあるのではないかというのがぼくの印象です。その点について、長さんはどういう意見を持たれるか。質問と感想です。

牧原　民衆の国民化と女の国民化が、方法的な問題としてはほとんど差異がないと思いました。大門さんのジェンダー論への批判も、民衆史・国民国家論に対する批判の仕方と共通しています。ただ、個人的には、嫁・姑論を女性史がどうして真正面から議論しないのか、前から気になっています。少なくとも戦後のある時期まで、女性たちの日常生活での大きな悩みのひとつは「嫁姑」問題だったはずで、「お嫁さんの人権」をめぐる問題は、戦後の婦人運動や小説のなかでも、新聞の身の上相談でも、主要テーマだった。にもかかわらずジェンダー論でもすっぽり抜けている。不思議です。

高木　最近の研究について不勉強だなとあらためて思いました。大門さんが「日本近代史研究における一九九〇年代[★34]」で言われている「存在の拘束的な認識」という問題はあらゆる分野で重要だと思います。現在と時代性の両方から見ていく。印象的なことを言って申し訳ないですが、今のジェンダー研究者、とくに歴史学以外の方が書かれたものを読んでると、昔の色川大吉さんの、自由民権運動に戦後の民主主義の源流を見るような問題意識の無媒介な投影が感じられる。とくに「時代の拘束性」、その辺の問題を、私自身がやってる天皇制の問題もそうですが、どういうふうに考えていくかが重要な気がします。

さて、送っていただいたものでおもしろかったのは北原さんの作品で、一九三〇年代に家族論が登場する。さっきも天皇制の段階の問題が出ていましたが、第一次世界大戦後はある意味で日本の

★33　牧原憲夫『客分と国民のあいだ』(吉川弘文館、一九九八年)。

★34　★7参照。

天皇制がデモクラシー状況から、逆に世界の君主制の危機のなかで、神権的なものになって、文化や社交などソフトな側面がなくなっていく。そのときに、なぜ家族の問題が浮上していくのか、について関心をもちました。浜林正夫『世界の君主制』[★35]を読んで、イギリスでは君主制の危機のなかで、ソフトな君主制になる問題があります。そして、世界的な動向として王室家族の問題があります。

従来のイメージでいえば、日本だけ特殊な神権的な道を行く時期に、逆にファミリー・イメージでは君主制として世界と共通の動向にある。そういう問題もどう考えたらいいのかと思いました。

これは安田浩さんにお聞きしたいのですが、加藤千香子さんの論文を読んで思ったのですが、男子労働者に対する家族賃金ではなくて、男女同一価値労働の同一賃金の原則を求めるということをめぐって、そういうことが現実としてこの歴史的段階において可能なのかという問題。これはいろいろ戦後歴史学のなかで、似たことが議論されました。たとえば無産者運動を分析するときに、時代とすりあわせながらどういう方針を立てていくかという、時代の拘束性の問題があります。今から見れば、あたりまえのことですが、その時代のなかで男女同一賃金要求はどうだったのか、もう少し教えてほしいというのが印象的なことです。

西川　ぼくは、ただただ感心して、おもしろく聞かせていただきました。長さんは、最近忙しそうなので、きょうはだいじょうぶかなと、少し心配していたのですが、じつに見事な報告だったと思います。

今西さんがアメリカの話をされたので、フランスの話をします。ぼくは最初にフランスに行ったのは、三十何年か前ですが、男二人で旅行していると、ひょっとしたらホテルに泊めてくれない、そういうことが実際あったわけです。それから三十何年たって、今、パックス、つまり男同士一緒

★35　浜林正夫ほか編、大月書店、一九九〇年。

に住んでても、女同士一緒に住んでても、とにかく家族として認めるということが法的に決められているわけです。それからこの三月の地方選挙で初めて男女同数の候補者が出る制度（パリテ）が始まった。ですから、各都市の市長や町長も半分近くはいっぺんに女性になってしまう。そういう、保守的な政治のほうが、われわれが考えているよりも先に行ってしまうような、現実のほうがどんどん先に行っていて、こういうわれわれが先端的な議論だと思っているようなことが、じつは遅れている。現実のほうが早く進んでいるということがあるということを最近、強く感じています。

前回の予備討論で、少ししゃべりすぎたという反省があって、きょうはしゃべらないつもりでいたのですが、ひとつ質問があったので答えさせてもらいます。国民国家論の最もラジカルな部分を表現しているのは現在の戦闘的なフェミニズムやジェンダー論であるのはなぜか、その理由を説明せよということだったと思います。長さんがきょうの報告の最初に引用してくれたのは、たしか「戦後歴史学と国民国家論」★36の長い注の一部で、そこではガヤトリ・C・スピバックの『サバルタンは語ることができるか』★37について、トリン・T・ミンハの『女性・ネイティヴ・他者』★38から「男が口を開くと国家のことをしゃべり、女性が何かを語ろうとすると男の言葉をしゃべってしまう」「制度化された言葉を学ばないで決然と活動している女」といった言葉を引いていたはずです。これを読んだとき、ここに国民国家論の最先端を感じたということです。もっともこれは最近のフェミニズムやジェンダー論に始まったことではなくて、ずっと前から感じていたことでもあります。フランス革命で最もラジカルだったのは女性であるし（オランプ・ド・グージュがいわゆる人権宣言「人と市民の権利宣言」が出るとすぐにそれをパロディ化して「女と女性市民の権利宣言」を書く、これはすごいことで、体制の側にある男にはできないことですね）。パリ・コミューンのときもやはり女性が最もラジカルだった。ぼくは天羽均さんと一緒にルイーズ・ミッシェルの『パリ・

★36　★8参照。
★37　ガヤトリ・C・スピバック／上村忠男訳、みすず書房、一九九八年。
★38　トリン・T・ミンハ／竹村和子訳、岩波書店、一九九五年。

コミューン』[39]を訳しているのですが、男の革命家が壁に直面して引いてしまうところで彼女は引かずに突破してしまう。それはなぜかと問われて、ルイーズ・ミッシェルは女性の置かれた社会的位置がそうさせるのだ、と答えています。それでさきほどの質問に対する最も単純な答えはルイーズ・ミッシェルに借りて、女性の置かれている位置がそうさせている、と答えることだと思います。もっともそのことを十分に説明しようとすれば、結局フェミニズムとジェンダー論の歴史をすべて語ることになって、それはここでは不可能です。ここで一番いいたいのは、事実そうなんだから、せめて彼女たちの文章を読んで下さいということ、なぜそうなのかの説明はあとでゆっくり考えたらいいと思います。

きょうは長さんから、前回の予備討論でぼくが出しておいた公／私の問題についての回答を出してもらえて感謝しています。この問題についても少し説明させていただきますと、この問題に関してもジェンダー論は公／私という区分のイデオロギー性と抑圧性に最初に気づいてそこに批判の矛先を向けることができたのではないか。現代の公共性論者はハーバマスやアーレントも含めて（もっともアーレントは「難民」論の視点からこの問題に別の角度から接近する道を示していると思いますが）、あるべき公とか私について論じることはできるが、公／私という区分の根底が何であり、それが何を隠蔽しているかについてどちらかといえば鈍感であったと思います。とくに法律や政治の専門家である公共性論者は多くの場合、秩序あるいは統治する者の視点から考える習慣が身についているのでダメだなあという印象をぼくはもっています。ただジェンダー論からのアプローチはかなり視野が限定されていて、国民国家論の視座のほうがもう少し見通しがよいかもしれない。これは国民化の問題についても同じですが。

アルチュセールの『イデオロギーと国家のイデオロギー装置』が出たのは一九七〇年ですからも

★39　上・下、ルイーズ・ミッシェル／西川長夫・天羽均訳、人文書院、一九七一年。

う三〇年以上も前です。この論文は国家の抑圧装置の傍らに国家のイデオロギー装置を認めることによってマルクス主義国家論に大きな転機をもたらしました。「国家のイデオロギー装置」という概念は今では否定する人はほとんどいないと思います。しかし国家のイデオロギー装置には、それまで私的領域に入れられていた諸制度、家族や教会、ジャーナリズム、文学・芸術、等々が含まれています。つまり「国家のイデオロギー装置」を認めることは公／私の概念の根本的な再検討を迫るものであった。そしてアルチュセール自身が、公／私の区別はブルジョア的法律が生み出したフィクションであって、国家の側からみれば、公も私もないのだとはっきり書いている。ところが誰もこの指摘の重要性に気づいていない。ぼく自身も翻訳しながら、その意味について十分理解していなかったと思います。そのことの意味について気づいたのは、ジェンダー論や公共性論が視野に入ってきてからです。

アルチュセールの「国家のイデオロギー装置」論は、再生産論の一環として書かれていて、まだ理論的素描といったところがあり、理論としてはまだ未完のものだから、これを使うとしたらもう少し展開させ精密化する必要があると思います。今ぼくが考えていることのひとつは、この公／私の概念の形成を国民国家成立の過程のなかでたどり、それが国家の機能のなかでどういう役割を果たしているのかを明らかにすることです。公／私のイデオロギーは、じつは国民国家の恐るべき暗部を覆い隠してきたのではないか。フェミニズムはそれが、主婦の無償労働や家庭内暴力を隠蔽してきたことを告発するところまできたが、公／私のイデオロギーが隠蔽しているのはそれだけではなく、もっと国民国家全般にかかわる国民国家の本質的な部分ではなかったか、というのがぼくの印象です。

問題を説明するために、歴史過程を少し単純化していいますと、フランス革命の革命政府にとって、王政はまったく私的なものであり革命政府は公を独占すべきものであった。とくに象徴的なのは一七九一年に出たギルドの廃止にかかわる法令（「アラルド法」「ル・シャプリエ法」）で、あらゆる中間集団は封建遺制として禁止されたことです。つまり中央集権的な体制は中間集団をすべて排除して国民と直結し、公を独占する形でフランス型国民国家が形成される。そして公（public）はナショナルと命名される。市民（citoyen）は国民となる。こうしてフランスの場合は市民社会は通念上ありえない（これはアングロサクソン系のタウンの市民を中心に形成されるシティズンシップと非常に異なったものであって、のちにトクヴィルがアメリカに行ってそれを発見して大いに驚くことになるのですが、この両者の混同と相互浸透が、現在の市民社会論やシティズンシップ論の混乱の要因のひとつだと思います）。こうしてフランスの国民国家は公を独占する一方で、多くのものを私に追いやる。女や子どもはその一部ですが、病者や身障者、罪人、植民地の住民、等々も公の部分から追われて隠蔽される。また私領域に追いやることによって、資本や私有財産にフリーハンドを与える。文学や芸術も私の領域に追いやられる、等々。もちろん私的領域に追いやるというのは国家と無縁の存在ということではなく、その影の部分を別の仕方で国家に取り入れることを意味している。その構造とメカニズムの説明が国民国家論に求められているのだと思います。公／私の領域やその役割は、大戦期の総力戦やその結果としての福祉国家の形成、あるいは社会主義国家の成立などによって、表層的にはさまざまに変化してきたが、公／私の区分を生み出す基本的な構造は変わらず（それが国民国家というものだろうと思います）、それが問われることもきわめてまれであった。いずれにせよ、公／私の区分の問題を徹底して追究すれば、国民国家の根底を問わざるをえなくなる。これはまずいということで公共論者の大部分はそこで引き返してしまう。そこでなおも追究をすすめようとしているのがフェミニズムやジェンダー論であると信じているのですが、これはぼくの片思いかもしれません。以上長くなってしまいましたが、前回の質問の背景にあったぼくの思いを説明させてもらいました。

近代家族と性差のつくられ方

牧原　それでは、これまで出された論点を、⑴近代家族と資本主義や国家との関係、そのなかでの女性性や国民化の問題、⑵ホモセクシュアル等を含めて、近代的規範が崩壊したかにみえる現状をどうとらえるか、⑶ジェンダー論・女性史の方法と可能性、という三つに粗っぽくまとめさせてもらいます。むろん相互にからみあっていてきれいには分けられませんが。

今西　私は大門さんの批判はある程度当たっているという意見です。長さんの書かれた家族史の論文[★40]も読ませていただきました。私も、少し前に『近代日本の差別と性文化』[★41]を書いて、性文化の問題をのちに安丸さんから教えられたことがあります。安丸さんが私に対して批判して下さったのは、近代家族を上からつくったというふうに設定して、国民国家がこういう家族をつくったというとらえ方でいいのかという問題です。言い訳ではありませんが、私は家族論、家族史をやるつもりでやったわけではなくて、「下層社会」の存在形態の問題を少し明らかにしたいということでした。

私の個人的な体験から言うと、卒業論文で近世から近代への移行期をやりました。奈良県の川西村という「先進」地域ですが、宗門帳を十数冊分析した。すると三〇パーセントぐらい「家」の系譜がつくれないところが出てきます。ものすごく移動性が激しくて、「家」を構成しない人たちがいる。私は周縁民衆史として、そちらに関心があります。もし家族史としてやるなら、近世的な「家」がどのように近代的な家族に変わるのかという議論を、当然やらなければいけないわけです。「最下層」の人たちが家をつくっていくのはかなり遅くて、「下層社会」の形成の問題から言えば、

★40　長志珠絵「作られる家族」(奥田隆男ほか『現代家族論』化学同人、一九九五年)。

★41　今西一、雄山閣、一九九八年。

日露戦争後ぐらいまでなかなか「家」社会をつくれない人たちがたくさんいる。そういう階層制の問題とか時期区分の問題、地域性の問題、地域によって家族の形成の仕方がどういうふうに違うのかという議論をやらないと、歴史学でいう家族史にはならないわけです。非常に法制的に理念化された家族の形成の問題、長さんが使っているのは、山中永之佑さんたちの法制史、自分たちでは法史学と呼んでいるわけですが、こういう業績を使うとわりとやりやすい。だけど、それはひとつの理念化されたとらえ方であって、歴史学の実態のとらえ方とうまく合わない。もしそういうことをやるなら、家族史を本格的に始めて、近世から近代でどういうふうに変わっていくのか、「下層」社会を含めた家族はどういうふうに形成されてくるのか、歴史分析の方法としては実証的にきちんと詰めないと、歴史学としては説得力を持たないと思います。ジェンダー論で、現代の「家父長制家族」について批判されている上野さんたちの議論はよくわかるし、国家と家族というものをどういうふうにとらえるかということについて非常にシャープな面が多く参考になります。だが、そこには少し問題があるのではないかと考えます。

最近のジェンダーのとらえ方のなかでも、サブシステムということを非常に強調し出されて、国家と個人を直接的にとらえるのではなくて、その中間項として、サブシステムという問題を入れないとまずいという議論が出てきてます。[★42]共同労働や再生産機能を含めて、家族も国家に対するサブシステムの意味を持っているわけです。そういう問題としてとらえていく必要性があって、ヨーロッパでは歴史人類学という分野が進んできましたが、日本ではその辺の実態研究が、大藤修さん[★43]などを含めても、やろうとしている人たちが少ない。大藤さんの研究にも問題はありますが。フェミニズム論では、そういうことを近世から近代をずっと含めて見る見方が非常に弱いのではないかというのが私の感想です。

★42　マリア・ミース「資本主義の発展とサブシステンス生産」（マリア・ミース、C・v・ヴェールホフ、V・ベンホルト＝トムゼン『世界システムと女性』古田睦美・善本裕子訳、藤原書店、一九九五年）参照。

★43　大藤修『近世農民と家・村・国家』（吉川弘文館、一九九六年）。

長　私は大藤さんの研究は興味深かったです。近世から近代の家族と名づけられた、ある何かまとまりを通時的な流れとして描くべきだ、論じるべきだというのは、「史」と立てれば必要ですが、いくつか質問もあったので、私が考えてることを答えたいと思います。

安田浩さんが、西川さんの議論の位置を言ってくださったように、権力関係を家族論として読み直す作業の持つ位置と意味について最も意識的な論者は、西川祐子さんだと思います。家族社会学批判は木本さん[★44]もかなり辛辣なのですが両者に共通するのは、法制史の研究も含め、一九世紀や二〇世紀家族を対象とする膨大な家族論の蓄積が、ジェンダー論が問題にしてきたような意味での権力関係を問うものはないことと、そうした射程の狭さの持つ限界がかなり具体的に問われているのだと思います。

ただ、今回のような座談会での問題は、歴史学の手法としてどうなのか、という点がやはり議論になるのでしょうが、たとえば大藤さんは、法制史の人たちの、明治以後で断絶的にとらえる家族論を批判しながらも実際には「家族」という言葉をあまり使われず、「家」とか「家政」という史料用語を使われていて、認識としての家族を問われているわけではない。もちろん人びとの暮らし方の推移を問題にするとか、誰と一緒に住んでいるのか、老後はどう暮らすのか、といった実態について、豊富な情報をもっている研究は読んでいておもしろいのですが、こと「家族」論の場合は、とくに、家族とはなにか、という認識なしにただちに実体に名づけがなされることに違和感を感じてしまいます。家族と名づけるか、家庭と名づけるか、家と名づけるか、その方法そのものが問われてきているということが非常に重要だと考えているからです。

それから、祐子さんがあえて法と表象といういくつかのレベルに分けて分析枠組みをつくろうとする作業の意味はやはり大きいと思います。地域差、階層差はもちろんある。家族の形態も違えば

★44　木本喜美子『家族・ジェンダー・企業社会』（ミネルヴァ書房、一九九五年）。

それぞれの個体も違うし、帝国に住んでいるのか、移動できる自由があるのか、いろいろな違いがあると思いますが、少なくとも法のレベルでの家族の基点を、近代国家は持っているわけです。それは浸透するまでに時間がかかるし、ましてや人びとがそういう規範を内面化するのは、戦後高度経済成長下のことだという議論が多数を占めるわけで、規範と受容程度は分けて考えて当然です。ただし階層差によるタイムラグについては従来から指摘はされ、ようやく加藤さんのようなお仕事が出てきているのだと思います。プロセスを丹念に問うことは重要だと思いますが、その際、実態か規範かという話を優先させてやり出すと、祐子さんの国民国家の権力関係をもういっぺん入れ込んで考えるんだというチャレンジングな仕事が相殺されてしまう。むしろそこでなにが見えてくるのかということのほうに私は関心を持ってます。

さっき安田浩さんが出された「なぜ」という問いですが、国家論の文脈ではさきほど西川さんが言われたように、近代国家のイデオロギー装置は、再生産機構として機能する点を抜きに論じられない。ことに家族は人びとの身体にかかわる再生産機構の中心の装置であり、女性にとっての再生産の意味づけは、女性を産む性として規定する点にあって、家族内部に位置づけられれば、産まない性は意味がない、という形で先ほど指摘した女性のダブルスタンダードが排除の論理をもって機能する。

もうひとつの説明の仕方としての市場原理は、性別役割については本質主義的なとらえ方だ、とか発展段階的な理解だ、という批判もあるようにも思いますが、どうなんでしょう。上野さんなんかのとらえ方は、構造としては説得的だけれど、変化を追うものではないし、家父長制の再解釈・再定義史をめぐっては、あえて前近代社会を問わない、カッコに括ってしまった、というのが瀬地山角さんなんかの整理ですが。[★45]

★45　瀬地山角『東アジアの家父長制』（勁草書房、一九九六年）。

牧原　資本主義化や近代国家の成立と男女の差異化は、どのように関係づけられるのですか。むろん、「なぜそうなったか」という問いは、事実というより解釈のレベル問題ですが、少し議論してみましょうか。たとえばマルクス主義的な家父長制論がありますね。

今西　最初のフェミニズムの議論はそうです。マルクス主義を含めて、男性の賃金で評価していくときに、「扶養家族」という形で女性を位置づけてきた。そういうのに対する大沢真理さんやいろいろな人たちの批判★46があったわけです。それだけだと性別役割分担の問題は経済の問題だけですが、さっき言ったような「男らしさ」「女らしさ」を社会のなかで規範化していくときの問題、もっといろいろな国家の問題や表象の問題を含んでるということが、最近出てきてるわけでしょう。

長　規範研究は後手になるということなんでしょうかね。ウォーラステインなんかも、前近代の説明は省いて性差別は近代の特徴だ、という議論をたしか、あれはなんでした？

今西　『史的システムとしての資本主義』★47のなかで非常に強く強調しているわけです。

安田（常）　木本喜美子さんの諸説、私は読んでないのですが、さっきの話だと、マルクス主義家族論をふまえて、その再生をお考えになっているのですか。

長　性差別を資本主義システムがもたらすひとつのバージョンとしてとらえているのではないですか。労働市場の展開を近代家族形成の原因として説明する立場ではなくて、むしろ批判的なのだと思います。問題の立て方としては、本来家父長制的関係ではないはずの労働者家族が、なぜブルジョア・イデオロギーを受容していくのか、というように。

牧原　よく言われるのは、小生産者の解体によって男は賃金労働者として出ていく、しかし労働力そのものの再生産を確保しないかぎり資本主義システムは安定的に動かない。そこで、市場経済の外部に家族をおき、夫の労働意欲と次世代の労働力としての子育てを女性の無償労働によって確保

★46　★30参照。

★47　イマニュエル・ウォーラステイン／川北稔訳、岩波書店、一九八五年。

したのだ、というものですね。

安田（浩）　そういう説明はしていたような気はするけれど、論理的に成り立っているのかどうか、非常に疑問です。階級差別が男女差別を引き起こすというのは、論理的な整合性があるとは思えない。

牧原　もうひとつは近代国家における徴兵制の問題で、兵士になることが「国民」の基本的な条件になる。それは同時に「男らしさ」にもつながる。このあたりはドイツなどの研究★48があるようです。

長　上野さんの研究は、近代への推移を考えながら説明する、という方法ではないと思います。男性が賃金労働者として働くためには、次世代生産も含めた女性のアンペイド・ワークを必要として、国家はそれに対して福祉をできるだけ引き延ばそうという説明です。

大門　牧原さんが紹介された議論とかかわって、さっき紹介した北明美さんに、「ジェンダー平等★49」という興味深い論文があります。ヨーロッパ、オセアニア地域での家族手当の導入のされ方を、さまざまな国を例に検討している。それによれば、第一次大戦後の物価上昇でヨーロッパでは賃金が実質的に下がった。そのなかでまずベルギーなどの企業が（大企業だと思いますが）、労働者を企業につなぎとめておくために家族賃金を認めます。家族賃金という形にすれば賃金上昇は防げるという思惑からです。家族賃金は、その後、国民統合の一環としても位置づけられ、国家の社会保障として、工場の賃金労働者だけでなくて、さまざまな雇用関係や農業などにも導入されます。ここから、男性を中心にして家族手当を与える構想が、つまり家族をパッケージにしていく構想が、企業や国民統合の線で始まるわけです。大きな流れで言えば、小経営が解体していくなかで家族賃金が登場するのですが、北さんに言わせれば、これは第一次大戦後にいくつかの要因が重なるなかで登場したことになる。言い換えれば、ここでは階級の問題と性の問題がリンクしているのであり、

★48　トーマス・キューネ『男の歴史』（星乃治彦訳、柏書房、一九九七年）。

★49　岡沢憲芙・宮本太郎編『比較福祉国家論』（法律文化社、一九九七年）、所収。

その画期として第一次大戦後があるのではないかと思っています。

今西　さっき高木さんが質問を出してた、第一次大戦後の同一労働・同一賃金という主張ですが、加藤さんは河田嗣郎の業績を評価しているけれども、現実性を持ったかどうか、私も少し疑問に思ってますが、どうですか。

安田（浩）　男女同一労働同一賃金が現実に成立しえたかどうかという話ですか。当時の日本で一般的に成立しうるかどうかというと、現実的には無理だったと思います。この問題は全体として近代の労働者家族の形成イメージをどう考えるかにかかわってくると思います。

戻りますが、小生産、小経営が分解して、男が働きに行って男女の差別が出るという考え方が成り立たないと思っている理由は、女が働きに出てもいいわけでしょう。現に女工などとして出ていくわけです。だから、雇用されるという形になるから差別されるんだという論理だとすると、おそらく説明はつかないと思います。

労働力の再生産という問題をどう考えるかということだけれども、さっき言った能動的市民と非従属的な住民というか、その区分のほうが先にあるという気がする。能動的市民は基本的に家業、家産があって、家族を支えられる所得を得られる市民だと思います。明治の初めからそういう存在として考えられた職種には家族を維持できる賃金が支給される。ところが、一般の下層社会と言われる都市の人夫などは、家族賃金水準から考えると単身者賃金です。どう考えても、家族を養っていける賃金ではない。女工の賃金もそうだと思います。もっと広く、農業などの季節雇いとか日雇いも、基本的には単身者賃金、それ以上の賃金ではない。基本的に近代の初期の段階では、家族賃金が賃金の基本的水準になってない。単身で生きていけるだけ。家の問題が重要になるのは、そういう意味で、家が基本形態、単位で、そのなかに組み込まれて、ある程度の小遣いも得、食料を給付されてというので生きていける、そちらが単位になっている。さきほどの流動層の問題だけではなくて、さらに家のなかで、部屋住みとか奉公人という層が膨大にいるという問題を考えなければいけない。それがひとつあると思います。

それから難しいのは、第一次大戦後ぐらいの日本の場合を考えてみると、ひとつはそういう単身者賃金で生活していたのが、現実に家族を形成し始める。形成すること自身は非常に困難だけれども、それを目標にやるわけでしょう。西川祐子さんが言っているように、実際にできるのは家庭家族だけれども、これは新しい家として歓迎される。新しい家の家長をつくるという問題につながってくる。それが明治期にはごく一握りの、たとえば官吏になれたとか教員になれたという層だったのが、工場労働者でもそういう形の家族をつくりたい、つくりはじめるという形になってくるのが、第一次大戦の前後ではないかと思っています。

だからこそ家族賃金を要求する論理が圧倒的に勝ってくることになる。論理的に同じ労働をやってるんだから、同一労働同一賃金でいいではないか。この論理は正しいけれども、現実の、生きていた人びとにとっての課題は、他人に事実上、食わせてもらっているとされている状態から、どうやって独立して自分で家族を形成するかの問題としてあったわけだから、家族賃金を要求するという形になってくる。その過程は考えてみると、おそらく高度経済成長のところまで続くだろう。つまり農家の次三男が農村から大量に出てきて、都市で家をつくって、最後は持ち家までできた。そこまでこのエネルギーは続いている、というのがぼくの基本的な労働者家族についてのイメージです。

家族形成の願望

今西　おそらく江戸時代から「家族」がつくられているわけだけれども、「家族」をつくりたいという要求は「下層社会」を含めてあると思います。「家族」をつくっていきたいという要求があるから、国家の政策で「家族」をつくることを出されると、民衆はそれを受け入れるわけです。自分たちの要求にないときに国家が「家族」をつくれと言ったって、民衆は反発するだけで、「家族」を維持できないのです。逆に言えば、家族をつくりたいという欲求が強いから、国家の側の家族政策とか規制が民衆のなかに非常に強くはまっていくわけです。

そういうふうに規律化されるから、より呪縛が強いです。もし民衆が「家族」なしの社会のほうがいいと考えている人たちが圧倒的だったら、そんなところに家族国家とか家族社会はつくれない。ただ、そういう「近代家族」をつくるという幻想性が、男女の同一労働同一賃金というものを崩壊させたのが問題だと思います。しかし、現実の分析として言えば、私は民衆は「家族」をつくらないほうがいいというふうに動いたかというと、日本の近代の成立期にそういうことはないと思います。それより伝統社会のなかで、ある程度「家族」が形成されてきているから、近代のなかで早期に国家と「家族」という関係がつくられていくわけです。

安田(浩) 国家の側の問題は、家族が再生産機構だという問題にかかわって、人口の増加をどう考えるかという問題だと思います。人口が増加していくこと自身を社会の危機だと考える、ありますよね、日本は人口が多くて土地が少なくてというイデオロギーがずっとある。だけど、他方で近代社会は人口が増加していく社会で、増加させて、増加した人口がまた労働力を供給して、より富を増やしていくという、膨張していくことこそ近代社会で、それこそが大国であることを支えるというイデオロギーももうひとつ、出てくるでしょう。

そういうふうに、人口を増やすほうがいいのだと考えるようになったときに、家族をどうやって増やしていくか、再生産を維持するかが非常に重要になってくる。そうなればなるほど、家庭は家族の再生産機構だから、女は母性だという論理が非常にはっきり出てくることになるのではないかと思います。

大門　人口問題は、さっき紹介した北明美さんの論文によれば、ヨーロッパでも第一次大戦後に家族の論理とからまって出てくるみたいです。安田さんの話にあった能動的市民と家族の論理の関連はどのように説明されるのでしょうか。とくに近代の初期です。

安田（浩）　日本の場合ね。

長　あるいは家族の範囲にどこまで入れるか、そこが重要だと思います。

安田（浩）　だから、西川祐子さんのモデルは非常によくできてると思う。二重構造で、「家」家族と「家庭」家族という、そこは検討しなければならない問題がいくつもあるとは思いますが、明治前期ではおそらくこの「家」家族のほうが規範的なイメージです。そういう意味では、次三男の部屋住みを抱え込み、必ずしも独立してないような番頭さんや女中を兼ねてるような存在を抱え込む、必ずしも血縁的関係がないのに一種の家共同体としては抱え込んでる。これが一番基本的なイメージだろうと思います。

西川さんの分析がすぐれているのは、「家庭」家族になりたいという要素を初めから含んでるというふうに分析している点です。おそらく実態に合っていると思います。ただし、西川さんの議論で本当にいいのかどうか。というのは、家族が両方を含めた形で、かつ、天皇制国家が近代国家でという話としてはぴたっと一致するけれども、家共同体、「家」家族に対応しているのが前近代的な国家でと立てると、段階的な差異の問題で整理がつくという形になる。ぼくは天皇制国家絶対主義説を放棄しているから、そっちはとらないけれども。

今西　だけど、石田雄さんの家族国家論[★50]を批判するのは、西川祐子さんのひとつのメリットです。

★50　石田雄『明治政治思想史研究』（未来社、一九六四年）。

家族国家は前近代的であったり絶対主義的なものだととらえていたのに対して、ヨーロッパを含めてまさに家族、家庭というものが近代国家、国民国家のひとつのモデルをつくるわけであって、家族国家論はそれこそ近代国民国家のイデオロギーではないかということを言っているわけで、そこが最大の論点のひとつでしょう。

長　大藤さんのお仕事を読んでいて印象的だったのは、明治国家が家族を基礎にしたのは、民衆にそういう希求があって、それに乗らないとだめだった、制度は空中楼閣としてはできないと力説されるんですよね。それは同じような説明が何遍も出てくるんですが、ところが本文に書かれているにもかかわらず、その点だけは具体的な説明はあまりなされていない。規範分析は、家族規範としての家族写真の構図や配置の細部にいたる具体性を問うているところがあって、その意味では、伝統社会の家族形態や役割分担と、同時にどういう家族像を理想としていたのか、その理想はどういう形態をとるのか、が知りたい。もちろんその途端、そもそも伝統社会で家族のモデル像を抽出することが可能か？　という問いにぶつかりますが。だから、国家の側が強制しただけでは規範は成り立たない、民衆の側の要求があったのだ、というのはそれはそうでしょうけれど、何か問いかけがずれてしまう恨みが残る。

今、言われた家族は持ちたいかどうか、持ちたいに決まっているというときの、その言い方もだからかなり抽象的で、家族という言葉ひとつで同じイメージを抱けるのかどうか。たとえば近代家族論が抽出した家族モデルは性別や血縁関係を問わない日常生活を共にする人びとの集団ではなくて、性別役割分担が固定化された家族像が問題とされています。家産もなくていいから、基盤もぜい弱だし、あるいは近代国家は典型的には同性愛夫婦の法律婚を認めないわけですよね。近代家族論は家族をある程度概念化しているので、それに呼応した言い方をせねばならないのではないかと感じます。

先日、沢山美果子さんが子どもと家族、近代家族を考える時に、非常におもしろい例を出されて話をされました。★51 ある一定の時期までは、ある地域で捨て子が多い。ところがある一定の時期を越えると、親子心中になってしまう。私は、愛情や性別役割に支えられた近代家族というものの持ってる規範の拘束力が、現実には基盤のない社会や階層に対して機能した場合、どのような変化をもたらすのか、という事例の典型例だと感じました。子どもとの関係も含め、家族を持ちたいかどうかということと、どういう家族であるべきか。父や夫や妻や母や、性別によってどういう役割を自分が担わなければならないという想定の家族なのか。結局、戦前の日本の近代は近代家族像を現実化する層は限られているわけだから、規範が浸透すればするほど、矛盾は下層に浸透する。そういった視点を可能にするのが、規範研究の見通しのよさだと思います。だから、そこで抽象的な「家族」を持ちたいに決まってると言われるのには、カラみたいと思います。

今西　持ちたいに決まっています。民衆の要求がそうならざるをえないのであって、前近代社会、私は「前近代」はあまり好きではなくて伝統社会という言い方を使うけど、捨て子にもいろいろな理由があります。たとえば賤民の人たちが子どもを身分上昇させたいということで、商家の前などに捨てて、自分たちのような下積みから脱却させるという形での捨て子の形態があります。食えなくても、町村などの共同体が育てるという形態が出てくる。明治の初めの捨て子政策は、初期の段階では町や村に子どもを返して、そこの共同体で育てなさいというふうにやる。それを個人の責任にしたり、だから孤児院をつくったりという政策に変わっていくわけだけど、共同体が扶養するというホスピタリティ機能を喪失させていく政策をとっていくから、子どもをそういう形で育てられないわけです。さっき言ったように子どもを育てることを含めて、サブシステンス（生存の保障）

★51　沢山美果子「家／家庭とこども」（安田常雄・大門正克・天野正子編『近現代日本社会の歴史　近代社会を生きる（仮）』吉川弘文館、近刊予定）。

というものを共同体が持っている社会から、そういうものを解体させていく近代社会に変わっていくわけです。だから、そこでどうして生きていったらいいか考えたときに、もう一回家族でやらなければ生きていけないという問題が出てくるわけです。

だから、「家族」をつくって、そのなかで生きていくというサブシステンスのつくり方のほうが強化されていくという転換が、伝統社会と近代社会の間では当然起こる。そういう形での社会的な転換が起こってくる。近代国家は家族政策を入れやすいのは、そういうことを含めて単婚小家族的な家族をモデルにしてやっていくからです。

伝統社会は、全部が単婚小家族ではなくて、中間層はそういうのを形成できるけれども、「下層」では形成できない社会です。だけど、共同体的なものが生活のサブシステンスとして機能していって、扶養させていくような機能が村や町のなかにあった。そういう中間団体を解体させていく、これが近代国家にとって非常に大きな問題であって、それが国家対家族という関係を近代になってつくっていく。そういうシステムの転換が起こってくる。だから、最下層まで含めて家族をつくらざるをえない社会になっていくと言っているわけです。それを伝統社会、近代社会の大きな違いと考えているということです。

近代家族史の時期区分

大門　今西さんの言っていることはよくわかるけれども、ここではやや長さんに加担して。

さっきの言い方が乱暴だったので、中川清さんのお仕事をもとにして都市下層社会論を例に話したく思います。中川さんの議論では、日露戦争後に世帯の形成が出てくると言われています。たとえば中川さんの編集された『明治東京下層生活誌』★52でも、日露戦争後の世帯の形成がひとつのポイン

★52　中川清編、岩波文庫、一九九四年。

トになっていて、そういうストーリーにそって当時の評論が掲載されている。日露戦争後のあたりで、下層社会のなかから家族形成の胎動力がどういう形で出てくるのかというのは、それほど自明のことではなく、史料を読んでいてもそう簡単にわからない。下層社会で、さっき言われたような生活水準で多就業だからといっても、どういう結集力が家族に働くのかということは、史料のなかからとても読みとりにくい。大きな仕組みとしてはたしかにそうだと思うけれども、下層社会から、いつどういうふうに家族の結集力が出てくるのかということは、もう少し検討の余地があるように感じています。

今西　その変化をどうとらえるかということで、たとえば性愛関係でも、夜這いに行って子どもをつくっても、「私生児」という形で生まれても、それが村のなかで育てられたり町で育てるという機能を持ってたりするような段階と、そういうものを「私生児」として排除させていく、国家の社会政策のほうでもやるけれども、共同体のサブシステンスみたいなものがどんどん解体していくという問題が、私はひとつの大きな問題としてあると思います。「下層社会」を含めて、転換が日清・日露戦争後ぐらいに起こってくるという見通しも持ってるわけです。その辺をもう少し具体的に分析してみたいというのがひとつの課題です。

牧原　そのあたりで、下層民衆にまで通俗道徳が浸透してくるのは日清・日露戦争あたりだという安丸さんの指摘と結びつくのでしょうかね。労働者が日銭を飲んで終わってしまうのではなくて、一家を構えたくて節約もすればまじめに働くようにもなる。同時に家族ができれば勤勉にならざるをえない。

今西　もう一方の前提としては、サブシステンスや無償労働が解体していくわけです。共同体が支えてたホスピタリズムにせよ、無償で働くような共同体の慣行というものがなくなってくるわけです。そういうのも全部、貨幣化されてくるわけだから、社会の原理が変わっていくわけです。当然商品化の原理も入ってくる。安丸さんの言うように、通俗道徳なのかどうかは別としても、そういう勤労者家族みたいな論理が形成されてくるのは、日清・日露戦争後ぐらいから出てくると思います。

大門　安丸さんの話は、従来からの通俗道徳論がじつはある時期までに固有の実践ではなくて、高度成長期ぐらいまで説明可能な論理であり、そこに最近では新しくサブシステンスという話を入れて説明されています。通俗道徳論は、長いスパンを説明可能なのだというように変化してきたように思います。

牧原　近代天皇論が典型ですが、以前の安丸さんは一八九〇年代で「近代日本」は一応出そろうという見通しでしたよね。

安田(常)　そこの展開は難しいと思います。私もある意味では、ある時期に一段落したというほうが納得いくところがあります。だからそういう意味だと、通俗道徳が家族のなかに全体として浸透するという面は、同時にタテマエとなって、一種イデオロギー化するでしょう。それと他面では、通俗道徳が底辺民衆の立身出世みたいなもののある意味でバネになるような気がします。

今西　安丸さんは、以前の雑誌『世界』[★53]の論文で、高度経済成長まで日本人の勤労倫理みたいなものを支えてるのを通俗道徳として、通俗道徳論の射程をものすごく広げたけれど、私はそれは本源的蓄積期までで、さっき言った日清・日露戦争期とか戦後の高度成長期のイデオロギーを、全部、通俗道徳ということで一括できるかどうかは非常に疑問を持っています。

高木　安丸さんの今まで議論された射程はたしかに明治の二〇年代ぐらいまでで完結している。

今西　最近の研究では、一九〇〇年代をやっておられるらしいですよ。

★53　安丸良夫「歴史研究と現代日本との対話」(『世界』第五九〇号、岩波書店、一九九四年)。

高木　教えてほしいのですが、牧原さんは、日露戦争あるいは第一次世界大戦後の家族の問題を説明されました。戦後歴史学で明らかにされたように、日露戦争後が、制度ではなくて、社会を改良する。一人ひとりの国民をどうつくっていくかという時代だと思います。国民をどうつくるか、社会改良運動や第一次世界大戦後の社会のなかで国民をどうつくるかをめぐって時代区分をして近代化のイメージをつくってきたと思います。国民、家族でも時代区分ができると思います。日露戦後なり第一次世界大戦後に総力戦に対応できるような社会をつくるときの家族、その国家と国民をつなぐ家族という媒体の説明の仕方がどういうふうにされているか、教えてほしいのです。総力戦に対応できるような二〇世紀の帝国主義段階のなかで、いかに家族が創出されるかです。

長　従来の説明の仕方は、戦中‐戦後を連続させて、高度経済成長期に専業主婦が現実化して、ただちにパートも含め生涯専業主婦でいられなくなる、という図を描いてきたと思いますが、今、伺っていて国家の側がどのような家族維持を行おうとしたのか重要な指摘だと思います。で、国民という名の男性国民をつくるという点では、議論の蓄積があるわけだから、読み替え可能だと思ったのは、軍人遺家族に対する保障がどのような論理で制度化されるか、されないか。日露戦争後は、軍人遺家族の貧窮は実際悲惨で餓死家族が出たりする、といったことがある程度わかるし、内務省から「下士卒家族救助令」も出るけれど制限が厳しい。兵士の遺家族だからという発想は第一次世界大戦期ぐらいまでないんじゃないですか。日露戦争では「国民」として戦場に引っ張り出して、一〇万人単位で死なせても、残された家族は家産がなければ、主要な働き手を奪われて極端には死ぬしかない。けれど調査に出てくるのは単婚小家族というよりは老親と妻と子ども。雑誌レベルの出征兵士の遺恨の表象のされ方も家族愛・夫婦愛というよりは、親への孝行に向けられているように今あらためて思います。

今西　日清戦争後ぐらいにすでに問題化している。日露戦争後になると、ある程度出征兵士の家族に対する補償問題は出てきます。京都府下では金も出しています。

長　ただ地域行政に委ねてしまうので扱いに偏差がありますよね。日清戦後の愛国婦人会の中心的な課題は、政府の対応に先立つ軍人遺家族対応であり、ちょっとびっくりしたのは、すでに留守家族の段階で、自活のための内職などを世話しています。

牧原　政府はあくまでも相互扶助的にやるべきだという姿勢ですね。だから地方改良運動も失敗する。失敗したところで、そして、第一次世界大戦期を含めたさまざまな要因から、行政が再び個人の生活に介入せざるをえなくなる。

今西　だけど日本の場合、社会国家化しない。その辺、安田浩さんの評価を聞きたいんだけど。その補償にせよ、労働組合法案、小作組合法案など、いろいろなものをつくって第一次世界大戦後に日本は社会国家という方向へと向かうが、ヨーロッパでやったような福祉制度も含めて、そういう国家への展開は必ず制約されていくでしょう。

牧原　しかし、それ以前とは明らかに……。

安田（浩）　明らかに違っている。問題は労働組合とか農民組合とか、さまざまな団体そのものの活動を組み込んだ形の国家になるかというと、そうはならない。だけど、行政はやり出す。非常に水準は低いけれども、国家行政のレベルではなしに、都市行政とか地方団体行政のところでやり出したり、そういう形では明らかに変わってはくると思います。ただ福祉国家とか社会国家といった、一定の権利保障をする形につながっていく動きと言えるかどうか。そういうイメージは持たない。日本の一九二〇年代の問題の出方は、むしろ総力戦へというイメージの動きだという感じです。

長　私も第一次大戦後に変わるんだろうと漠然と思っています。質的にはかなりずれる。その変化に対応して国家の戦略も当然変わってくるから、家族のとらえられ方も、議論の余地があると思います。「公共性」そのものの質の変化、位置取りの変化は見落とせないとは思います。

家族の外部――帝国と女性

大門　ぼくもそのように思います。同時代として日本を対比させて考えるときに、戦間期以降にあらわれてくるヨーロッパでの事態、たとえば、イギリス型の話とスウェーデン型の話、それから日本みたいないくつかのタイプといった問題と、それからジェンダー、あるいは近代家族をめぐる問題があります。家族と国家の位置関係の問題です。

スウェーデン型は、ジェンダーをめぐる問題を単純に越えているという話ではないと思うけれども、家族と国家の位置関係は制度としては相当変わってきているわけでしょう。この点は、スウェーデン型が最も先進的であるという段階論で考えればいいのか、それとも三つのなかに共通性があって、そのなかの差異なのか。その辺の戦間期以降の国家と家族の関係を全体としてどういうふうに整理をしたらいいのか。たとえば少しずれるかもしれないけれども、西川祐子さんの論文を読むと、近代家族がかなりうまく適合した時期として、日本の第一次大戦後から一九七〇年代前半ぐらいまでを指摘しています。なんとなくわかるような気が一方ではします。それと戦後の生活給的な家族賃金は、日本が最もうまく適合した事例なのではないかという気もします。

そうすると、ヨーロッパでの事態が日本と共通性をもちながら、ある変化を遂げていくと考えたらいいのか。仮に三つぐらいのタイプに分けたときに、家族と国家をめぐる議論、日本の事例の位置づけがぼくはうまく整理がつかないので、ぜひ教えてください。

長　家族と国家の位置関係という時に、西川祐子さんの指摘でもうひとつ見通しがよいと感じる点は、帝国の問題を入れている点だと思います。スウェーデンとイギリスと日本の事例の比較や共通性といったときには、ある程度、本土内に限定されていて、法域外に支配が及ぶ植民地とか満州とかを想定しない。ところが実際は、本国の人びとはいろいろな機会で移動していて、「満州」だと階層と職種によっては本国ではモデルとしての近代家族を持てなかった階層の人たちが近代家族モデルを実現できる。だから、第一次世界大戦後、福祉国家になるということは、少なくとも法の範囲内で国家が家族をある程度取り込んで内部化してしまう状況があって、ただそこには間違いなくそうした帝国の恩恵が及ばない外部がある。そこをもう少しうまく理論化してほしいし、素材としてはなんでそれを捕まえたらいいのかというのが実状です。

大門　いま、長さんが紹介した西川祐子さんの論文の個所を読むと、ぼくも反省的歴史学というか、どうしてもドメスティックな見方になってしまう点を反省させられます。そこをドメスティックにさせないで開いていくというか、そういう視点を持たなければいけない。

今、言われたことで考えると、社会政策の分析もどうしてもドメスティック、国内の議論だけになる傾向がある。ぼくがいみじくも使ってしまった何々型、何々型というときに想定されるのは、国内のあるモデル的な生活とか、社会との関係は出てくるけれども、それが言われたような帝国や植民地の問題とどのように連動させるのかは大きな問題です。ただしぼく自身も、たとえば農村の家族について考えるときにどうすればドメスティックにならずに議論できるのかと思うことがあるのですが、まだよくわからない。

今西　西川祐子さんが言っている、家族を植民地へ輸出するという、近代のつくった家族制度の輸出だけではなくて、たとえば韓国の側で見てると、いろいろなものが輸出されているわけです。たとえば、買売春制度を見ても、これは韓国の研究ですけれど、一九〇〇年前後に日本の売買春制度が入ってくるわけです。[★54]それまでの妓生（キーセン）を中心としたものに対して、蝎甫（カルボ）という新しい売春婦が形成されてきます。そして貸座敷業にしても、妓生の検番制度にしても、日本の制度が入ってきます。韓国の農村を歩いても、日本の家族形態とよく似た家が残っているところもあるわけです。「従軍慰安婦」の問題ではよく、来たのは皆売春婦ではないかといううそがつかれます。しかし、近代的売春制度を誰が持ち込んだかと言うと、まさに日本が戦前の朝鮮に持ち込んでるのは明らかです。そういう家族の問題でも、アジアの制度との比較は、私はもっとやってほしいのです。

大門　ぼくも見通しがあるわけではないんだけど、以前に岡山女性史研究会が編集した『岡山の女性と暮らし――「戦前・戦中」の歩み』[★55]を書評したことがあります。[★56]この本を読んだときに、戦時期における岡山の女性たちの空間が内外にひろがっていて、それが強く印象に残りました。そこには、「大陸の花嫁」や満蒙開拓青少年義勇軍の寮母として中国大陸に送り込まれた女性、県下在住の「朝鮮婦人」を内鮮国防婦人会に組織する動き、朝鮮の児童が「軍神の母」と呼ばれた岡山の女性に会いに来る話などがでてきます。ここから感じたのは、岡山の女性たちのくらしの空間は村や町に閉ざされていたんではなく、村－町－都市－県－日本－帝国といった重層性のなかにあったはずだということです。またそのときに、女性は女性一般としてではなく、家や母として位置づけられていたということです。岡山の女性たちのくらしに入りこんだ帝国意識や植民地体験はどのようなものだったのかということと、帝国意識と家族制度との関連を知りたく思ったんです。

長　日本の近代国家が、帝国の版図に沿って台湾や韓国に戸籍制度を導入したというのは、家父長制の輸出といったような評価で今西さんもこれまで書かれていて、いろいろ触発されることが多かったのですが、西川祐子さんの例で強調したいことは、植民地に版図が広がることで帝国臣民が

★54　宋連玉「日本の植民地支配と国家的管理売春」（『朝鮮史研究会論集』第三二集、一九九四年）、山下英愛「朝鮮における公娼制度の実施」（『朝鮮人女性がみた「慰安婦問題」』三一書房、一九九二年）。

★55　岡山女性史研究会編著、山陽新聞社、二〇〇〇年。

★56　『岡山地方史研究』九五号、二〇〇一年。

ボトムアップして、近代家族が実現できる、という構造的な指摘についてです。本国ではブルジョア・モデルとしての近代家族を実現する経済基盤のない層が、住宅に女中部屋をつくって、育児中心のいわば憧れの専業主婦生活、夫の給料だけでくらせる生活経験を体験した階層がでる。満州の農村移民はもちろんまた別ですが。その要因はやはり植民地だから階級・階層を上昇させることができるわけで、帝国の臣民としての外部をもつことで、近代家族モデルは、戦前にも実現可能性を持ちえた。回想録などには、こうした感想はたしかによく見られるのですが、ことに、規範がどのように社会と接点を持つのか、これは近代家族論の課題でしょうが、構造としても、戦後との時期的な推移を考えるにしても、帝国という経験を入れ込む必要があると思います。

それから植民地という外部との関係でいうと、性奴隷制と対になるのではないかと思いますが、「男の甲斐性」をまったく期待されていない人びと、臣民ではない男性たちに最も矛盾が集中するのではないか、という視点も可能ではないでしょうか。「男の甲斐性」というのは西川さんが、単著には入れなかった『男性論』の論文[★57]のキーワードなのですが、七〇年代の住宅広告コピーで、マイホームを建てる主体、施行主になることが、「男の甲斐性」という建築者の側のメッセージなんですね。郊外住宅を建てる「一家のあるじ」像です。で、話を戻すとつまり、帝国の版図内で帝国の権利を持つ人びとの家族の再生産がある程度保障される、男の甲斐性を国家も進めるとするならば、家族形成を想定されていない、期待されていない人びとは、露骨な形で再生産の対象の外におかれる、と見るべきではないか。とくに、帝国のなかを強制的に移動させられる労働者は、再生産をまったく想定されていない。日本の本国労働者に対しては、死後も含め、家族手当の保障を想定しなければならなかったとすれば、雇用側からすれば、「独身」扱いはもちろん、家族関連手当どころか本人の再生産さえも想定しない占領地労働者は、すべての矛盾をしわよせすることのできる

★57 西川祐子「男の甲斐性としての家つくり」(西川祐子・荻野美穂編『共同研究・男性論』人文書院、一九九九年)。

対象だ、と。いずれにせよ、「近代家族」が規範であるならなおのことその裏面が形を変えながらつねに暴力的な機能を果たすように思います。

牧原　「帝国」とのかかわりでは戦争責任の問題が重要ですが、長さんはきょうの報告で、戦前の女性に「帝国の女」としての主体責任を負わせることには疑問だ、と言われた。選挙権の有無、また、兵士のように直接に侵略に加担したかといった点で、当時の一般男性と異なることは確かですが、最近の議論の流れと長さんの見方はかなり違うのではないですか。

もともと、民衆の戦争責任をかなり早い段階で指摘したのは女性史でした。平塚らいてうや市川房枝への批判は、私には衝撃的でした。母性や権利、進歩の担い手が戦争を担ってしまったということを、「裏切り」論ではない形で示した。婦人会なんかも含めて。ただ、そのことと近代家族論とは結びつかなかった。最近は性奴隷制という視点が出たことで、女と男の対抗だけでなく「普通の」女とそうでない女という分割も明らかになってきた。しかし、現実世界、ジャーナリズムの世界では、キーセン観光や東南アジアに出かけていった夫の行状を妻が容認しているのはおかしいということを、キリスト者や松井やよりさんなどが一九七〇年代から明確に問題にされていたと思いますが。

長　私の発言はかなり心情的ですが、少なくとも研究上の流れとしては、「帝国の女」の主体性が一括してとらえられ、それまでの戦争責任論と重なりあったのは、九五年あたりがピークですよね。で、その後は『ジェンダー・トラブル』★58のような著作が出て女性を一括りにとらえる議論、一九世紀的なシスターフッドの世界の延長で議論を進めることの問題性が言われるようになりました。もちろん、「階級」を優先させる枠組みの復権や他方、ブラック・フェミニズムのような立場性の主張はあったわけですが★59、集団の一体性を前提にしている限りで近似してしまう。『ジェンダー・ト

★58　J・バトラー、竹村和子訳、青土社、一九九九年。
★59　人種・民族の視点からはたとえばベル・フックス『ブラック・フェミニズムの主張』（原著一九八四年、清水久美訳、勁草書房、一九九七年）。

ラブル』はポストモダンの文脈とセクシュアリティ論の蓄積から女性の一体性という見方の持っている問題を敷衍して見せた書なのだと理解しています。この一方、女性史的研究がどこに誰に焦点をあてるのか、という点もかなり意識的に変わっていったのではないか。

満州残留婦人の「戦後」や「満州」という場で女性たちがどのような経験をしてきたか、戦後それがなぜここまで長く封印されてきたのか、といったような問題が情報量も増えてきたし、性奴隷制の提起も含めて言語化され、問われてきました。自費出版のような回想記が一九九五年前後にたくさん出ていて今度出る、『女性史研究文献目録Ⅵ』[★60]の作業でまとまって読む機会があったのですが、たとえば逃避行中に子どもをなくしたり殺したりして生き残った女性が、また同じ夫と戦後、「近代家族」をつくる。ところがこうした母親の体験を戦後生まれの子どもたちは、戦後五〇年たって文章化されて初めて知る。ここからは、「戦争中の日本の女たち」の体験といった場合、何が「普通の体験」「日本人女性の体験」として想定されているのか、逆につきつけます。あるいは、どのような体験から順に公然化できるのか、帝国の女性の戦争のカミングアウトには明らかに順番があって、「日本人慰安婦」も含め、このままいくと、永久に本人の口からは語られない体験の束を想定してかからないといけない。また、占領期には闇に封印された占領下の女性たちの体験があるわけです。院生のころ、自治体の聞きとりのなかで噂話として聞いたのは、戦死した兄の嫁が「戦後民法」によって財産相続の関係で弟に再婚させられるという話だとか、その背後の復員兵の夫の暴力とか舅のレイプとか。家から家族へという制度のはざまに個々の体験がちらばったままほっておかれている感じでショックを受けました。

あたりまえのことだけれど、女性たちと一括しても、その経験は、本土か植民地かという点で徹底的に異なるし、さらに近代家族像が帝国によって線引きしてきた女性のダブルスタンダードに

★60　総合女性史研究会編、東京大学出版会、二〇〇三年。

よっても異なる。印象としては、このあたりまえのことが問われるようになってきた。冷戦下に関しては韓国や台湾では遺族が運動し、冷戦下の出来事の真相解明とともに補償法が進められていますが、この動きからいうと日本は戦後史は闇の世界で、今、私(たち)が「戦争責任」にどう向き合うかを考える時に、最も重要な情報がかたまって欠けていたり、歴史叙述という際に共有できていないような気がしますが、女性史叙述に関しては、九五年の「戦後五〇年」以後はむしろ、加害者か被害者か、といった二分法ではなく、女性の経験に沿ったとらえ返しが進められてきているのではないか、そういう印象を持っています。

大門　戦争責任の問題は、当時の問題というよりも、現在の私たちにとって、という視点が大事なのではないでしょうか。在日韓国朝鮮人の問題も、過去の問題であるという以上に、現在の問題としてとらえるべきではないかと思います。過去の人びとに戦争責任があるのかどうかという具合に問題をたてると、議論が隘路に入るのではないかという懸念があります。戦争責任は現在につながっているとぼくは思っていますが、現在の私たちの問題として位置づけ、そのうえで過去に戻る必要があるのではないかと思うのです。

家族の内部――嫁姑と扶養

牧原　「帝国」をめぐる問題は大事な論点ですが、資本主義、国家という外部とのかかわりから、家族内部の問題に話を移しましょうか。

今西さんの指摘された共同体的なサブシステンスの解体ともかかわりますが、明治期では、老いた親を誰が支えるかというと、家型家族しかないわけです。民法制定をめぐる議論でも、フランス風の夫婦中心の単婚家族になったら、われわれ老親は誰を頼ればいいのか、という声があがっている。民法草案に対する反発の底辺には、国家主義よりもこうした不安があったのではないかとさえ考えています。その一方で、家庭型家族への憧れのようなものは前近代からあるし、明治末には「カテイノタノシミ」という修身教科書が描くような一家団欒の理想が学校教育にも入ってくる。そういうなかで、二重家族、つまり家型家族と家庭型家族がせめぎ合わざるをえなくなってくる。

大門　せめぎ合うという言葉は牧原さんらしい言葉ですね。

牧原　大門さんも指摘しているとおり、西川祐子さんは、この二重家族制度を矛盾と言いながら、その内実には触れていない。

安田(浩)　そっちのほうへ行くか(笑)。

牧原　嫁姑の問題にこだわりたい(笑)。一般には、封建的な、古い家型家族の問題とされるけれども、じつは核家族の母親の問題でもある。親子とりわけ母親と息子の愛情の絆が強いからこそ嫁姑問題が出てくる。つまり、嫁姑問題はすぐれて近代の問題だ、といったほうがいいし、二重家族がかかえる矛盾の端的なあらわれと言えるのではないでしょうか。

長　二重家族がせめぎ合っているというよりは、補完し合う関係。

牧原　単なる対立ではない。たしかに、嫁姑問題の基礎には「家」がある。「よそ者」として外部から入ってきた女性が、苦労の末に「主婦の座」を獲得し、こんどはお嫁さんに「家風」をたたき込む。この構図は、「被害者」ゆえに過剰に秩序に同調し、新参者にそれを強要することで優位に立とうとする、という共同体によくあるパターンとも共通する。でも、単なる「家」の秩序ではなく、息子＝夫に対する愛情の争奪がからむことで、事態がいっそう深刻化する。だから、「家」家族と「家庭」家族の矛盾であると同時に、むしろ「家庭」家族の要素が強まるにつれて、そして家族が閉鎖的になるにつれて軋轢《あつれき》も内訌《ないこう》するのではないでしょうか。

しかも、家長（息子＝夫）は局外者を決め込むことで、家族のなかでの優位を確保している。上野千鶴子さんはどこかで、嫁姑問題は家父長制の代理戦争だと言っていましたが、たしかに、一見女同士の闘いのように見えながらその背後に男が隠れている。しかしまた、「鬼のような姑」も、かつては「かわいそうな嫁」だった。それが世代交代して立場が逆になる。この被害と加害の連鎖をくり返すのはなぜか。これは女性の主体責任の問題でもあるはずで、女性史やジェンダー論の研究者はぜひ分析してほしいと思うのです。

また、戦後の核家族化の進行で嫁姑問題は解消したように見えたけれど、舅姑と呼ばれるリタイアした家族をどうするか、誰が支えるのかという問題が社会的に解決しないかぎりこの問題は残るし、核家族化にともなう母子密着とか介護の問題として、少し形を変えながらまた浮上してきたのではないでしょうか。もっとも、母子密着という言い方をすると、ジェンダー論の人たちからどうして父子密着は問題にしないんだと言われそうですが。

長　母子密着じゃないんですか。近代家族の核心が母子の情愛関係にあらわれると考えられているからですか？

牧原　そうだとすると、「嫁姑」はますます近代家族の重要なテーマになりますね。ただ、どうしてことさらに母親だけが問題にされるのか、という批判はあるんじゃないですか。これは、長さんが「〝腰巻き一つ〟の終焉」★61に違和感をもったこととつながるような気がするのですが、あれのどこが問題なのですか？

長　ちょっと話がそれるような気がしますが……。「〝腰巻き一つ〟の終焉」に対する違和感というのは、ここで出ている問題とはずれていて、女性の一体性というか……。婆さんは女性か？　というのは、二流国民なのか、という意味。上野さんの、家族の再生産を示した図がありますが★62、今の

★61　「〝腰巻き一つ〟の終焉」では、裸体禁止を典型とする近代の抑圧性をめぐる議論とのかかわりで、「うちの田舎のばあさんは夏になれば腰巻き一つで涼んでいた。禁令が出たから現実がそうなるわけではない。それとも彼女は国民でないのか」という反問を紹介し、こう述べた。「彼女はあるときその格好をふっつりやめたらしい。嫁さんに『私が恥ずかしいからやめてください』と言われたのだ。〝外部〟から来た嫁さんが『家族の一員として恥ずかしい』と迫る——この共同性を盾にとった論法は、まさに『外国人の目』をふりかざした明治初年の布告類に通底する。それゆえ、嫁さんの〝布告〟が実効性をもってしまったとき、大げさにいえばこの一家の『近代』化は完了したわけだ」（★10の『展望日本歴史　民衆世界への問いかけ』三三六頁）。なお、ここには嫁さんがいじめられるのとは異なる、「もう一つの嫁姑関係」も示されている。

★62　上野千鶴子『資本制と家事労働』（海鳴社、一九八五年）。

関心で見ると、そこでは、「老人」は兵士／賃金労働者を終えたあとの男性が想定されていて、これを無償労働の妻が支える構造を説明されています。婆さんは、男性老人にとって役立つ介護者であれば「妻」として役割があるけど、それも、リタイアした人、爺さんが亡くなった、またはもともといないと彼女は図のなかに位置を与えられていない。あるいは、婆さんというイメージで私が連想したのは、ナヌムの家で暮らすハルモニたちの話で、映画『ナヌムの家』の監督のビョン・ヨンジュの発言★63のなかで、ハルモニたちは「女性」として扱われなくなったことで、初めて心穏やかにくらす条件が整った、といったようなコメントがあって、もちろん彼女たちは心穏やかというのではなく、水曜デモを欠かさない人たちですが、それを読んだ時に、国民国家にとっての「女」とは何で、老人ではなく老女というのはじつは役割を与えられていないのではないか、と感じていたわけです。牧原さんの「腰巻き」は、家族関係の描写ではなく、誰かから見られる対象として描かれている。視線にさらされる存在ですよね。けれど牧原さんの描き方は、「老女」としてではなく、老人一般・民衆一般として想定されているように思えて、だから、「違和感」だったわけです。私は不勉強ですが、女性学は、エイジズム研究がかなり進んでいると思うのですが、私はこの老女は性別役割と別の文脈で読んでいました。ただ無理矢理ひっつけると、上野さんの図では確かに老女の位置はないんですが、では老女の介護は誰がするのか、しかもこれがただちに息子の嫁の役割として、嫁姑の問題として議論されるのは、近代家族の問題だろうし、それも平均寿命の伸びた戦後バージョンのような気がします。今牧原さんは、嫁姑問題の核を、嫁・姑関係の始まりの時期に設定されましたが、私も聞きとりなんかだと同じ印象を持っていて、大正期くらいに嫁入りした人の怨念のような姑論は、嫁入り初期の話が中心で、実際には一〇年に満たないことが多くて、現代の介護時間の長さを考えるとちょっとした驚きでした。

★63　『ナヌムの家』を京都で観る会編『いま、記憶を分かちあうこと』（素人社、一九九七年）。

大門　長さんの話を聞いていて、フランス史の二〇世紀に関する論文を思い出しました。立命館の深澤敦さんがレギュラシオン理論にそってまとめたものです。[★64] 二〇世紀の初頭に農業の比重の高かったフランスでは、その後、長い時間をかけて雇用者中心の社会へと大きく転換していく。その過程で問題になったのが、まさに今議論している扶養の問題でした。雇用者中心の社会になっていく際に、従来、家族のなかにあった子どもや老人の扶養がどのように家族の外に移されるのか、あるいはされないのか。フランスの場合はそれが社会保障の方向で解決されようとする。深澤さんは、フランスで労働運動の意向が反映されるコーポラティズムのシステムが形成され、そこで年金制度が整っていくことを明らかにしています。家族労働の家族のなかで担われていた生活保障の一部が社会保障へと外部化されるタイプ、これがフランスといっていいでしょう。

北明美さんによる家族賃金の話と深澤さんの注目した年金制度の話は、ちょうど同じ戦間期に出てきた問題です。家族のなかの扶養が二人に共通する大きな論点といっていいでしょう。これを近代家族の文脈で議論することもできますが、すぐに規範的な近代家族像で説明せずに、家族の扶養を誰がどのように担うのかを、さっきの民法の議論や社会保障とあわせて検討することが重要な課題としてあるように思います。

長　『ジェンダーの日本史』[★65]で、スーザン・B・ハンレーは、一八世紀の岡山の事例を分析しながら、老後の女性たちが孤老であったり直系家族内で扶養が担われるのではなく、村内の女性たちで扶助しあう例を指摘しています。その論考では、村の人的関係として、老人の扶養を親子関係が負うというよりは、年配の女性をちょっと年下女性、女性が支え共同生活をする小さいコミュニティが機能していて、それが一五〇年ぐらい続く。それは必ずしも血縁関係ではない。こういう例などは、家族というといつも、直系・異性愛家族像をベースに経営体としての家があって、その周囲

★64　深澤敦「非市場的調整の発展――二〇世紀フランスにおける労働と福祉」（『土地制度史学別冊　二〇世紀資本主義』一九九九年）。

★65　下、脇田晴子、スーザン・B・ハンレー編、東京大学出版会、一九九四年。

を村落共同体がとりまいている、というイメージそのものを想定している私自身に気づかされます。ただ先の論考の例でいくと、その扶養の主体が、単婚小家族へと変化する流れは意外と早くて一九世紀までいかなかったと思います。

今西　柳谷慶子さんも、介護するのは、前近代社会ではむしろ男が見るというのはかなりあるのに、近代化することによって、女性のほうが介護をすることが多くなるという議論をやってます[★66]。ただ単婚小家族化は日本の場合は近世のある層だと思います。全部だとは思いませんが、非常に強い。家の結合でも、かなり単婚小家族的なものを日本の社会のなかでモデル化しやすい面があるわけです。これは中国とか韓国を見ていると、ずいぶん家のつながりが違います。

そもそも韓国で祭りをやっても、これは家単位です。祖先的な結合で祭りをやる。祭りを町や村の共同体がやるというのではないです。韓国の人たちは日本の祭りを見たらカーニバルだと思うし、単婚小家族的に編成される原理はアジアのなかでもめずらしいのではないか。家族社会学でもよく言われるように、インドだったら、夫婦的なつながりよりきょうだい的なつながりがはるかに強い。女同士だったら、女きょうだいというつながりで社会単位もつくっていきやすい。ただ今の韓国の状況を見てると、嫁・姑関係は必ずしも家的な結合というより、非常に少子化している子どもをものすごく甘やかせて育てているという問題があります。その母親と子どもとの母子関係がなかなか強くて、抜け切れないという面での問題がたくさん出てきているわけです。それは伝統的な社会の家制度の問題というより、近代化されたなかで出てきたつながりの側面のほうが強いです。

近代家族の解体？

牧原　この辺で、今西さん、西川先生が出されたホモセクシュアルなど、近代的な性の規範が動

★66　柳谷慶子「近世家族における扶養と介護」（渡辺信夫編『近世日本の民衆文化と政治』河出書房新社、一九九二年）、同「日本近世の高齢者介護と家族」（山中永之佑ほか編『介護と家族』シリーズ比較家族第2期4、早稲田大学出版部、二〇〇一年）。

揺・崩壊しているといわれる現状を歴史的にどうとらえるか、というテーマに移りましょうか。
近代的規範がなぜ今になって解体してくるのか。これは近代家族や近代公教育などにもみられるもので、ある意味でポストモダンの言説が現実になってしまったとも言えるわけですが、近代家族の解体について、大門さんはどうですか?

大門　近代家族は、この二〇年間ぐらいのあいだに、とくに二つの側面から激しく揺さぶられてきました。ひとつは、家族のあり方が多様になってきたことであり、もうひとつは、家族内の関係が希薄化したことです。近代家族で言われるような一夫一婦制、核家族化、少子化、性別役割分担を家族のあり方としてごくあたりまえと考える傾向は、この間にずいぶんと変わってきました。家族はもっと多様な姿があっていいという共通理解が広まりつつあります。その意味で近代家族は解体過程に入っているといっていいでしょう。ただし、それと同時に、もうひとつ、家族関係の希薄化が早いピッチで進行しています。その背景には消費社会化の急速な進展があります。消費=生活の単位が、家族から個々人へと急速に変化し、その結果、家族構成員の結びつきは希薄化してきました。

牧原　安丸さんの最近の発言、つまりサブシステンスという概念を使いながら、俺だって給料を丸ごと女房に渡していた、男だって「無償労働」だったのだ、というのには驚きました。安丸さんは近代家族の崩壊に危機感をもっているようですね。

大門　安丸さんの気持ちはわからなくもないんです。消費社会化の進展は、「だって、私の自由じゃん」という気分を格段と強め、人びとの結びつきの希薄化から、さらにはなんでもありといった雰囲気がでてきているんですから。近代家族の崩壊に危機感をもつ安丸さんは、そこから家族関係の再建に期待を寄せようとしているようです。安丸さんと同様に、ぼくも人びとの結びつきの希薄化には危機感を感じています。しかし、それへの対応を家族のみに求めるのはどうでしょうか。家族の再建論は、まかりまちがうと非常に保守的な意見になってしまう。ぼくは、家族だけでなく、もっと社会の多元的なつながりが考えられていいと思っています。ぼくの体験でいえば、たとえば保育園や学童クラブの父母会などには、大人と子どもの多様な結びつきをつくりだし、地域から社会関係を再構築する可能性やヒントがあるように思っています。安丸さんも保守化したわけじゃないのでしょうが。

牧原　ただ、安丸さんに言われてしまうと、居酒屋談義と聞き流すわけにもいかない（笑）。それでふと思いついたんだけど、家事労働を無償化することで市場経済の再生産を確保した、という図式がありましたね。その無償性に対する異議申立て、女性の自立、そして家事の外部化、つまり外食やコンビニ、セルフランドリーなどによる家事労働の有償化という流れと、西川祐子さんのいう家庭家族から個人家族への転換による、家族の求心性・凝集力の低下という流れとが並行した。結果、亭主も「家族のために」せっせと働くよりも、自分が給料を全部使えたらいいのにと思いはじめた、ということはないでしょうか。長さんが「男の甲斐性」という言葉を出してきたけれど、そうした観念もある種の無償性に支えられていたとすれば、今や、近代家族の内部もまた完全に市場原理に支配された、といえるかもしれない。市場原理が共同体の解体と個人の自立・孤立をうながした流れが、まさに個人家族、家族の解体を生んでいる。資本主義と家父長制の二重構造の解体……。

長　近代家族の解体――性別役割のゆらぎ――というと、すぐ女性役割に話がいくんですが、保守層の苛立ちは、対の規範となってる男性性に向けられている側面も強い。女性史の講義で、男の甲斐性とか男性ブレッドウィナーイデオロギー★67の話をすると、男子学生は必ず顔をあげて反応がおも

★67　「男性型ブレッドウィナーモデル」とも。「ブレッド・ウィナー（パンを稼いでくる人）」として「世帯」の稼ぎ手・「大黒柱」を男性のみ、女性は専業主婦役割を担うとする家族モデル。オランダを具体例に近年のワークシェアリング論で多様な働き方モデルに対比される（竹信三恵子『ワークシェアリングの実像』岩波書店、二〇〇二年）。ここでは木本喜美子前掲書（★44）を念頭においている。また本討論では項目をたてられなかったが、ジェンダー視角を焦点に据えた新たな福祉政策研究・福祉国家論の潮流にとって「ブレッド・ウィナー・イデオロギー」は核となる考え方であろう。この点についてはたとえば、深澤和子「福祉国家とジェンダー」（社会政策学会編『日雇労働者・ホームレスと現代日本』社会政策学会誌第一号、一九九九年）。

しろい。女房・子ども・老親を養って、おまけに兵役までついてくるのが男だ、というような規範は、あらためて考えるととっくに解体している。女性役割ほどくり返し強調されてこなかったし、戦後の日本は兵役はないから、男性アイデンティティのつくられ方もかなり違う。で、そのぶんだけ気がついてみると世代間ギャップは、凄まじい。もちろん、個々人が内面化する契機を欠いていれば、現実には男性が主要な稼ぎ手となる社会構造が存在するわけだから、「食わせてやっている」という意識は逆に強くなるとも思いますが。

ジェンダー史と女性史

牧原　時間が余りなくなってきたので、この辺でジェンダー史あるいは女性史は可能なのかという論点に移りましょう。女性を主たる対象とし、あるいは主体とするような歴史の認識、叙述の可能性という問題です。

長　ジェンダー史をもし立てるとすれば、それは歴史貫通的に男性と女性というものの違いや差異が、人間集団のなかでのいろいろな分け方のなかで一番重要だという立て方になる。それがひとつの立場だとは思いますが、それで落ちる事象も多いのではないでしょうか。通史の女性史に対比してチャレンジしてみる余地はあるとは思いますし、たしかにそういう企画はありますが……。

大門　長さんはその他の企画で通史に挑んでいるのでしょう?

今西　通史はだめなのではないでしょうか。

長　従来の時代区分に沿いながら、それぞれの時代で関係史の可能性を探るという試みは、歴史叙述全体が通史で立てられているなかでは意味のある企画だと思っています。時代区分を揺るがす可能性だってあるわけだから。もちろん歴史叙述一般のリスクとしては、テーマ史で立てることで、どんどん起源を遡ることになってしまって、歴史的な位置や質の変化、相違が見えなくなる可能性はあると思います。最大の問題は、ジェンダーはアプローチなので、通史叙述が可能かどうか、という原理的な問題は残りますが。

今西　女性史と言われるものとジェンダー史とどこが違うんですか。

長　どう一緒なのですか。

今西　従来の女性史、さっき牧原さんが整理してくれたけど、井上清から始まる戦後女性史の流れがあって、そういうものを上野さんたちが、従来の女性史は「解放史」であり、性や身体の問題をまともにとりあげてこなかったと批判していますね。

長　対象領域の拡大という現象はもちろんあると思いますが、女性史でいう「女性」はあらかじめ決められた対象、ある実体化された対象。ジェンダー論は性別役割も含めて、その線引きが問題なわけでしょう。所与の前提は存在しない。ジェンダーという実体があるわけでない。

今西　ジェンダー史というのは立てられるのですか。

長　だから当然ジェンダーは射程であって、歴史学という従来の方法を守ったままでは厳密には立てられないでしょう。ただし民衆史が方法である場合も同様の問題を抱えてきたのではないのですか？

今西　ジェンダーという実体を持つということになるでしょう。

長　今までの歴史叙述を無傷で残す一方でのジェンダー史は原理的には成り立たないのではないですかと言ってるんですけど。とはいっても、それぞれの時代でジェンダー視点で新しい領域や史料の読みに発見があってそれが集まってジェンダー史と名づけるような歴史叙述は過渡的な段階として必要だと思います。各時代、歴史分析において、どこまでジェンダー・アプローチが有効性を示せるか、全体史や通史なるものをゆるがすことができて、おもしろい課題がみえてくるか。そういうことでしょう。

安田(常)　すると男女役割がいかに変化してきたかというので、ずうっと柱を立てるという歴史になっている。

長　もっとも人によっては女性史でしょうけど。

今西　中身がむしろ、「前近代」史の人は今まで女性史をやってきた人がわりと多いんじゃない。だから近代史とむしろ話が合わない。

長　合わないんでしょうね。どうやってすり合わせたらいいか。大体すりあわせる必要があるのかどうか。けれどこの点も、歴史叙述全体が抱えている課題でしょう。

今西　そもそもジェンダーやセクシュアリティというのは近代がつくりだした概念で、「古代のジェンダー」や「中世のジェンダー」を捏造する必要はないと思いますが、たしかに古代や中世史のなかのジェンダー・バイアスを批判するという仕事はあると思いますが。

牧原　女性史の可能性という点ではどうですか。

長　大門さんが女性の主体に戻ると言われたときに、女性という区分を立てることは、リスクもあるけれど、あえて立てることの意義を指摘されているように思ったので、原理的に女性史とジェンダーは違うというだけではなく、ここも少しとまって考えてみたいとは思います。この点、スコットもいろいろなことを指摘しながら、女性の主体化というキーワードは敢えて立てるべきだと言ったり、ハーバマスの公共性を読み返そうとしたフレイザーが市民的な公共権のなかの討議や団体の可能性として、多元的な競合する動き、という言い方をするのですが、その例として女性のデモとか、母親ということを立てながらも公共の活動を行うことを意味づける。母役割の重視を性別役割にとらわれてるとか、デモに出ることが構造的には権力に取り込まれるとあらかじめ決めないで、いろいろな公共性をつくる方向と動きとしてとらえるべきだ、とする位置づけを行っています。あるいは、だからエリート女性の公共性、労働者の公共性、ナショナリストの公共性、農民の公共性というなかに女性のいろいろな社会的な動きを入れ込んで、公共性とはむしろ拡散したり、多元化するほうがいいというわけです。少なくともそこでは、「女性」という立場性があたかも均質であるかのような、シスターフッドを前提とした「女性たち」とは異なる主体が設定されている。いずれにせよ、そうした女性の各々の違い、階級性も含めた、さまざまな集合性、立場性をふまえて、国家装置から元来逸脱しないはずのいろいろな集合が動くこと、その動きを丹念に捕まえることの可能性を強調する議論は魅力がある。今までの括り方を踏襲しているだけのようにみえるかもしれないけれど、その持っているいろいろな動きのたどり方が違ってくるのではないか。もっとやってもいいのではないかということを感じました。

もうひとつは、「樋口一葉以前」と限定した平田さんの仕事[★68]は女性の主体的な動きやかかわりが非常にはっきり出ますよね。近代のさまざまな選択肢が、制度化、構造化される前、樋口一葉以前と切っておられる。以後はどうするのかということについては触れない。平田さんの仕事の説得力は競合の可能性がある時期設定ともかかわる。システムは形成期と崩壊期が見えやすくて、あとになってくると、人びとはとらわれるから、簡単に女性の主体化と言っても、そうした現象を捕まえるのかということがかなり難しい。ジェンダー論以後、敢えて女性の主体性と立てるときのふくらみと課題と、といったような感じでしょうか。

牧原　平田さんの仕事は一八八〇年代の新聞が素材ですからね。民衆史も同じですが、九〇年代の新聞の雑報欄は急速につまらなくなる。その意味では、素材である新聞記事そのものの変質がある

★68　平田由美『女性表現の明治史——樋口一葉以前』（岩波書店、一九九九年）。

と思います。そして、おそらく実態との間には、なお一定のズレがあるのではないでしょうか。

高木　牧原さんが言われたこととともかかわりますが、明治維新から一八八〇年代にかけて平田さんが出されたイメージは、女性だけではなくて、いろいろな側面で言える。新聞自体が史料としておもしろい時代。さまざまな声や言論が噴出している明治初期の時代イメージが、平田さんの仕事ですごくおもしろかった。ジェンダー史だけではなくて、ひとつの見えなかった時代のイメージを描いたところが平田さんへの仕事の評価です。

今西　でも平田さんはもう少し説明していて、なぜ一八九〇年代、だめになってくるか。ひとつは言文一致体が形成されてきて、表現方法の転換の問題とか、硯友社文学というものが出てきて、そういうものが文学史のなかの主流を占めていって、それが女性の声に抑圧になっているのではないかということを社会的条件として入れているわけです。そこで表現方式の転換の問題が出てきます。

牧原　それは新聞記者などの記述スタイルの転換であって、実際に女性がそういう形で発言しているとはかぎらない。

今西　でも幕末から明治の初めだったら、女子の断髪が出てきて、それに対する束髪運動が出てくるけれども、女性たちの動きはものすごく活発化してくる社会があるわけでしょう。それが明治二〇年代になっていくと様子が変わってくる。

牧原　たしかに様子は変わってくる。ただ、それですべてが整序されてしまうわけではなくて、有名な『須恵村の女たち』★69や赤松啓介の本★70に登場する女たちを思い浮かべれば……。

今西　庶民の生活の問題も考えなければならない問題がたくさんあるとは思います。

牧原　一八九〇年代に、一般的な認識のされ方、記述のされ方というところでまず枠がつくられた、ということは言えると思います。そのことを押さえたうえで、大門さんのいう、女性を主体化する、

★69　R・スミス、E・ウィスウェル／河村望ほか訳、御茶の水書房、一九八七年。

★70　赤松啓介『非常民の性民俗』（明石書店、一九九一年）、など。

あるいは主題化する、という問題に戻りたいのですが。

西川　女性史は成り立つけど、ジェンダー史は成り立たないという、話がよくわからないですが。なぜそうなんですか。ぼくがよくわからないのは、その場合どういう歴史が成り立つのか。どういう歴史を考えていらっしゃるのか。通史としてのジェンダー史は成り立たないということですか。

長　ジェンダー概念の登場は「女性史」の成立基盤を揺るがしたわけですよね。ジェンダー概念が登場することで今までの女性史叙述の問題性が指摘されるようになった。たとえば全体の構造を問いただす、というインパクトは弱かったり、部分史として制度化されることに手を貸した、というフェミニズムからの批判がある。帝国を意識しないドメスティックな点もいわれる。が、その一方で、各時代によって女性といわれている人たちの情報がやはり圧倒的に少ないという現状は相変わらずでしょう。

西川　女性史が成り立つのに、なぜジェンダー史が成り立たないのか、そこのロジックがよく理解できないのです。

長　女性史が方法として成り立ってきたかは今あらためて問われていて、過去においては、いわゆる歴史を男性史として見る見方を提起してきた意味は大きいと思います。

西川　そういうふうに書かれたものがあるということですか。

長　通史としての女性史は一般向けの講座も含めて存在します。とはいっても、六〇年代ぐらいのものを現段階で読むと、「女だてらに」等々、性別役割分担の固定化が本の帯のキャッチコピーにまでなっていて、書き手が民法改正擁護の立場を自負している点はよくわかるのですが、テキストとしては、「つくる会」の女性像と通底しているところが多い。講義なんかではむしろ、資料として使わせてもらってます。

牧原　西川さんの言われるように、歴史学が近代の所産でありジェンダーも近代の所産であるとすれば、近代歴史学の成果にはジェンダー・バイアスがかかっているわけだから、ジェンダーの視座から古代以後の歴史像を対象とした史学史的研究が必要だし、それは新たな歴史像の形成につながるとは思いますが。

今西　この前、イギリスに行ったときに、E・P・トムソンの批判が出てるという話をしていて、トムソンは労働者階級の歴史を書いたときに男性しか書かない、労働者イコール男性として書かれている。だから、去年イギリスでは、それに対抗した女性歴史家が女性労働者階級という対抗本を出したという話をしていました（笑）。しかし、その男性史が書かれたから、今度は女性労働者階級史が成り立つのか、という話もそのときしました。まだ本の中身を見てないですが。

長　どこから見るか、誰からみるか、が重要ならジェンダー史が当然あってもいいんじゃないですか。ただ、じゃあ女性史は？　というと、近現代の女性史の成果も、ある意味では分野が偏っている。著名な人でも案外基礎的なことがわからない。もっと発掘というか、情報があってもいいはずなのに、今までの書き手の関心の問題も大きいのではないですか。自治体史でも、書き手の側の関心に左右される要素が大きい。記述がないことと史料がないこととは必ずしもイコールではないでしょう。史料目録で見ると婦人団体や女子教育にかかわるものは多い。歴史叙述が、全体史を志向するなら、私はその点が女性史叙述とジェンダー・アプローチの叙述の違いなのだろうとは思っていますが、書かれてもいい「事実」がたくさんあると思います。

今西　竹村さんは、今までのフェミニズムの立場で女性だけを問題化して、女性という実体化があるということを前提にするやり方から、彼女の場合は、男性のほうも当然「ホモ」と言われている差別の問題がある、そういう形で、男性社会・女性社会という二元論的な分け方に反対しているわけでしょう。その女性の実体化というやり方でやってることにも問題を持つのではないか。

ホモセクシュアルの問題をやっていけば、たとえば女性の側でレスビアンといわれている人たちの差別でも、レスビアンがなぜ男役・女役に分けられるか。そういう形でやってるのは男社会の反映という側面を持っているわけで、そういう意味では、レスビアンの実体化さえも彼女は批判するわけでしょう。だから、方法論で言えば、女性だけの固有の歴史みたいな言い方には問題があるのではないですか。

長　「固有の歴史」という発想は同意できませんが、たとえば一方で、自由主義史観の人たちの話を出したのは、ああいう形の良妻賢母の実体化した虚構、完全に資料の誤読以外の何物でもないのですが、誤読と性別役割、女性差別を再生産する女性史がある。しかもこの叙述はたんに古めかしいだけでなくジェンダー・バイアスを逆手に取った叙述です。ですから一方でこの女性史は男性規範の再強化を強く求めていることもはっきりしている。竹村さんの指摘は今西さんのような感想をもたれるかもしれませんが、フェミニズムもジェンダー論もアプローチであり射程であって、制度としての歴史叙述という問題にただちに応用できる質のものではないでしょう。歴史教科書や歴史という科目をやめてしまおう、という話とセットなら別の議論ができますが。

今西　フェミニズムは、今、男性論までやり出して、男と女との関係をきちんともう一回とらえ直してきている。だからそういう方向をもう少し追究する必要があるのではないかという考えです。

古い女性史の方法は、たとえば大門さんは、倉地さん、沢山さんをものすごく高く評価したけど、★71 私は倉地さんの本を読んで、倉地さんに返事を書いたときでも、最初に国際婦人年と男女平等という話が入ってきて、そして肉体論の問題とか身体性の問題をやった。だけど、身体性論は今までの歴史学の枠組みとか、女性史と言われているものの枠組みを解体させていくような動きでもあるわ

★71　★7参照。

けです。それをどこまで自覚してやろうとしているのか、私にはよくわからないと言ったことがあります。

長　女性史は可能かというときに、可能か可能でないかという立て方と、何でわざわざ叙述しなければならないかという、二つ、問題があると思います。私は可能かどうかはさておいて、そういう叙述が必要とされてきた経過に興味があるし、今や一方で自由主義史観が女性史を書くわけです。女性史を書かないという立場も含めて、叙述の方法や対象を議論する必要がある、と思いました。こういう問題点は性奴隷制が問題となった時、女性史叙述が日本の内部で行われているという提起がありましたが、今や、方法論として問われているし、それは、ジェンダー史か女性史か、ではなく、歴史叙述そのものが問われていると感じているのですが。ただ一方で、量的な情報があまりにない対象や領域を豊富化する作業は必要ではないか、歴史の複数性という問題には、一定の量が必要なのではないか、と思います。そしてその量を発掘するのも発掘しえた史料をどうリアルに読むのか、読みうるのか。視点や読み手の立場性、歴史を叙述する側の立場性が大きく問題となってきているのでしょうか。

女性という主体

西川　ぼくの理解では、ジェンダー論は、女性史批判であり、女性史否定に至るものだと思っています。つまり女性史に書かれたような形での女性という主体があるというのは間違いで、だからもし歴史が書かれるとしたら、ある種の関係論みたいな歴史が可能性としてあるかもしれない。だけどその前に、通史は可能かという問題があるのではないか。これは二〇〇一年の五月に名古屋歴史科学研究会に招かれて話をしたときに、網野さんの仕事に関連して通史をどう考えるか、という問いを出されて答えざるをえなかったのですが、正直言ってまだよくわからない[★72]。網野さんは通史の重要性を言いながらも、いつも自分の書いたものは通史ではないと断っている。それに通史の定義や通史論を書いていない。網野さんのお仕事はぼくには通史の否定というか通史の脱構築のように思えるわけです。女性史は結局、国民史の一部を構成しているという点で批判されるわけですね。民衆史にも同じ批判があると思います。みんなの、つまり国民の歴史がありえないとしたら、だれの、あるいはだれのための歴史かという問題がある。極端な例を出すと、植民者の歴史は先住民の歴史ではありえない。そもそも歴史は植民者のもちこんだ概念であるとすれば、先住民の歴史はありうるのか、という問題があります。それから通史を構成している諸概念、たとえば歴史的主体とか歴史法則とか、その他、国民、民族、アイデンティティ、文明、文化、進歩、発展段階、時代区分、国民史、世界史、等々の無効性が証明され、言語論的転回のような実証や史実自体が疑問に付されているなかで、どうやって歴史記述が可能なのかという問題がありますね。これまでいろいろな機会に歴史家の皆さんにそういう質問をしてみても、誰も答えてくれません。だがそういう目の前につきつけられた問題をとばしておいて、女性史やジェンダー史の可能性を論じてもなんだか空しい気がします。

それから、ついでに言ってしまうと、自由主義史観に対抗して、別の歴史を書いてもダメだと思います。対抗して歴史を書けば、結局同じようなものを、つまり別のナショナル・ヒストリーを違うイデオロギーで打ち立てることになる。本当に彼らを批判できるのは彼らの歴史概念自体を批判することによってであって、彼らが書いた女性像や女性の歴史に対して、別の女性像や女性の歴史を示すことは、自ら罠にはまることではないでしょうか。

安田（浩）　その議論は最後にまとめてやらなくてはと思います。歴史を構成する意味は何なのかと

★72　西川長夫「戦後歴史学と国民国家論、その後」（『歴史の理論と教育』第一一〇号、二〇〇一年一一月）。

いう問題は、ぼくら歴史家はあまりきちんと考えていない。どういう意味で歴史叙述が存在しているのかという問題を考えなければいけない。女性史は領域史ではなく、問題史だろうというのがぼくの基本的な考えです。ジェンダー史も成立しているのかどうか知らないけれども、領域史ではなく問題史としては立つのではないか。

さらに、通史と言われるものも厳密に言うと問題史としてしか立たないというのが、現実の歴史記述ではないか。歴史記述の組み立てという問題をどう取り扱うか、その意味は何かを考えておいたほうがいい。最後に詰めて議論すべき問題だと思います。

今、長さんがこだわってるけれど、扱っていかなければいけない領域、あるいは掘り下げられねばならない領域はあるはずだと思います。さっき量と質の問題と言ってたけれど、量があまりにもない問題は、だからやることに意味がある。しかし、こうした新しい事例や史料をつけ加えていくことは、歴史記述あるいは歴史研究を進めるなかでどういう意味を持った作業なのか、その位置づけの問題を考えていくべきだと思います。大門さんが女性の立場にこだわることに意味があるという、なぜそう考えているのか、もう少し聞きたいところです。

ぼくが、あってもいいのではないかと思っているのは、おそらく歴史家であるぼくらが生きている現在の社会のなかで、女性の側から見たときに初めて見えてくるものがいくつもあるから、それは意味があるということではないかとぼくは思っています。

大門　うまく答えられないのですが、今、安田さんが言ったことにつなげていうと、女性史あるいはジェンダー史は、近代批判、あるいは近代理論への批判を秘めている。そういう点で重要だと考えています。

そのときに女性としての主体にこだわるのは、歴史研究での議論を最終的には人びとの経験のレベルに設定したいからです。そうすると受容の問題と同時に、ぼくはとらえ返しといっているのですが、受容ととらえ返しの相互規定的な問題がその主体のなかから立ちあらわれてくるはずです。とらえ返しのなかにこそ、じつは規範の強さと、それが変化していくさまが最もよく見えるはずだと考えています。

女性に即して規範ととらえ返しの両面を最も明瞭に指摘しているのは沢山美果子さんです。沢山さんは、一九二〇年代に新中間層の女性たちが出産や育児の負担を一身に背負わされるようになると、「母性」の受容があらわれるといいます。しかし、その過程は、「女性自身によって」「産まないこと」が「自らの意思として語られる」過程でもあるのだと指摘します。★73 沢山さんは、この点を別のところで、「女性が自己の身体についてもつ自己決定権の保護という観点が、素朴ではあるが、切実に語られている」とも言っています。★74 ここには、女性に即して規範の受容とそのとらえ返しを考えようとする観点が明瞭だと言っていい。ぼくが女性としての主体というときには、たとえば沢山さんのこのような観点が頭に浮かぶわけです。

以上のようなことを考えるうえで、西川祐子さんもよくとりあげますが、日記を読み解くことには可能性が残されているのではないか。それはこちらの側の読み解く能力が試されているわけです。一九〇〇年代以降になったからといって、史料の面でまったく不可能ではない。さきほどの安田さんの話で言えば、家族が宙ぶらりんになるときにばらけていこうとする、そういう個人化の作業の一環として日記が登場し、そこには書く行為をめぐる主体のさまざまな作用と反作用が出てくるように思っています。一五年ぐらい前に、「小作争議のなかの娘たち」★75 という論文を書いたことがある。そのなかで、若くして亡くなった女性の日記を使ったことがあります。そのときにはジェンダーということはまったく考えていなかったのですが、もう一度、ジェンダーの観点をもってその

★73　沢山美果子「出産と身体の近世・近代」(『家族へのまなざし』弘文堂、二〇〇一年)。
★74　★51参照。
★75　『歴史評論』第四六七号、一九八九年三月。

日記を読み直してみようと思っています。史料も含めて、主体にこだわりたいと思っているのは、だいたい以上のようなことです。

牧原　その場合の「女性」は方法的な領域ではなくて存在としての領域ですか。対象、主題としての「女性」？

大門　主題としての女性ですよね。対象としてだけではないけれども、逆に方法としてのというところにだけ還元されることにもならないと思います。両方かな。するとさっき長さんの言い方とどこが違うのかということになりますね。

牧原　その場合、ジェンダーだと男との関係、かかわり方が射程に入るということですか？

大門　自分できちんとやっていないのでなんとも言えないけれども、ジェンダーだと男が出てきて、男と女の関係が問題になるのはその通りだと思います。と同時に、ぼくとしては主体をつかまえる視点をもう少し複数化したい。もう少し複数化して、そのなかで主題としての女性を狭く考察しないようにしたいのです。

牧原　女性というアイデンティティを学生、農民などといったいくつかのアイデンティティのなかのひとつとしてとりあげる？

大門　そういうふうに言ったときに、たちまちそれぞれにカテゴライズをすること自体が問題をはらんできます。そのことを自覚したうえで、しかし視点としては複数化の方向を追求したく思っています。

安田(常)　表現の問題はさっき出てたように明治の一八八〇年代の自由な表現、それが九〇年代に固定化される。言文一致体というものが形成される。その場合の表現は、ジェンダー・バイアスで言うと、中立的な形で打ち立てられると見るわけですか。あるいはそれは男性表現として国民国家につられていくという考え。そうすると逆に裏側に男らしい文体とか表現、それから必ず外部があるから、一方では女性らしい表現というものが対になってあらわれてくる。そうしたときに大門さんのいう経験はその点のどのバージョンに、つまり国家につられていく男性表現の背後に女性表現の主体性があると言ったときに、それをどこのところで押さえていくかという問題がありそうな感じがします。

それは実際に、たとえばジェンダーの視点でものを書いていくときに、そういう表現をどういうふうに受けとめていくか、あるいは読んでいくか。あるいは実際にそれに乗せて、どう書いていくかみたいな話であるかもしれないけれども。

今西　それは最近、ずいぶん議論が進んできている分野です。言われるように近代国家が形成されていく過程で、男らしい表現とか女らしい表現がまたつくり出されていく。

長　それはちょっと文脈が違うのではないですか。

今西　いや、それはできるでしょう。男言葉に合わせて対応する表現がつくられてくる面があるわけです。言語はあなたの専門だけど、研究のスタイルとか論文の書き方も、男性研究者が指導してつくってくる面があるでしょう。平田さんのように、基本的には男性研究者を中心にしてやってきたような研究表現とか研究スタイルと違うような表現もあるのではないか、そういう可能性を探りたいという気持ちもあるのではないですか。西川祐子さんが語りとか、いろいろなものを使って表現するのは、やっぱり違う可能性を追求しているのではないでしょうか。

安田(常)　西川祐子さんの樋口一葉論みたいに。

今西　今までの学術論文のような形式とか、男が中心になってやってきたような研究誌の表現と違うような形での表現の000000し方はある。とくに英語だったら男女の表現差は少ないけれども、日本語の場合は男女の表現差はかなり強く、話し方でもそういう言葉の違いがある。それを無理に統一しているところがあるでしょう。そういうところを解体させたいという気持ちはあるのではないですか。あなたのほうが、表現は専門でしょうが。

長　だから、ジェンダー・アプローチを使って見えることは、言文一致は言語の近代化であったけれども、それは所記言語の普遍化という名の男性化であって、その裏側に「女性的」な表現が求められるまでにはかなりのタイムラグがあります。初期の観念的な言文一致の小説をとりまく議論で問題になるのは、性差やいろいろな話し手や書き手の差異、下層身分のことばという話し手の持つ特性をどうやったら消せるか、そこが議論となる。だから、文体の性差をめぐる関係性がはっきり出てくるのは、もう少しあとにならないと……。

牧原　いつごろですか。

長　私は敬語表現がいつ女性性を求めるようになるのか、そういう言説が一般化するのか、調べてみたことがあるのですが、感じでいうと昭和に入ってからじゃないですか。たぶん、そういうことさっきの女性史でいくと、私が気になっているのは、女性史が出てくるアカデミズム、鹿野さんは民間学と名づけられたわけですが、女性を主体とした歴史叙述を自らに課した高群逸枝ら、総力戦体制の時代に呼応する形で「女性史」を構築していく。そういう女性史の持っている起源は押さえながら、女性といっても一様ではないわけですが、歴史叙述としての意味を考えなければいけないのではないかと思ってます。

牧原　時間がなくなりました。セクシュアリティについては今西さん以外に応答できる人がいなかったし、司会の力量不足であまりまとまりのよくない議論になりましたが、課題意識や方法論に関しては、女性史だけでなく民衆史や近代天皇制論とも共通する重要な論点がかなり出されたような気がします。これは私には新鮮な発見でした。次回以降が楽しみです。ではきょうはこれで。

討論へのコメント

西川　祐子

なぜ、わたしがコメンテーターなのか。コメントを依頼され、本討論録音を起こした原稿の冒頭にある長さんの報告を読むまで、わたしは次に引用する、大門さんによる西川祐子批判があることを知りませんでした。「国民国家論は、女性史研究家や戦時研究にも影響をあたえた。例えば、近代の女性の問題の根源は『女性の国民化』にあり、国民化の罠に陥らないためには、国民化の危険性をもつ集合名詞＝女性を忌避して一人称で語るという方法を選択するとした研究があらわれた。[★1] 女性を忌避して一人称で語るという考えには国家を主語にして語る国民国家論の極端な反映があるように思う。だが、女性を忌避したところに残る一人称とはいったいに何なのだろうか[★2]」。

そして本討論において、西川祐子は再審されている。再審の議論に、先の審判を下した大門正克さんご自身が加わり、わたしもあとからコメンテーターとして召喚されるとは、ひとつの新しい試みである。批判に答え、その先をご一緒に考えたいと思います。

大門さんは、批判のなかで、影響を他動詞として用い、国民国家論は悪しき主体、女性史研究や戦時期研究はその悪しき影響を受けた、と受動態扱いをしていらっしゃる。これだと、影響は上から下へと一方的な力関係を指す。国民国家批判論は、大門さんによって、悪しき理論ではあるが、ともかく全体史を扱える理論だと認められている。それに対しその影響を受けたとされる女性史は、下位部門として位置づけられる。普遍ないし男性的な全体史に対して、女性史は女性性、部分性が前提とされている。あいかわらず「男／女」＝「上／下」という言語体系が使われているように思えてなりません。

近代家族論と国民国家論は無関係でありえない。二つはたしかに別々に進展しました。「公領域／私領域」という思考枠組みの支配をうけていたからです。わたしは女性史の枠組みのなかで、近代家族の問題を考えていました。近代家族の概念規定に思いをつめ、最後に「近代家族とは、国家の基礎単位とみなされた家族」モデルという規定にたどりついたとき、ようやく「私領域／公領域」の枠組みから外へでて、この二項対立そのものを問題化する視点をえた、という思いがありました。影響という動詞を使うなら、わたしは影響とは、相互方向性をもつ相互他動詞だと思います。相手を発見するには、自分が変わるという結果がなければならない。近代家族論は国家を発見しました。同じく近代国家から考える側が、再生産を担う近代家族と私領域の政治的意味の発見をしない、ということがありえるでしょうか。もしそうであれば、怠慢としかいいようがない。

大門さんが相手をこうだと決めてから批判する論理は、おかしいです。「女性を忌避して一人称で語るという考えには国家を主語にして語る国民国家論の極端な反映があるように思う」という。しかし国民国家論は国家を主語にして語っているか？　国家史が国家を主語にして語るのではないか？　国家を主語にして語る国家史を国民国家論が批判している、のではないか？　いま、歴史学が自己批判するとは、国家史を各自が責任をとる一人称単数記述で批判することではないのか？

大門さんは、それをしないのか？　先の西川祐子批判の次の頁では、「今後の歴史研究に必要なのは、『女性』や『民衆』といった拠点を設定する視点と、一個の人間の存在は多様に規定されているという複数性の視点のどちらかを選択するということではなく、両方ともにもつことだと私は考える」とあります。これは、一人称記述ではないですか？　それとも歴史記述は、いわゆる科学的な三人称記述でなければならない、とおっしゃりたいのでしょうか？

何がくいちがうのか？　研究する「主体」の概念が大門さんとわたしでは、いささか違うようです。わたしが「女性はマイノリティか」と同じく、『展望日本歴史21　民衆世界への問いかけ』の文献リストに入れていただいている『森の家の巫女　高群逸枝』★3で主張したのは、一人称複数記述からわが身をひきはなして、一人称単数記述をする、ということでした。一人称の単数／複数の別が重要なのです。一人称複数で語るということは、所属意識をもち、所属集団を代弁あるいは代表するということであり、一人称単数は個体として語るということです。

議論をさらに複雑にしてしまうかもしれませんが、わたしは、一人称単数記述にも、疑問をもちつづけています。わたしの研究者としての出発は遅かったのですが、その理由のひとつに、三、四十年前の常識であった学術論文の中性的一人称複数記述「われわれ」になじむことができなかった、ということがありました。もっといえば、学会という職能集団の「われわれ」に自分はカウントされているのだろうか、という疑問です。当時はフランス語の論文も nous が主語でした。中性的とは男性的ということなのだ、という解明ができていなかったので、なぜ抵抗を感じるのかの説明ができなかった。

そのころ『青鞜』創刊号に与謝野晶子が寄せた「そぞろごと」にある「一人称にてのみ物書かばや。われは女ぞ。一人称にてのみ物書かばや。われは。われは。」という謎の歌に注目しました。また、高群逸枝の文章が与謝野晶子の言う女の一人称ではないか、と考えたこともありました。しかし、準拠集団を「女性」と「日本」においた高群逸枝の集団の一人称と彼女の戦争中の日本主義を解読することができたとき、わたしは集団からぬけた一人称単数で語るようになっていました。

だが、集団から抜けた一人称単数とは何か？　わたしは近代的自我を素直に信じることができませんでした。どこかで、近代的な確固たる自我を信じることができるのは男性だけではないか、女性を含む現代大衆社会の自我はもっとひ弱であると同時に弾力性のある自我であり、変化する一人称であるように思いました。また、他者の「わたし」とは何か、わたしの「わたし」と他者の「わたし」はどう違うのかという、解きがたい不思議な疑問も生まれました。

西川祐子『私語り　樋口一葉』[★4]は、他人が書く自叙伝、樋口一葉の一人称記述で書いた評伝という実験的作品でした。あとがきに「私自身、評伝の対象の中にすっぽりもぐり込むことをやってみて、見えたのは内面ではなかった。むしろ独力で生き急ぎ、死に急いだ人の疾走感覚、風の勢いを感じとることができただけである。それは外にたいする感覚、彼女と時代の接触の皮膚感覚であった。内面や自我とはいったい何なのだろう、と書き終えた今も思う」と、書いています。

このときつかんだのは、いわば主体なき主体の感覚、関係性のなかで瞬時瞬間に選びとる、あるいは選びとらされる結果として生まれる主体であり、他者の主体もまたそのようにあるのだ、という理解であったように思います。以後、少しはこだわりを捨てて、一人称単数記述をより自由に使えるようになったような気がします。どう名づけてよいかわからないまま、わたしはこれを開かれた一人称記述と呼んでいます。ここから、自分の位置からする三人称記述にも移っていけるような予感をもっています。

討論のなかに、女性史かジェンダー史か、という議論があります。どちらに所属意識をいだくか、ではないと思います。六〇年代、七〇年代には女性史というパラダイムが成立する必然性がありました。そこでしか扱えない問題があったからです。私領域を研究対象にすることができるとは、ひとつの発見でした。そこに今まで発揮できずにいたエネルギーが集中し、多くの作品がうまれ、共同研究という出版の形も独特でした。共同研究という形で集約されて初めて枠組みの意味がわかる。それと同時に枠組みの限界にも気づく。「私領域／公領域」は二つの問題ではなく、この二項対立そのものの成立と終焉を問うことこそが問題だとわかったとき、更なる発見があり、パラダイムチェンジがありました。

次の段階に進むには自己解体の痛みがあります。解体以前のわたしと、再生後のわたしは違う。研究対象や共同研究の組み方も違ってくる。そういった関係性の変化のなかで変わり続けるわたしがいる。わたしの一人称単数記述は気どっていえば孤独だけれど、他者と出会うことにより自分が変わろうとする、連帯の一人称単数記述でありたいと思っています。またわたしは変わりつづけながら、瞬時瞬間の「わたし」に責任を持つのだと思います。一人称単数記述で書くとは、一瞬のその時点に釘を打つ行為ではないでしょうか。

作品は著者から独立したときに、完結したテキストになる。本討論でとりあげられている西川祐子『近代国家と家族モデル』★5に並べて収めた「総力戦と女性――戦争への傾斜と翼賛の『婦人』たち――」と「反戦決議から皇軍感謝決議まで――全日本婦選大会と時局婦人大会決議文のテキスト分析」に安田常雄さんが言及しておられます。おっしゃるとおり両論文には二〇年の執筆時間差があり、前者は安田さんのことばをお借りすれば事実分析、後者は言説分析です。著者が二〇年まえに自分が書いた作品をひとつのテキストとして読み、さらにもうひとつ別のテキストを生むという実験は、永続的な自己変革の行為であると同時に、対象と、対象をむきあっている自分の位置とを、同時に視野に入れる試みとして行いました。前の仕事の否定ではありませんから、前の論文はそのまま残しました。前の論文がなければ、あとの論文を書くことはなかったと思います。

前の論文を書いたとき、わたしが発見していたのは今のことばで言えば女性の国民化でした。ですが当時、国民化という用語と概念はなかったのです。ナショナリゼーションが国有化という意味で使われていた時代です。わたしは国民化という用語なしで、自前のことばで苦闘しました。二〇年後に用語を知ったときには感動した。わたしが苦闘した問題に、違う場所で、たとえば欧米で、アジアで、同時に同じ問題に取り組んでいた人たちがいたのだ、と知って。

実際、とくに戦時下の言説は、敵対した両陣営に共通することが多い。総力戦は敵対する双方に同じ構造を強いる。それを各自の内部から分析していって、収奪のリンクを形成し、互いに戦争や経済闘争をする国家間システムの真の姿をそれぞれがそれぞれで、しかし一緒に発見できたらどんなによいだろう。それが比較研究を希求する理由です。

二つの論文でとった方法は違いますが、ジェンダー研究は言説分析しかしない、ということではありません。事実は言説、言説もまた事実なのではないでしょうか。事実をテキストとして読むことができるのであり、テキストもまた事実のひとつなのだと思います。またテキストは言語だけで書かれるのではない。たとえば統計は数字で構築された一個のテキストだと思います。構築の意図も含めてテキストとして読む努力が必要です。事実分析と、言説分析と、比較研究とは、どれかひとつというのでなく、総合的に必要なのだと思う。

総合的な研究は単独で行うには無理がある。経験と情報と方法とを交換するための、さまざまな形の共同研究の取り組みが必要ではないでしょうか。それも師弟関係やひとつのディシプリンで固めるのではない、対等な関係で参加できる開いた共同研究がほしいです。そのおかげをこうむったものとしてくりかえしますが、女性史学が多領域からの参加を認める共同研究という場をつくった功績は大きい。方法論には、どういう交流関係を組むかという問題が含まれます。

共同研究といえば、近代家族論は互いに論争しながら作品を出し合ったという点で画期的な、それとは知らずになされた共同研究であったのではないか。『〈家族〉の社会学』[★6]を面白い本にしているのは、上野千鶴子、落合恵美子、牟田和恵、小山静子、西川祐子がその前数年間に対立しながら形成していた論争的協力がはからずも一巻を形成したからでしょう。大門さんのように戦後史学の集大成を編む立場の方が、社会学講座に入っているとはいえ、近代家族論に集まって力を出し合った一群の仕事を丸ごと無視、あるいは作品として否定するのは、おおげさにいえば研究の生命を断つ行為ではないでしょうか。

長さんの報告はご自分の仕事のことなので、くわしい言及をさけておられますが、国民統合のために用いられる皇室アルバム、皇后のイメージの表象分析をした北原論文、長論文は、国内政治も国際政治もジェンダー表象の強力な言語を用いる作戦をたえず練っていることを示しました。近代家族論と国民国家論は、家族と国家の両側から取り組まなければならないことを最もよく示す例だと思います。リーン・ハントの研究をはじめ、各国の例が集まっていますから、国際比較が可能です。日本では首相夫人のファーストレディ役割が比較的軽いのは、皇室が表象の政治役割を負っているからだと思われます。

また国旗・国歌問題を分析した長さんの論文[★7]は、歴史家が時事問題をとりあげ、政治と直接にわたりあっているという点において特記すべきだと思います。一九九九年夏には、いわゆる君が代・日の丸法案が国会を通過しました。抗議運動がほとんど沈黙しているなかで。

わたしは二〇〇一年の九・一一テロ事件とアフガン戦争、そして日本のアメリカ軍後方支援という事態がどうしても偶発事件とはおもえず、九九年の沈黙の夏以来すでに書かれていたシナリオどおりの進行であったのではないか、という疑いを捨てることができません。

長さんの論文は一般的沈黙を破って日の丸・君が代問題を、国旗国歌問題として扱い、国民国家間で行われている表象の政治が、流血の政治につながっていることを見事に示しました。二一世紀に発行される『展望日本歴史』がこれらの作品を収録することができなければ、歴史学が二一世紀の展望を拓くことにはならないのではないか。

討論の終りにおかれたジェンダー史は成立するか、という議論はさらに続けていただきたかった。わたしはジェンダー研究が学際領域であり続けることをむしろ願っているので、歴史学とのみ結びついた、それも一国単位のジェンダー通史をたちあげる必要は感じない。ジェンダー関係は、社会科学、人文科学の無視できない分析変数のひとつであり続けるであろう。ジェンダーの視点は、比較研究にはとくに不可欠ではないでしょうか。

長さんの報告が、家族を養う家長賃金の登場をあつかった加藤千香子「戦間期における女子労働と労働政策」に言及した部分に関する討論はたいへん刺激的です。大門さんをはじめとする歴史家たちは即座に呼応し、それぞれの手持ちの材料を出して討論している。家族賃金が、家族単位の近代を構成する重要要素だからだと思います。安田浩さんが、なぜ性差が近代によって特権化された区分になったのか、と問うていらっしゃいますが、異性愛を制度化し、婚姻が形成する家族を国家の基礎単位としたからではないですか。家族賃金はその制度のひとつだと思います。わたしも討論に加わってみます。これは『共同研究　男性論』★8で書いたことなのですが、家族を養う賃金体系が整うのは、住まい論でいう国民住宅（居）建設の時期に対応するのではないでしょうか。

関東大震災後の復興事業のひとつとして集合住宅を建設した同潤会は、一段落すると重工業の職工層のうちでも熟練労働者に対し長屋ながらささやかな門構えのある住まいを提供することをはじめます。『同潤会十八年史』には、「労働者が自分の家を持つと思想的に非常に安定することは外国の経済書にもよく述べられています。一頃、労働運動の闘士だった市会議員で、現に同潤会の分譲住宅に居住する職工某氏は或る公の席上に於いて、『(中略) 此度、分譲住宅に住んで家も土地も自分のものになるという希望に輝いてからの心境はまったくこの市の住民になったと言う落ち着いた気持ちになり、郷土観念に関し、認識を新たにすることになりました』と率直に述懐しています。『恒産あるものは恒心あり』と申します。ここが大切なところです」と、住宅建設の事業を自讃しています。一五年戦争直前の時代には、この郷土観念が愛国観念となることが期待されていたのではないでしょうか。

戦時中になると、ますます総力戦のための労働力を確保しなければならない。重工業はとくに重視され、職工むけ国民住宅の供給が急がれます。戦争中に住宅営団が建てた国民住宅は、労働力と次世代国民の再生産のコストをぎりぎりに計算して設計されています。近代家族は国民統合の単位であるとともに、当然のことながら再生産装置であることを国民住宅ほど露骨に数値化し、空間という記号にしているものはほかにないかもしれません。

合理性と機能性追求の極致ともいえる戦争中の国民住宅研究は、戦後の公団設計に生かされています。公団住宅はほとんどが家族のための住まいです。独身者用の１ＤＫは別棟になっていました。単身者賃金ではなく家族賃金の体系が、労働者を近代的家長にした経緯は、家族を国家装置としてとらえると同時に、たとえば住宅論のように近代家族の内部からとらえることによって生きいきと描くことができるのではないでしょうか。

なお、戦間期とは少しずれるかもしれませんが、高群逸枝の『婦人戦線』は、一周年記念号（一九三一年三月号）において、一年間の共同討議の結果をまとめ、そのひとつに「生産者本位説及び労働全収権説にたいする婦人の抗議」をあげています。同人のなかでは松本正枝と延島英一がとくに、なぜ賃金をかせぐ仕事は公事で家事育児は私事なのか、家庭はそのままにして私事を社会化するだけで解決するのは生産至上の価値観にあわせる結果となるのではないか、生産ではなく生存本位の社会はどのように組織されるべきか、という現代に通じる問題に取り組んでいます。

さて、討論のなかで今西さんがご自身、近代家族論は、近代家族が上からつくられたとして、民衆の自発性を無視するかのようであるのがいけないという批判をうけたとおっしゃっておられます。わたしもしばしば同様の批判をうけます。でもそれは違う。住宅の問題でいうと、住人は入居したとたん、規範を空間化しようとした設計者の意図を裏切る住み方をはじめる。最近わたしは、「住まいの個人史」を収集すると同時に、「設計者の意図に反した面白い住み方例」を集めています。実際におもしろい。規範先行という日本型近代家族の特徴は、欧米に遅れて、すでに存在した国家間システムに参入した日本の、追いつけ追い越せ戦略のひとつのあらわれだったのだと思います。だが家族と国家の関係は、共犯関係であると同時に、たえざる反乱がある関係でしょう。家内から国家をみるだけでなく、そこから、視点だけでも抜け出して「私領域／公領域」そのものを研究対象とすると、今起こっている「私／公」境界線の移動が目に見えるようになるのではないか。

近代的家長と専業主婦とその子どもというセットが、近代家族をつくる。いわゆる男は会社、女は家庭です。

ジェンダー研究は不払い労働としての再生産労働、あるいは広い意味での家事労働に注目しました。不可視であったシャドウワークを労働と名づけることによって可視化しただけでない。ジェンダー研究の視点は生産本位であった経済学をもっと根底からゆるがす視点、むしろ再生産から世界市場、世界の国家間システムをとらえなおす視点なのではないでしょうか。家事労働が世界市場の商品としてどのように動いているかを目に見えるように描きはじめたのは、世界各地のジェンダー研究者たちの業績だと思います。

たとえばフィリピン政府が家事、介護、育児の専門知識と技術をもつ女性労働者を組織的に世界市場へ送り出していることはよく知られています。わたしはR・パレーニャス「グロバリゼーションの使用人」[★9]により、再生産労働の国際分業の結果として、単身で長年、欧米の家庭の家事使用人として出稼ぎをするフィリピン女性自身の家族は、欧米の都市とフィリピンの都市の間の遠距離家族となっていることを教えられました。彼女自身の家族の家事労働はもっと安い賃金で家事労働をひきうける家事使用人によって行われ、その家事使用人もまた都市と農村の間で遠距離家族をしている。出稼ぎ家事労働者が支えている欧米の家庭もまた、カップルがそれぞれ仕事をもって別々の都市で遠距離家族をしているのかもしれません。すると家事労働を市場にだすことにより、世界の国家間システムを股にかけて少なくとも三組の遠距離家族が発生していることになる。労働力のグローバル規模での移動は、まさにわたしたちの日常茶飯事のなかで起こっている。

外国人労働力を水際でくいとめているといわれている日本列島には無縁の話、日本社会は発展途上国の労働力を搾取することなどしていないと果たして言えるでしょうか。介護保険制度は施行にあたり、一七万人のホームヘルパーをいっきょに養成する新ゴールドプランをうちだしました。ホームヘルパーの大部分は今、各事業体において非常勤職のパートタイマーとして働いています。事業体はほとんど二四時間体制でケアを行うから、非常勤職であるパートタイマーを確保しなければならない。ヘルパーはさらに拘束の条件にみあった時間給と社会保障に差をもうけた三つ、四つの職種カテゴリーに細分されています。

専業主婦であったヘルパーはヘルパーになったからといって自分および家族のための家事労働から解放されるわけではない。自分の家事を分けあうサポーターを家族内外にみつけることができるかどうか、さらに帰宅後いわゆる家事のほかに育児、介護負担が待っているかどうか、家計の全部を本人の稼ぎで支えているのか、それとも一部か、何パーセントか、というそれぞれの個人事情にあわせて、カテゴリーを選ぶ。選ぶというより選ばざるをえない。介護保険制度はこのようにカテゴリー細分化を工夫したシステムづくりをしたうえで、主婦層にひそんでいた潜在的労働力、家事の熟練技術と時間を引き出している。だが賃金面では、家族賃金ではむろんなく、単身者賃金でさえない。家計補助用の賃金しか用意されていません。

主婦層という潜在的な、しかし職をもとめる労働力ストックが存在したのは、日本社会に近代家族の成立とその変質があったからではないだろうか。家族制度から安価な労働力を引き出す仕組みには日本型社会の特徴があるかもしれない。近代化の初めに海外植民地をもたなかった日本は、家内あるいは国内植民地として娘たちの労働力を用いることをしたではないか。だが、これからもう一世代が経過するころには、主婦という潜在的労働力ストックがなくなる可能性があると思います。

現在、若年失業率が高いだけでなく、若者のフリーター志向が強いといわれますが、彼女たち、彼らは、家族賃金ではなくとも、それぞれが単身者賃金をめざしており、ブレッドウィナー役割を互いに交代することができるパートナーと組む戦略もとる。かつて女子学生がなぜ専業主婦にならざるをえないか、という問いをいだいたと同じく、男子学生がなぜ男性は妻子を養わなければならないと決まっているのか、という問いをいだいてジェンダー研究を行っている。社会保障が家族単位と個人単位の二重になっていることにも敏感である。

その点で、討論のなかで触れられている女だけではない、男だって生涯、無償労働をしてきたのだ、という安丸さんの発言は、その先がどうなるのか、楽しみです。だから家庭を守れという言説を再生産するのか、それとも、だから一人ひとりは、誰といつ、どんな組み方をして生きてゆくのかを生涯問い続けなければならない、問いかけを可能にし、問いの受けとめを可能にするには、他者に対して胸襟をひらく新しい協同性が必要となる、という方向へいくのか、どちらなのでしょう。

本討論に触発されて、わたしは事実分析、表象分析、比較研究の組み合わせで行われるジェンダー研究には、わたしに残された時間ではとうてい終わらないテーマが山積していることにあらためて気づき、あせりを感じています。ジェンダー研究には理論先行と作品化が遅れる傾向があるということは、わたしもたいへん気がかりです。ジェンダー関連のテーマがトピックスとして、論文と業績づくりのために消費されて終わってはならないと思う。現在、事実研究が積み重なった結果として、概念と用語の発見、理論化が行われたところなのだから、ジェンダー研究が規範研究にかたよる傾向にあるのは自然の成り行きだと思います。次には事実のつきあわせから浮上した抽象理論をもとに、ゆたかな語彙を駆使した多層的記述を行うことが必要な段階にきている。本討論において今西さんが言及している叙述と語りの工夫が、誰にとってもこれからの中心課題となるでしょう。

西川祐子の近代家族論は、日本型近代家族は「家」家族／「家庭」家族と「家庭」家族／個人というモデルの二重構造を二度くりかえした微調整を行ったとしました。これに対応する住まいモデルもまた、「いろり端のある家」／「茶の間のある家」、「リビングのある家」／「ワンルーム」のように二重構造になっている。後者は借家ではじめることが多いが、これがしだいに持ち家となる、というように重点はしだいに後に移って前におかれたモデルは空洞化します。それを記述した論文「近代国家と家族モデル――日本型近代家族の場合」が、討論のなかでみなさんが言われるように、微調整が巧みに行われて矛盾、対立、葛藤が少なかったかのように読まれるとすれば、これはやはり、理論構造にたどりついた段階の論文だということであろう。わたしが記述したいポイントは、家庭空間こそイデオロギー闘争の、死ぬか生きるかの闘争の場であったその切実さと、対峙する相手として目をむけるべき国家システムが見えないまま、お互い同士で、しかも幸福追求の名のもとに死闘をくりかえさせられている悔しい状況についてであった。それをもう一度日本型近代家族論として十分に書きたいのだが、この仕事は、果たして論文という形で可能だろうか、と苦しんでいます。

わたしは近代小説一〇〇年の間、小説の舞台となった近代家族の容器に注目して『借家と持ち家の文学史――「私」のうつわの物語』★10を書きました。そこでは大河小説的な叙述を試みています。わたしの仕事としては例外的に多くの読者に読まれ書評にも恵まれましたが、文学論、歴史学の仕事として認められたかどうかは、疑問です。この本は思いがけなく建築学、都市計画などの実学から注目され、著者に学会やシンポジウムに招かれて現場のかたがたと交流する機会をもたらした。建築家、都市計画の専門家、文化人類学者たちとニュータウンのフィールド調査を行う共同研究をたちあげることができました。★11論文形式の叙述だと、このような予想外の受けとめられ方、ひとつの学会外にはみだす結果をえることは難しい。パラダイムチェンジは何を書くかだけでなく、どう書くかの問題を提起する。この研究会は、叙述の問題をどう扱うのか、知りたいです。

牧原さんに西川祐子は姑嫁問題を扱っていないというご指摘をうけて、驚きました。本人はてっきり書いたつもりで忘れていたのです。二重制度のかなめに姑嫁問題があるということがあまりにも前提だったからかもしれません。姑嫁問題は、ニューヒストリー叢書（吉川弘文館）に予定されている『日記を綴るということ――国民教育装置とその逸脱』においてあらためて書いてみたい。中野卓編『明治四十三年　京都』は京都の商家の若妻が、家事と年中行事に関する姑の教えを記録するために書いた日記である。だが、婦人雑誌や主婦日記帳が普及する大正時代になると、女学校教育をうけた嫁は姑の教えよりも、雑誌や日記の付録の教えにしたがって家事育児を行う。嫁姑の争いを二重制度にはさまれた個人と個人の問題であるだけでなく、価値の政治闘争として描くことができるかもしれません。

最近わたしは、近代家族と、日記論という、わたしが長年かかえてきた二つのテーマは時間と空間をそれぞれ扱ってはいるが、じつは二つは近代というひとつの問題なのかもしれない、と思いはじめています。さらにはわたしだけでなく、多くの研究者がそれぞれ別に取り組んでいるひとつの大きなテーマの一種の共同研究の渦に流れ込むものであるようにも思います。戦後歴史学集成から、近代家族論と国民国家論を抹消するのは、やはり不当ではないでしょうか。

注

★1 西川祐子「女性はマイノリティか」(『歴史学研究』七〇三号、一九九七年一〇月)。
★2 大門正克「解説・民衆社会への問いかけ」(大門正克・小野沢あかね『展望日本歴史21 民衆世界への問いかけ』東京堂出版、二〇〇一年、一二頁)。
★3 西川祐子、新潮社、一九八二年(のちレグルス文庫、第三文明社、一九九〇年)。
★4 西川祐子、リブロポート、一九九二年。
★5 西川祐子、吉川弘文館、二〇〇〇年。
★6 岩波講座現代社会学、第一九巻、一九九六年。
★7 長志珠絵「政治文化としての国旗・国家」(『新しい歴史学のために』第二三八号、二〇〇〇年六月)。
★8 西川祐子・荻野美穂編、人文書院、一九九九年。
★9 『現代思想』二〇〇二年六月号。
★10 西川祐子、三省堂、一九九八年。
★11 科研基盤研究C「ニュータウンにおけるジェンダー変容」研究代表者:西川祐子、京都文教大学、二〇〇〇〜二〇〇二年度。

討論を終えて

長 志珠絵

女性史かジェンダー史か、という論点は、歴史叙述の問題としてひろげて考えたほうが生産的であり、たとえば、同じ構造を抱えてきた民衆史との違いを意識的に論じるべきだと思う。また、八〇年代以後の女性史は、生活史として展開していったように思うが、この流れは、周辺史・民衆史と親和性を持つ日本の社会史の流れと歩調をあわせている点も特徴のひとつだと思う。

性差を構築されたものとしてとらえるフェミニズム理論・ジェンダー論の登場によって、「女性史」叙述は、その位置取りそのものを大きく揺さぶられ、岩波通史の上野千鶴子論文に代表されるように、女性史叙述を突破口として他分野からは、歴史叙述の方法をめぐる提起がなされている。ジェンダー・アプローチが価値中立的で「流行している」と考えられたり、女性史が前提にしていた運動史的側面や貧困の問題が継承されていない、と指摘されたりする点は気になるが、ジェンダー定義を論じたスコットは、ジェンダー・アプローチを女性史叙述よりもいっそう明確に政治的な試みだと宣言している点を重視したい。

またジェンダー論は現実には、学際研究、西川祐子さんのコメントの言葉を借りれば他者との出会いという意味での共同研究の場を形づくり、それぞれの研究領域の問題関心を変える作用をもった。私自身は、市民社会批判・ナショナリズム批判という文脈で国民国家論に出会い、他方、私／公の線引きを問題とするジェンダー論の具体的な実践・応用問題として国民国家論を通じて、近代家族論に出会った。「近代国家から考える側が、再生産をになう近代家族と私領域の政治的意味の発見をしない、ということがありえるでしょうか」という西川祐子さんのコメントの一文は、私にとってはあらためて自分の関心の変化やつながりに説明を与えてもらった気がしている。

近代家族論は、日本の近代を説明する際、従来の研究史に対して、「家」ではなく「家族」という提起を行い、さらに近代の「家」制度そのものも伝統社会との違い・断絶という見通しを提示してきた。今日では、近代家族論の論者内で、国家と家族、伝統社会との関係という二点において、それぞれの論点と研究の方向性は大きく隔たっているのが現状ではないか。その中で西川さんの議論は、近代家族を近代国民国家の装置であると定義づける一方、家と家族を相互の関係性によって説明する方法をとり、新旧二つのモデルを設定することで、「家」と「家族」と「個人」が相互に絡み合いながら推移する社会として近現代を説明する。家か家族か、家から家族へといった二者択一を問題としているわけではない。対して、歴史研究の場においては、近代家族論の理論先行、実証研究とかみあっていない、という印象が指摘されるけれど、その際、もう一度、家か家族かという問いに戻るよりは、実証研究として何が不足しているのか、を自覚的に考えるべきではないか。

ひとつは、伝統社会との関係。近世の家族研究は、人口の大半を占める農民家族像が豊富。対して、近現代史研究は、ヨーロッパ社会史のいう「工業社会」の家族‐労働者家族の分析が豊富ではないので議論する前提が脆弱。情報不足。移行期は行き着く先が見えないと理論化しづらい。人口史は長期変動を描き近世から高度経済成長期まで連続した像を描くが、この手法は、家族／社会／国家との関係性の変化を抜きに論じられるのか、という疑問が残る。その際、この研究会のなかでも家族賃金論、労働者家族や貧民家族をどう描出していくのか、という点に議論と材料提供が即座に集まっていて非常におもしろかった。また西川祐子さんも同潤会アパートの例を出して、応答があった。共同研究の可能性が開かれていることを強く感じた。

他方、近世史では、家と家族を分けてとらえようという実証研究に即した提起があり、あるいは「家族」の定義そのものは、それぞれの研究領域で固有の使い方があるにせよ、議論が進められているのに、近代家族論を経たあとの実証研究レベルでの家制度論は、存外不在だったのではないか？　方法論をともなった家研究の個別実証・情報が不足しているのは、牧原さんのいわれる嫁姑問題も含め、「家」研究・「家」制度研究のほうではないのか、という点にあらためて気づいた。

ジェンダー・アプローチは、公／私、男／女という線引きの非対象性を問題とするから、公に対する検討の仕方をゆさぶると同時に、近年では、「女」に対比された「男」という線引き、装置も問題とする点が射程に入ってきていると思う。もっともセクシュアリティ論は、個人を問題にするから、ただちに歴史研究と接合するのは困難ではないか、と漠然と感じるが、性差という人間集団を分ける指標の持つ社会的な意味あいとその変化という論点は、歴史研究は問題にしてきたのではないか。また「男」という線引き、装置という点では、男性兵士論が、戦前と戦後を分ける論点になると同時に、現状分析として有効な視点を提供するのではないかと思う（以上、言い残したことを列挙しました）。

2

個・民衆・国民

「民衆」という主題――〈私〉のふりかえる研究史　　　大門　正克

はじめに――批評のポジション

２つの批評：大門「日本近代史研究における1990年代」（★4)、「解説・民衆世界への問いかけ」（★4)、あらためて「民衆」という主題を問う――研究史と〈私〉の接点を探るなかで

1.「民衆」への問いかけ――研究史をふりかえる

・民衆思想史 - 安丸、鹿野／社会史 - 二宮宏之／国民国家論 - 牧原

・運動史研究「階級」「人民」「民衆」という系譜

・安丸民衆史の生命力　経済成長批判、近代批判、「主体」がかかえこむ近代、全体史への視座⇔中村政則

・牧原国民国家論の地平から二宮社会史に立ち帰る
近代批判としての歴史学、プロセスへの着目、二項対立と異なる「主体」把握、ひとつの全体史、「国民」還元論への危険性指摘

・二宮社会史　戦後歴史学・マルクス主義批判　「階級」「民族」「国民」などの集合概念忌避、差異への着目、全体史への契機見つからず：大門「差異をつなぐもの／時間をつなぐもの――〈経験〉の視点から」（★16)、あらためて二宮社会史の意味を考える　「さまざま」という視点、思考の始まる場所＝「主体」の側から

2.〈私〉と研究史

・文学と社会問題、経済史研究、経済更生運動・農民運動史研究、「主体」・「社会的性格」への関心：大門「初期小作争議の論理構造」上・下（★18)、「農村社会構造分析」（★18)、教育：大門「近代日本における農村社会の変動と学校教育」（★19)

・統合論的な運動史研究：大門「解説・民衆世界への問いかけ」（★20）への共感と拡張→広義の国家論、グラムシへの関心　経済的視点を維持しつつ、基底還元論からの脱却をめざす

・〈私〉の国民国家論への向き合い方――反省（「国民」への自覚の有無)、共感（20世紀＝国民国家の時代)、違和感（基底還元論的思考)、沈思黙考（近代の認識の仕方、二項対立をいかに越えて主体を考えるか)

・〈私〉の現在

3.「民衆」を考える視点――「さまざま」をつなぐ環

①時間軸　「経験」という視点

〈私〉「さまざまな自分」→「つながりのなかで矛盾する自分」→「規定され、とらえ返す存在」、→「経験」という視点：大門『民衆の教育経験』（★1)
時間のなかで考えられる、二項対立と異なる視点、近代への評価
＊「記憶」ではなく「経験」　＊１人ひとりの経験に問う：松塚俊三『歴史のなかの教師』山川出版社、2001年

②全体史への射程

＊重層性・複数性への視点　とくにジェンダー・家族の視点　矛盾的把握方法
＊重層的な歴史　　私の歴史、つながりのつくる歴史、構造の歴史

おわりに

牧原　今回は民衆史と国民国家論との関係を議論してみましょう。「個・民衆・国民」というタイトルをつけましたが、報告は大門正克さん、コメントは今西一さんです。主な参考文献三つが大門さんから示されています。ではお願いします。

大門正克『民衆の教育経験』[★1]
キャロル・グラック「現在のなかの過去」[★2]
安丸良夫「民衆的規範の行方」[★3]（インタビュー）

「民衆」という主題

大門　昨年、今日のテーマともかかわった批評を二つ書きました。[★4] それらとあまり重ならないでどんな話をしようかずいぶん迷ったのですが、しばらく前に牧原さんが「私にとっての国民国家論」[★5]というタイトルの論文を書いていたことを思い出し、きょうは「〈私〉のふりかえる研究史」というサブタイトルをつけて、戦後の歴史学と「民衆」のかかわりを話そうと考えました。「『民衆』という主題」から戦後の歴史学をふりかえり、さらにはその越え方を考えようとするとき、議論の出発点として民衆思想史を位置づけることは、それほど無理のないことだと思います。民衆思想史は、何よりも歴史のなかの人びとを民衆として自覚的に描こうとした研究方法だったからです。民衆思想史といえば、色川大吉さんや安丸良夫さん、ひろたまさきさん、鹿野政直さんらをあげることができます。これらの人びとの歴史研究は、たしかに民衆思想史として括ることのできる特徴を備え

★1　大門正克、青木書店、二〇〇〇年（主として「おわりに」）。
★2　アンドリュー・ゴードン編『歴史としての戦後日本』上（みすず書房、二〇〇一年）。
★3　『現代思想』青土社、二〇〇一年一二月。
★4　大門正克「日本近代史研究における一九九〇年代」（『歴史評論』第六一八号、二〇〇一年）、「解説・民衆世界への問いかけ」大門正克・小野沢あかね編（『展望日本歴史21　民衆世界への問いかけ』東京堂出版、二〇〇一年）。
★5　『人民の歴史学』第一三九号、一九九九年。

ていますが、四人の民衆の描き方が大きく異なっているように、歴史における民衆のとらえ方は歴史研究者によって異なっているのがむしろ普通です。「『民衆』という主題」は、なによりも歴史上の人びとをとらえる際の方法や視点なのですから、異なる民衆像が提示されることは不思議なことではないはずです。それと同じことが「『民衆』という主題」への批評についてもいえます。つまり、この主題について批評することは、何よりも批評者の思考過程や民衆観が照らし出されるからです。

そこで、今日の報告では思い切って〈私〉を議論の渦中に出し、〈私〉自身の思考過程を引き合いに出しながら「『民衆』という主題」について論じてみたいと思います。ただし、民衆思想史から一九九〇年代に至る三〇年間の研究史をまんべんなく話す時間は残念ながらありません。そこで、今日は議論の輪郭をはっきりとさせるために、民衆思想史とその後の社会史、国民国家論の三つを中心的にとりあげ、そのなかでも民衆思想史では安丸良夫さん、社会史では二宮宏之さん、国民国家論では牧原さんに登場していただいて、議論を進めたいと思います。

「民衆」への問いかけ

民衆という主題を歴史研究のなかで手探りをするようにして問おうとした出発点を探っていくと、日本の歴史研究では色川大吉さんの困民党研究に始まる民衆思想史に行き着き、その後、安丸良夫さん、鹿野政直さんらの研究が登場します。そのなかで安丸良夫さんの研究をふりかえってみると、現在にまで至る安丸さんの民衆史の生命力の大きさを実感します。安丸さんの最初の研究書は、言うまでもなく一九七四年に発刊された『日本の近代化と民衆思想』[★6]です。そこにおさめられた「日本の近代化と民衆思想」の初出は一九六五年のことでした。[★7]それ以前の一九六二年に、安丸さんは

★6　安丸良夫、青木書店。
★7　『日本史研究』第七八号、第七九号。

近代化論批判の論文を書いています。★8 のちに、『〈方法〉としての思想史』★9 にも再録されたこの論文は、「日本の近代化と民衆思想」の前提となるものであり、安丸さんの仕事の出発点としてすごく重要な位置を占めています。

安丸さんはそこで戦後歴史学への批判と同時に経済成長への批判をかなり明瞭に述べていて、相当早い段階で高度経済成長が持っている問題性を批判するというスタンスをとっていくわけです。戦後歴史学の潮流でも、丸山真男のような近代主義のスタンスでもなく、さらには近代化論的な潮流でもないものとして『日本の近代化と民衆思想』は書かれました。安丸さんは近代批判という視座をもっているとよく言われます。近代批判のなかに経済成長あるいは近代化論、そこへの厳しいスタンスをとりこんでいる。しかも高度経済成長当初からとりこんでいる数少ない研究者であるという点が、安丸さんの現在にまで残る生命力なのではないかとぼくは思います。

もう二つ、付け加えると、ひとつはよく言われることなので、言わずもがなかもしれませんが、近代批判の際に、安丸さんは、民衆自身が民衆的実践を通じて近代をかかえこんでしまうという形で問題をとらえます。安丸さんの議論のなかで国家対民衆という問題の局面ももちろん出てきますが、民衆がかかえこんだ近代は容易ならざるものですし、そこからの脱却の展望という形でそう安易に展望が語られることにはならない。そうした視点は、安丸さんの研究をめぐってたびたび議論されてきましたが、現在に至ってみると、そういう形での主体のとらえ方は、その後の国民国家論にもつながっていく重要な論点だったと思います。ぼく自身も国民国家論をめぐる議論の過程で安丸さんを読み直し、あらためて考えさせられることがありました。

もうひとつは、全体史への視座を持っているということです。ここのところが安丸さんのもうひとつの大きな特徴だと思います。全体史への留意は、安丸さん自身もよく語るところですし、最近

★8　安丸良夫「日本の近代化についての帝国主義的歴史観」(『新しい歴史学のために』第八一・八二号、一九六二年)。

★9　安丸良夫、校倉書房、一九九六年。

の『現代思想』のインタビューのなかでもそのことを指摘していました。[★10]全体史への可能性を捨て切らないスタンスは、戦後歴史学ないし戦後マルクス主義から受け継いだものであり、ここに安丸さんと戦後歴史学の共通の地平を認めることができます。この点とかかわって、安丸さんの通俗道徳論は、構造と主体というか、家の構造と通俗道徳を実践する民衆という形で問題が提示されていて、その関係を矛盾的認識によって理解しようとしています。「構造と主体」や矛盾的認識は、戦後歴史学のなかで提起された方法ですが、安丸さんはそれまでの歴史研究には見られなかったほどに矛盾的認識を徹底させ、通俗道徳的実践のある側面を十分に考察したあとで、「しかし、にもかかわらず」と、今度はその反面の特徴を深く検討し、そのことで通俗道徳的実践の複雑なありようを過不足なく描こうとしています。ここには、戦後歴史学の議論の安丸さんなりの吸収をみてとることができます。

安丸さんと同じ時期に民衆史を構想した中村政則さんは、一九七六年に『労働者と農民』[★11]を出版しました。中村さんは、自分の民衆史をエンゲルスの平行四辺形の議論にたとえています。[★12]つまり、平行四辺形の一方のベクトルに歴史の発展法則を設定し、もうひとつのベクトルに民衆的実践をおき、歴史は二つのベクトルの合力によって決まるというわけです。ここには戦後歴史学の最もすぐれた継承が示されています。つまり、発展段階論と主体的営為の双方の独自の契機を認めようというのが中村民衆史の特徴であり、中村さんは聞きとりを通じて接した、無名だが固有名詞をもった民衆を多数登場させることによって、歴史が人びとの存在からかけ離れた客観的過程として形成されるのではないこと、しかし他方で人びとの思いだけでは歴史は形成されないこと（歴史の発展法則の存在）の二つの側面をよく描いています。

安丸さんと中村さんは相当に肌合いも違うわけですが、民衆について考える際に「構造と主体」

★10　★3参照。

★11　中村政則、小学館。

★12　★11および中村政則「日本近代と農民」『歴史評論』第三三〇号、一九七七年（のち同『日本近代と民衆』校倉書房、一九八四年、所収）。

という視角をもつ点で共通性があると感じました。しかし、一番大きな違いは、近代批判というスタンスを、方法そのもののうちにもっていたかどうかという点であり、この点で安丸さんの通俗道徳論は当初から近代批判の鮮明な議論だったといえるでしょう。

民衆思想史の意味を考えるために、ここではいったん国民国家論に言及し、そのうえで社会史にもどりたく思います。国民国家論は国民というところから近代をみたひとつの全体史であり、国民化のもつ問題性を鮮明にうちだしました。その点で近代批判という性格を明瞭にもっていますが、近代の問題をすべて国民に還元する傾向を含んでいました。この点は、牧原さんがかつての基底還元論に共通する危険性として国民国家論についてすでに指摘していたことであり[13]、あとでも言いますように、同じようなことをぼくも国民国家論に対して感じていました。

この点で、牧原さんの議論は、国民国家論のなかで歴史学の固有の思考に最もこだわっているということができます[14]。牧原さんは、「せめぎあい」や「両義的」、「subject」といった言葉をよく使います。それは、問題を相互規定的で矛盾的な性格のものとして把握しようとするからであり、そのためにはあくまでも歴史の構造ではなく、プロセスを重視しようとします。基底還元論や二項対立とは異なる歴史過程の把握がそこには示されているといっていいでしょう。牧原さんの国民国家論は、国民国家論を歴史学に応用させるのではなく、歴史過程のなかに国民化のジグザグの道筋を探ろうとしたものということができます。ここに牧原国民国家論の魅力をぼくは感じています。

そうなのですが、ここからあらためて社会史研究にもどり、二宮宏之さんの議論をふりかえってみると[15]、二宮さんは、戦後歴史学ないしマルクス主義への批判を非常に強く持って、社会史を提示しました。その際に階級や民族だけではなく、国民という集合的な概念も拒否し、その言葉を使うことによる罠、それに細心の注意を払うという形で問題を提示していくわけです。そのような概念

★13　★5参照。

★14　牧原憲夫『客分と国民のあいだ』(吉川弘文館、一九九八年)および★5。

★15　二宮宏之『全体を見る眼と歴史家たち』(木鐸社、一九八六年)、同『歴史学再考』(日本エディタースクール出版部、一九九四年)、など。

でまとめきらない差異に注目をする。そうすると事柄がどんどん分節化されていくことになりますが、二宮社会史の最大の特徴は「差異の歴史学」であり、そのことで民衆世界に含まれた多様性に気づかせてくれました。しかし、二宮社会史の最大の困難もまた「差異の歴史学」というところにあり、集合概念を拒否して差異に注目した結果、全体へもう一回もどってくる契機がなかなか見つからなくなりました。★16 二宮さん自身が全体史を求めていないという言い方もできるかもしれません。差異に着目していったなかで書かれた批評のなかから、とくに一九九〇年前後の二宮さんの作品を見てみると、民衆世界の新しいイメージはあまり見えてこない、そこに二宮社会史の困難を見てとれるように思います。

しかし、これはぼく自身の話を先にしたほうがいいと思いますが、二宮社会史のあとに国民国家論が展開をしたことを考えると、民衆史の可能性に関係すると思いますが、国民国家論の展開を念頭においたうえで、二宮社会史にもう一度、もどってみることはできないだろうかと思うわけです。二宮社会史のなかで必ずしも使われた言葉ではないですが、そこでは「さまざま」という視点が提示されていたという言い方をしていいと思います。思考の始まる場所として「主体」という言葉を二宮さんは使っていませんが、主体ないし人びと、民衆の側からつねに考えようとする、そういうポジションを国民国家論の展開を前提にして、もう一度とることができないだろうかということがあります。基底還元論への傾向をもつ国民国家論と「さまざま」な視点を架橋する、そうした方法を考えてみたいからです。

〈私〉と研究史

大雑把に民衆思想史から国民国家論までの流れを話してみました。それにぼく自身の話を重ね合

★16 大門正克「差異をつなぐもの／時間をつなぐもの――〈経験〉の視点から」(『人民の歴史学』第一四七号、二〇〇一年)。

わせてみたいと思います。もともと、歴史を学びたいと思っていたんですが、大学で経済学部に入ったのが大きなきっかけとなり、経済史を専攻することになります。それぞれの人にそれぞれの経緯があると思いますが、大学院では、農村経済更生運動の研究から出発することになりました。一九七〇年代の前半から半ばぐらいが学部で、後半が大学院でした。経済史研究を始めたこともあって、ぼくはマルクス主義の勉強をしていく、日本の経済史研究も講座派を中心にして、そこでトレーニングを受けていきました。

農村経済更生運動を研究したあとに農民運動史の研究をしたいと思い、一九三〇年代から二〇年代へと時代を移し、もっぱら地域史研究でやってきたわけです。資料や聞きとりに接するなかで、主体というか、人びとというか、それをとらえる方法を考えていくようになります。調査のなかでの聞きとりや資料と研究のなかで出される方法とのあいだの異同やずれが気になり出すのがこのころです。

農村経済更生運動も農民運動史研究も、このころは階層分析が中心でした。階層分析は依然として重要な分析手法だと思うし、たとえば西田美昭さんの研究は階層から農民運動史を研究した最も優れた代表例だと思います[★17]。しかし、階層分析だけで一九二〇〜三〇年代の変化を説明し切ることができるだろうかという漠然とした違和感のようなものを感じていました。そういうなかで、自分としては手探りで「社会的性格」とか「農村社会」といった言葉を使いながら、人びとをとらえる方法をもう少し広げたい、多元化したいと考えていたわけです。一九八〇年代の後半から末ごろのことです[★18]。

そこでさらに教育に関心が広がっていきます。これも調査のなかでのいろいろな聞きとりを通じて触発されたテーマであり、人びとをとらえる方法として、あるいは農民運動を考える方法として

★17　西田美昭『近代日本農民運動史研究』（東京大学出版会、一九九七年）。

★18　大門正克「初期小作争議の論理構造」上・下（『歴史評論』第四三五・四三六号、一九八六年）、同「農村社会構造分析」（伊藤正直ほか『戦間期の日本農村』世界思想社、一九八八年）。

教育の契機を入れることが必要なのではないか。それでは、教育をどうすれば民衆を把握する方法へと結びつけることができるのだろうか。そういうことを手探りで考えていたわけです[★19]。

そういうなかでぼくとしては運動史研究の系譜のなかで出てきた七〇年代後半から八〇年代前半の「統合論的アプローチ」に共感していくことになります[★20]。マルクス主義の研究のなかでは広義の国家論とかグラムシへの関心がそのころ出ていて[★21]、「国家と社会」の関係を広くとらえ直そうとする問題関心に沿ってぼくもものを考えていく。主体把握を多元化する、運動と統合という形で問題をとらえようとする。具体的に言うと、安田浩さんや林宥一さんの研究などを通じて、第一次大戦後の日本の普選とか、社会法的なもの、社会政策について考えていくようになります[★22]。社会法が成立しなかった日本の戦間期では、男子普選と小作調停法、産業組合や農会などの経済団体の役割が大きかったのではないか、一九二〇年代半ばから農民運動に加わってくる小作青年層の台頭は、階層の契機（経済的性格）だけでなく、教育や文芸などの契機（社会的性格）が大きかったのではないかなど、そんな形で問題をとらえようとしていました。

ずうっと自分なりに苦心していたのは、経済的視点を維持しながらどのようにして基底還元論から脱却するのかということでした。したがって全面的に賛成ではありませんでしたが、二宮さんの書かれたものは、そのころの問題関心にも添っていて、よく読んでいたわけです。

国民国家論が出てきたときに、今言ったようなぼくの問題関心とのかかわりで相異なる反応があったことをよく覚えています。ひとつは、たとえば一番最初に西川長夫さんの『国境の越え方』[★23]を読んだときの率直な反省として、自分自身が国民という概念ないし集合体に対して十分自覚的ではなかったということを、大げさに言えば衝撃的に反省させられたわけです。あるいはソ連が崩壊して冷戦体制が崩れたなかで二〇世紀を見直すという議論が盛んに行われました。そういうなかで

★19　大門正克「近代日本における農村社会の変動と学校教育」（『ヒストリア』第一三三号、一九九一年）。

★20　★4の「解説・民衆世界への問いかけ」参照。

★21　『グラムシ選集』全六巻（新装版、合同出版、一九八六年）、竹村英輔『グラムシの思想』（青木書店、一九七五年）、など。

★22　二人の研究は、のちに、安田浩『大正デモクラシー史論』（校倉書房、一九九四年）、林宥一『「無産階級」の時代』（青木書店、二〇〇〇年）、同『日本農民運動史論』（日本経済評論社、二〇〇〇年）、にまとめられた。

★23　西川長夫、筑摩書房、一九九二年。

二〇世紀が社会主義も含めて国民国家の時代であったことが見えやすくなり、国民国家という視角で二〇世紀をとらえる有効性を一方で感じるようになりました。

しかし、基底還元論から脱却しなければいけないと思っていたぼくからすれば、それと非常に似た思考様式が国民国家論のなかには見受けられて、一元論と言うか、それが非常に気になる。一元論に集約されないように注意して国民国家論を論じる人と、逆にあまりそれに意を払わないで国民国家論を論じる人の違いを強く感じ、そのことがその後ぼくの書いたものに反映していると思います。主観的にはすごく苦心していた問題（基底還元論）をあまり考えずに、むしろ非常に素朴に還元論化しているという違和感を強く感じるようになったのです。

全体として言うと、国民国家論からぼくは近代をどういうふうに考えるかという問いをあらためて受けとめました。沈思黙考しながら、国民国家論をめぐる思考過程のなかでずっと考えていたことは、近代をどのように評価するか、そのもとでの人びとをどのようにとらえたらいいのかということです。統合論的アプローチも含めて、民衆をとらえる方法を多元化して考えてきたつもりでしたが、どこかで国家対民衆という図式にあてはめていたのではないか、たとえば安丸さんの言ったような主体化、近代を抱え込んでいく形での民衆のとらえ方になっていたのだろうか。主体が新たな問題をかかえこむ、統合論的アプローチはそういう形で問題をとらえようとしていたと思いますが、普選も含めて統合の問題は政策とか制度という形で主として問題にされていて、民衆がそれを引き受けたことにともなってかかえこんだ問題に対する認識は十分だったのだろうか。今から思えば、林宥一さんは晩年の仕事のなかで、人びとがかかえこんだ問題を具体的に分析しようとしていたと思いますし、安田浩さんの『大正デモクラシー史論』の序論にもそういう問題意識が明瞭にあらわれていると思います。ですが、それが具体的な作品になって結実していたかというと、そこまで行き切らなかったのではないだろうかと反省させられました。国民国家論に対してぼくは、基底還元論的な国民国家論への反発と、人びとのとらえ方への再検討という二つの反応をすることになりました。

「さまざま」をつなぐ環

今話したような反省もふまえて二宮社会史と国民国家論の関係を考えるならば、二宮社会史に同じように戻るのでは意味がない。二宮さんの場合には、差異への着目がややもすれば、ばらばらな形での提示になってしまう。「さまざま」をどうやってつなぐことができるのだろうか。そこでの方法的な自覚が必要だろうと思っています。その点で今、ぼくが考えているのは、時間軸のなかで「さまざま」をつなぐ環として「経験」という視点を入れることができないだろうかということです。国民国家論の批評のなかで、ぼくは当初民衆とか人びとをとらえる方法として「さまざまな自分」と言い[★24]、その後、「つながりのなかで矛盾する自分[★25]」という言い方をしたこともありました。「さまざま」をばらばらにさせるのでなくてどうやってつながっているかを考えようとしたからです。

そこからさらに現在に至っているのは、経験という視点で考えたいということです。人びとの時間のなかでは国家などから規定されるだけでなく、それをとらえ返す過程があらわれます。そういう存在として民衆をとらえ直す。規定され、かつとらえ返す過程を経験という言葉で集約できないだろうか。規定されるということと、とらえ返すことを別々の行為としてではなくて、一体の行為としてとらえる。一体というよりも、牧原さんの言葉を借りれば「背中合わせ」といったほうがいいのかもしれない。どこかでつながっているけれども、どこかで離れている。実際に経験という視

★24　大門正克「歴史への問い／現在への問い③　一九九〇年代とはどういう時代なのだろうか」（『評論』第一〇三号、日本経済評論社、一九九七年）。
★25　大門正克「〈歴史への問い／現在への問い〉、その後」（『評論』第一一二号、一九九九年）。

点で考えるためには、いろんな資料が必要でなかなか難しいわけです。ぼくが経験という視点で実際に少し手がけたことがあるのは、『民衆の教育経験』[★26]という本のなかでの吉原幸子[★27]についてです。まだまだ手探りの段階ですが。

こういう形で経験という視点を入れることができれば、時間軸のなかで問題を考えることができるだろうし、統合と対抗、あるいは国家と民衆という形とは違う図式を考えることができる。と同時に、規定を受けるなかでそれが統合の問題に一元化されずにたえずそこからずれる、あるいはとらえ返すという契機が出てくる。それ自身が、ぼく自身の近代への評価なわけです。近代はそういう側面を不断にもっているというのがぼくの評価です。そうすると歴史資料を使いながら、問題を提示できるのではないだろうか。一人ひとりの経験に問う、主体の側から考えることができるのではないだろうかということを考えています。

人びとをめぐってもうひとつ考えたいと思っているのが重層性・複数性の視点なのですが、ここはまだ、うまくふくらませることができていません。前回の長さんの報告も含めてジェンダーの問題をぜひ入れなければならないと思っていますが、まだここはうまくできていないところです。ジェンダーの視点をぜひ入れたいと思っているのは、ジェンダーには近代を考えるうえで、今までの方法や概念にない新しさがある。あるいはジェンダーを入れることによって、事柄がそう簡単に説明できなくなる、その説明できなくなるところを含めて考えないと、だめではないか。つまり矛盾する側面というんでしょうか。さきほど言った、つながって矛盾している、そういうのを考えるうえではジェンダーという視点が必要ではないかと思っています。思っているわけですがなかなか方法化できないところです。

結局のところ、今日のぼくの報告はあまり戦後歴史学の越え方に接近できずに、自己語りみたい

★26　★1参照。
★27　詩人。一九三二〜二〇〇二年。

なことになってしまいましたが、「『民衆』という主題」を論じるためには、自分をどこか別のところにおいた議論はできないと思い、思い切って自己語りをしてみたわけです。

牧原　ありがとうございました。かねがね、「なぜ大門さんは、これほど国民国家論を目の敵にするんだろう」と不審に思っていたのですが（笑）、いまのお話で納得できました。では、コメントをお願いします。

コメント

今西　いろいろな問題が提示されていますが、あとの討論でまたゆっくり議論したいと思います。

今、聞いていて、ひとつは、主体の問題があります。主体をどういうふうに考えたらいいのかということです。お渡しした「国民国家と水平社」★28のなかで、ひとつ、具体的な例を挙げます。四一頁、有名な水平社の創立宣言ですが、「水平社宣言」はいくつかあって、創立宣言だけではないので、これは創立宣言と言わなければならないですが、創立宣言では「兄弟」という呼び掛け、これは男の兄弟に限定されていますが、「男らしき産業的殉教者」という言葉を使っています。私は歴史的には最も優れた「部落民」アイデンティティの宣言である水平社創立宣言が、なぜ兄弟とか男らしさを強調し、男女の性的役割分担を固定化しているのかは非常に大きな問題だと、そこに書いたわけです。これを韓国で書いていて、帰ってきて、鹿野政直さんが最近書かれたのを見ますと★29、すでに伊藤雅子さんという婦人問題の研究者が、水平社の創立宣言で兄弟とか男らしい産業的殉教者という言葉を聞くと、私は水平社の創立宣言を率直に読めない★30という感想を書いておられるのを

★28　秋定嘉和ほか編『近代日本と水平社』（解放出版社、二〇〇二年）、所収。

★29　鹿野政直『日本の近代思想』（岩波新書、二〇〇二年）。

★30　伊藤雅子『まっすぐに生きるために』（未来社、一九八七年）。

知りました。

主体というものが立ち上げられるときに、どうしてこういう女性に対する性的な役割分担を強めるような言葉を使わなければならないのか、水平社創立宣言を見たときから非常に大きな疑問をもっていました。また、四五頁に平野小剱の言葉を引用しています。平野小剱が「或る夜のこと」のなかで書いています。労働運動の活動家たちが「特殊《ママ》部落には美しい女が多いそうだと云ふが真実かね。どうだろう社会運動者に一人々々世話をしないか……」、「そうだ、そして金持も沢山あるそうだから持参金つきッて奴で夫婦になりたいな」、「持参金つきなら俺達も貰って、その金を社会運動の資金にしたい……」、「朝鮮の女や支那《ママ》の娘よりは、いくらか気持ちがよいだらう、生活様式も変わっていないからな……」、「女に縁の薄いものは特殊部落から貰ったらどうだ」という、聞くに耐えない発言をするわけです。女性や民族、部落差別が発言のなかにあるわけです。

どうして、ひとつの主体が立ち上がるときに、革命運動でも労働運動でもそうですし、水平運動でもそうですが、こういう「男らしさ」とかを強調しなければならないのか。これはイギリスのカルチュラル・スタディーズの古典と言われているポール・ウィリスの『ハマータウンの野郎ども』★31のなかでも、なぜ労働運動が〈男らしさ〉といったことを強調しなければならないのかと指摘している。彼は資本主義社会の肉体労働と精神労働の分裂から説き、肉体労働者が自己のアイデンティティを確立しようとする時、「男らしさ」や「家父長制」と結びつくことを指摘しています。

私は、主体を立ち上げるときは、自分たちと違う他者を意識しなければならないし、その他者に対する自分たちの優位性を強調しなければならない、という問題がでてくると思います。水平社創立八〇年の記念シンポジウムでしゃべってくれと言われていて、このことを少し普遍化して話すつもりですが、水平運動のなかでもあった強烈な女性差別、そういう問題がほとんど今までの水平運

★31 ポール・ウィリス／熊沢誠ほか訳、ちくま学芸文庫、一九九六年。

動史ではとり上げられていない。主体を立ち上げるときに、主体というものが他者の抑圧を含んでいるという問題はほとんど問題にされてこなかったのです。だから、本当に「開かれた主体」が可能なのかということが非常に気になります。★32

西川長夫さんは、最近『歴博』で「国民国家の文化の現在」★33という対談をされています。文化人類学の篠原徹さんに対して、私文化論を説明するときに、スチュアート・ホールが言った「カリビアン・アイデンティティ」、負のアイデンティティの問題、アルベルト・メリッチが社会運動をモデルにして、「集合的アイデンティティ」という概念を出しています。それから「瞬間の共同体」とも言われています。レディングズが最近言っている「不同意の共同体」という概念を使って、単一な主体を立ち上げることの問題性を指摘されているわけです。そういう、多元的に立ち上げられるような主体、開かれた主体のようなものがありうるのかどうか、これは私は日本の社会運動の研究のなかでも大きな問題のひとつだと考えています。

二つめの問題に入りますが、安丸民衆史の通俗道徳論をどう考えたらいいのか。なかなか難しい問題で、安丸さんは通俗道徳のなかに広い意味での民衆的な主体を問題にされていると思います。ただ、安丸さんの通俗道徳論は最近はむしろコスモロジー論と結びついていっている。通俗道徳の体現者としての民衆と、民衆的な宗教者たちの通俗道徳との共通性を非常に問題にしてきているわけです。しかし、通俗道徳論がどうコスモロジー論と結びつくのか、いまひとつ私には理解できないところです。安丸さんの通俗道徳論は、もうひとつは勤労倫理という問題があります。この問題については安丸さんは以前、「歴史研究と現代日本との対話」★34という論文を書かれて、そこで通俗道徳、勤労倫理というものが、歴史貫通的に、ある意味で現代までつながっているという問題を立てられたわけです。

★32　今西一「水平運動史への一視点」(『日本思想史研究会会報』第二〇号、二〇〇三年)。
★33　第一一一号、二〇〇二年。
★34　『世界』第五九〇号、岩波書店、一九九四年。

もちろん、最近書かれた「民衆宗教と近代という経験」[★35]ではそういった民衆の通俗道徳とか民衆のコスモロジーが現代の社会では喪失されてきている。若者を中心に従来の社会通念から逸脱する人びとが急増することによって、そういうものが解体してきているという問題を立てられています。安丸さんのなかにある主体のとらえ方については、おそらく西川さんは根本的な批判を持っておられるのではないかと考えてます。それはむしろ西川さんのほうで出していただきたいし、通俗道徳も、時代性、歴史性をどういうふうに考えていったらいいのかという問題があると思います。牧原さんもかなり民衆運動の主体の立ち上げの問題を出しておられるし、民衆運動史をやる人のなかでは主体の問題は避けて通れないと思うので、この点は少し議論していただきたいと思います。

二宮さんの社会史に対しては、私は非常に共感する部分がたくさんあります。ただ二宮さんの場合は、身体論から国家まで、たとえばアラン・コルバンとか、そういう人たちの仕事を使ってやるわけですが、何を分析していいのかよくわからないところがあって、身体から国家までを二宮さん流の図式をつくってやるわけですけれども、それが本当に歴史学として具体化できるのかということになると、大きな問題だと思います。

最後に大門さんが出された経験の問題は非常に重要だとは思ってます。かつて私も堀江英一さんから、経済学はまず工場見学をやれと、盛んに経験的認識を学んだわけです。これは地学の井尻正二さんが『科学論』[★36]のなかで書いてますが、要するにダーウィンは最初から生物学を勉強しなかったからよかった。ダーウィンの場合はビーグル号に乗って船員としてガラパゴス島に行って、今までと全然違う生物学の進化を見たから、進化論が書けた。だから学問は既成の概念から出発するようではだめで、経験から出発しなきゃだめだと盛んに言われたわけです。近年では、ダーウィン進化論そのものが、批判されていますが。

★35 『天理大学おやさと研究所年報』第三号、一九九七年三月。安丸良夫ほか編『宗教から東アジアの近代を問う』(ぺりかん社、二〇〇二年)、所収。

★36 井尻正二、上・下、大月書店、一九七七年。

認識論の問題を言うと、マルクス主義では、当時は毛沢東の『実践論・矛盾論』[★37]がはやっていました。感性的認識から理性的な認識がなければいけないと言うけれど、感性的認識より理性的な認識が高いということがそもそも間違っている。井尻さんの場合はむしろカントの『純粋理性批判』[★38]を使って、感性、悟性、理性と分けて、悟性的認識が重要であって、悟性的認識をやらなければ、認識論としては非常に不十分だという批判をしていたわけです。理性的なものが高くて感性的なものが低いとか、経験とか体験が低いという考え方にはもちろん反対です。しかし、歴史学では、二宮さんも言っているように、この「感性」の領域があまりにも軽視されてきたのではないでしょうか。

ただ、大門さんは記憶ではなくて経験だと、歴史的思考とか時間がいると言いますが、そもそも今、言われている歴史的記憶論は、まさに言語論的展開論を前提としており、歴史的認識は真実というものを本当に認識できるか、限界のあるものではないかということを問題にして、一人ひとりの記憶の世界を問うというやり方であって、そしてそのなかでつくられているものは表象であるという表象文化論を前提としているわけです。そういうものと、今まで生きてきた経験との間は少しずれるのではないかという気がするわけです。最後に個人史から全体史までというとき、全体史が本当に可能なのかということについても、西川さんの意見を聞かせていただきたいところです。

それぞれの「民衆」イメージ

牧原　ありがとうございました。今の報告とコメントをふまえて、討論の柱を三つぐらいにしぼってみました。ひとつは研究史の理解で、これは各人の認識を共有する意味もあります。二つめは、

★37　毛沢東、岩波文庫、一九七八年。
★38　カント／篠田英雄、上・中・下、岩波文庫、一九六一、六二年。

国民国家論と民衆史の関係。最後に、経験と記憶という論点ともかかわりますが、民衆史の可能性、あるいは民衆的な主体の可能性をめぐって、ということでどうでしょうか。もちろん問題は相互に結びついているので、きれいには分けられませんが。

まずは研究史です。近代民衆史ではたいてい、マルクス主義的な階級闘争・人民闘争史観の流れに対して、色川大吉、安丸良夫、鹿野政直の三人が「民衆」という独自な存在のありようを提示した、と整理されるわけですが、なかでも安丸さんの民衆史は、大門さんが言われたように、今に至るまで生命力を持ち続けている。それはなぜか、というあたりから入りましょうか。

今西　安丸さんの民衆史の問題についてですが、最初に提起した通俗道徳論の段階と、最近安丸さんがやってるような周縁から迫っていくやり方とかコスモロジー論とか、そういう議論を立ててやっていくあいだには、ずいぶん、安丸さん自身の変化があると思います。だけど通俗道徳論は近現代史でずっと通じる問題だということを安丸さんは一貫して主張しているんですが、私は、そういった周縁論とかコスモロジー論と通俗道徳論と本当に安丸さんのなかで両方が接合できるのかどうかというのは疑問があります。

安丸さんは近代の民衆的主体ということを言っているわけで、その点で大門さんは共感を持っていると思いますが、そういう民衆的な主体については、むしろ西川さんのほうから安丸さんに対する考え方を少し出してもらったほうがいいのではないかと思います。

西川　安丸さんとは同じ世代です。ただぼくは休学したりして三年遅れているので、学生時代から安丸さんは何年か先輩みたいに見てました。安丸さんの論文は初期からほとんど読んでいました。ひろたまさきさんとは下宿も近くて、彼は仏文の授業にもよく出ていたから会ってしゃべることも多く、ひろたさんを通じて安丸さんの話はよく聞いたけど、安丸さんに直接会って話す機会はほとんどなかったと思います。『出口なお』★39が出たときにはすごいなとひたすら感心していました。大学に入ってからのことは安丸さんも書いているしある程度わかるけれど、その前に何かあるのではないか。ぼくとは感性も違うし、何かわからないところがあるわけです。そこに何があるのかという疑問がひとつあります。

それから民衆とか主体というときに、ぼくは、どうしても戦争中の国民や民衆を考えてしまう。民衆はいかに恐ろしいものになりうるか。その辺の認識が安丸さんとは、同じ年だけど、ずいぶん違うような気がします。ぼくから見ると安丸さんには、自分の体験としての戦争の問題が落ちてるような気がします。その辺をどう考えたらいいのか、教えていただけるとありがたいです。

牧原　基本的な問題ですね。

安田(常)　ちょっと用事で遅れて、報告の初めのほうを伺ってないのですが、関連して。民衆史といってもさまざまな民衆史があります。おそらく民衆のとらえ方が違っていると思うんですね。そのとき重要なのは、民衆像をつくり上げていく場合の、大門さんの言葉でいえば、研究主体の経験のレベルがあります。色川さんのいう民衆と鹿野さんのいう民衆、安丸さんのいう民衆はそれぞれ違いますよね。これはいま西川さんがいわれた安丸さん自身の民衆像が経験のなかで結晶していく根元が、いったいどこにあるのかという問題でしょう。そういう民衆史をとらえる場合の根元にある民衆イメージはなにか、という点が大事だと感じます。

牧原　三人の違いをちょっと説明していただけますか。

安田(常)　研究の背景ということは私もよくわからないのですが、西川さんが言われた戦争とのかかわりはおくとして、色川さんの場合は学徒出陣、戦後の左翼運動、あるいは演劇運動、共産党五〇年問題にもからむ山村工作隊、さらに六〇年安保とか、やはり運動する民衆というイメージ、積

★39　安丸良夫、朝日新聞社、一九七七年。

極的に前に出ていく民衆像という感じでしょうか。安丸さんは、まったくの推測になりますが、たとえば富山の篤実な規範的な生活者というイメージでしょうか、中野重治の『村の家』★40の孫蔵みたいな？　同時に大本教に強い関心をもたれるように、民衆というのは同時に生活からの「飛躍」というか「超越」の要素を潜在させていると考えておられるような気がします。

牧原　鹿野さんについては？

安田（常）　鹿野さんについてもわからないのですが、初期にはいわば「近代市民社会」を構成する「近代人」を基準に民衆を考えておられていたように見えるんです。初期の『明治の思想』★41という小さな本はけっこう好きなのですが。そしておそらく一九七〇年前後ぐらいから民衆像も変化し、さまざまな要素を複合的にあわせもつ存在に焦点があてられてくる。女性★42や沖縄★43にも焦点があてられ、ここからまさに両義性としての民衆像が展開されてくると思います。ただ鹿野さんの場合は、民衆的な土着のどろどろした世界や革命やファシズムの「狂気」には触れていかず、いわば中間領域で迷いながら自立しようとする民衆に関心があるのではないかと推測しています。

　ついでに戦後思想に関連していえば、私が六〇年代以降、非常に大きな影響をうけた思想家でいえば、鶴見俊輔と吉本隆明の二人です。今のところまだよく見えないのですが、民衆史研究はこの二人の発想からいろんな影響を受けていると思うんですね。安丸さんのなかにも、とくに吉本さんの影響があるように思います。鶴見さんと吉本さんの民衆像は、ともに戦争体験のなかから紡ぎだされる。たとえば二人の対談のなかで鮮明に描かれているのですが、範疇的に大衆概念を立てる吉本さんに対し鶴見さんは、「私は範疇的には定立しないわけです。範疇的に定立する場合でも、それは仮のこととして、それと実証的データを参照できるようにして範疇を組みかえることができるようにします」と方法的な違いをのべています。★44こうしてつくられる鶴見さんの民衆像は、軍隊で

★40　一九三五年作。現在、中野重治『村の家・おじいさんの話・歌のわかれ』（講談社学芸文庫、一九九七年）で読むことができる。

★41　鹿野政直『明治の思想』（筑摩書房、一九六五年）。

★42　近代女性史研究会編『女たちの近代』（柏書房、一九七八年）、鹿野政直『婦人・女性・おんな』（岩波新書、一九八七年）、など。

★43　鹿野政直『戦後沖縄の思想像』（朝日新聞社、一九八七年）、同『沖縄の淵　伊波普猷とその時代』（岩波書店、一九九三年）。

★44　象徴的には、鶴見俊輔・吉本隆明「対談　どこに思想の根拠をおくか」（『展望』一九六七年四月号）、鶴見俊輔・吉本隆明「対談　思想の流儀と原則」（『展望』一九七五年八月号）。

も変に無精ひげなんかポヤッとはやしていて、ぶつぶついいながら半身の姿勢で戦争に協力しているような大衆像でしょう。逸脱する民衆像。それに対して、吉本さんの大衆像はいわば突っ込んでいく大衆像ですね。赤紙がくれば、知識人みたいにぶつぶつ言わずに、国家の命ずるまま戦争にいき、場合によっては虐殺もする。戦後になれば労働運動に突っ込んでいく大衆ですね。それは、西川さんの言われた非国民を包囲して痛めつける民衆ということにもなります。この両面の民衆像は、民衆史研究のなかでどのように継承されているのか、私にはずっと関心のある点でもあります。

今西　鶴見さんや吉本さんの仕事は、色川さんや安丸さんたちが出てくるうえには、非常に基礎的だと思います。色川さんや安丸さんははっきり書いてないけれど、安丸さんは、鶴見さんたちの『思想の科学』グループの仕事とか、吉本隆明からはすごい影響を受けていると思います。

最初の話に戻しますと、鹿野さんの『資本主義形成期の秩序意識』★45を最初に読んだとき、私はあまりおもしろくなかったんです。あまりにも社会経済史に規定されているということ、それから人びとが解放されたり前進するという側面だけが描かれている。そういう人たちが安丸さんの言うように次にどうとらえられるかという問題が描かれていない。非常に単線的で発展的だというイメージが強かったんです。だから、私はあの本に、それなりに影響を受けたところはありますが、あまり評価していなかったんです。ただ鹿野さんの沖縄論とか、最近のいろいろな著書を読むと、だいぶ変わってきているというか、国民国家論とマイノリティのとらえ方だったら、私の言ってることとあまり変わらないのではないかと思うぐらい、マイノリティの問題を強調しだして、議論を展開するようになってきているわけです。鹿野さん自身も沖縄問題を通して、ずいぶん最近変化しているのではないかと思うのがひとつです。

色川民衆史は安田さんの言うように元気な民衆史、非常に運動論的な民衆史、そういうことを目

★45　鹿野政直、筑摩書房、一九六九年。

的とした民衆史という性格が強くて、民衆の持っていた弱点とか、民衆のなかの差別の問題とか、のちに差別の問題は水俣でおやりになってますが、そういうことを自分の課題の中心に据えないやり方で、これもひとつの民衆史の問題点だと思います。

それと安丸さんが言うのは、社会史を通して民衆史のあり方が大分変わってきた、社会史的な民衆史として、周辺とかマイノリティの側から見ていくことの重要性を言わないといけないというふうになってきて、安丸さんもその辺をかなり意識して、マイノリティの歴史に興味を持って書いている面があります。また歴史学の世界のなかで、鶴見・吉本はあまり評価していないけれども、一般的な思想史のレベルとか戦後思想のなかでは鶴見・吉本の役割は大きいのではないですか。

西川 とくにぼくらの世代には大きいでしょうね。

今西 戦後思想史のなかでは、安丸さんはむしろ吉本隆明に近いと思われては困ると思って、百姓一揆をやったのではないかと思うぐらい、吉本さんの影響はかなり強く受けたと思います。

高木 安丸さんの民衆思想史について、北大の教養部の授業で、テキストはいつも色川さん、安丸さん、鹿野さんを使ってたんです。★46 いずれも歴史叙述が魅力的です。そのときに色川さんについては、どこが民衆史なのか、よく議論になりました。色川さんが分析されるのは、基本的に豪農です。安丸さんはお筆先の先につながっている膨大な下層民衆の思いの解明をめざしている。文字を書けない人たちも共有するような民衆の世界を描く、ほかの人類学などの方法論とも重なるところがある。鹿野さんについては、下層民衆とも共振する「思想」が分析されている。

今西 安丸さんは、鶴見さんとの対談のなかで『思想の科学』から非常に影響を受けたということと、自分が宗教史をやったことが近代に対するひとつの懐疑というか、近代批判を早く芽生えさせる原因になったと言ってます。★47 安丸さんにとっては、宗教史は非常に大きな位置を占めていると思

★46 色川大吉『明治精神史』上・下（講談社学術文庫、一九七六年、初版一九六四年）。同『明治の文化』（同時代ライブラリー、岩波書店、一九九七年、初版一九七〇年）。同『自由民権』（岩波新書、一九八一年）、安丸良夫『神々の明治維新』（岩波新書、一九七九年）、鹿野政直『近代日本の民間学』（岩波新書、一九八三年）など。

★47 「民衆の姿と思想」（鶴見俊輔座談『近代とは何だろうか』晶文社、一九九六年）。

います。

通俗道徳と自己陶冶

牧原　いわば「要求する主体」としての自己確立に価値をおくか、「逃げる」とか「逸脱する」主体に意味を見出すか、その際に、主体化の両義性に着目するか否か、というあたりですね。鹿野さんは基本的に知識人というか、小学校の教師も含めた地域のインテリ層に焦点をあてている気がします。色川さんの豪農や鹿野さんの知識人は、いわば主体という言葉がぴったりするような存在ですが、両義性はあまり強調されない。安丸さんはそこが違う。安丸民衆史において一番輝かしいのは近世後期や幕末期の民衆で、その先に通俗道徳を基盤とした近代的主体の形成が論じられるわけですが、近代の民衆には輝きがない。資本主義的な上昇志向や欲望ナショナリズムにとらわれていく面が強調される。大門さんのいう「近代批判」は、たぶんそういう近代民衆像と結びつく。

そのとき問題になるのは、やはり『出口なお』です。通俗道徳をテコとした主体の形成として民衆宗教を論じていいのか、これがひとつの論点ではないでしょうか。出口なお本人は、たしかに通俗道徳を徹底的に実践し挫折し、それをばねに新たな世界観を獲得した。でも、そこに集まってくる信者の意識形成のプロセス、教団への期待のかけ方は少し違うのではないか。とくに教祖が死んで教団が制度化されていくうちに、近代社会のなかでの通俗道徳の実践として教えが説かれ、天皇制や戦争を積極的に受け入れていくことになるのではないか。ただ、民衆宗教は通俗道徳とイコールではない。それがコスモロジーという視座で、安丸さんがアウトローに関心を示すこともたぶんこの流れで、そこで鶴見さんにもつながってくる。通俗道徳と逸脱の媒介環としてのコスモロジー論。そんな印象をもちました。

今西　余談になりますが、アメリカへ七年前に行ったときに、安丸さんの『日本の近代化と民衆思想』をコロンビア大学の人たちが訳してました。私はその人たちに、どうせなら『出口なお』も一緒に訳したらどうだという話をしたら、当時、皆、フーコーの影響を強く受けてますから、あの本はエリクソンのアイデンティティ理論を前提にしているが、アイデンティティ理論はもはや成り立たないだろう、だから『出口なお』を訳す必要はない、とアメリカの大学院生たちは言ってたわけです。また、ひろたまさきさんの福沢諭吉論もエリクソンの影響が強くて、訳す必要がないと言うわけです。西川さんが言ったように、近年では、近代的主体はひとつの幻想であるという考え方が強烈にあります。だから、安丸さんの『出口なお』を、私はそういうのを越えて、名著だから翻訳したらいいではないかと言ってるんですが、アメリカの人たちは翻訳に反対していたわけです。

たしかに、牧原さんがきれいに整理してくれたように、私も疑問があります。安丸さんの主体論と、社会的逸脱層を問題にしてコスモロジー論を立てる議論とのあいだに、本当に連続性があるのか。安丸さんはあると言う。宗教者はたしかにそうだと思います。出口なおにせよ、強烈な貧困のなかであえいで、勤勉な通俗道徳の実践者としています。通俗道徳の実践による社会的成功がどうしても実現できなかったときに、宗教的な預言者というか、教祖たちが立ち上がるわけです。そういう意味ではそうだけれども、そこに集まってくる人たちが、牧原さんの言う社会的逸脱層だけなのかというと問題だと思います。それはかなり通俗道徳の実践者たちも含めて形成されてくると思います。

ただ、安丸さんが民衆世界のコスモロジーを問題にするのには、丸山真男批判がもうひとつあるわけです。丸山さんは、民衆世界やコスモロジーみたいなことを問題にしないわけです。そこでは統合論が非常に強くて、民衆世界のもっている独自のコスモロジー性は、丸山さんは民衆の世界みたいなことを言うけれども、本当は問題にしていない。丸山政治学では欠落している問題だという批判を含んでいると思います。

安丸さんの議論が、近代的な主体を本当に立ち上げているのかということは、安丸さんの本が出たときから批判があって、安丸さんにとって近代はどんどん民衆がとらえられていく過程であって、本質的には近代的な主体は問題にしていないのではないか、という批判があったところです。

牧原 そうですね。通俗道徳を近代にもちこむと近代主義的な自己陶冶論になりやすい。近代家族が崩壊していくのは困ったことだ、という最近の安丸さんの発言★48の根もこのあたりにあるのかな。

今西 活字化すると安丸さんに怒られると思いますが、安丸さんは現代のフェミニズムを語らないほうがいい、というのが前からの意見です。安丸さんのいいところは、農村出身の非常に素朴な育ちで、都会へ出てきて、いろいろな社会思想に接したり運動に接したりして、そういうところで社会運動の持っていた非常識な発言とか、ここはどうも常識では考えられないというところに、非常に素朴に疑問を立てるというのが安丸さんの強みでもあると思います。

牧原 なるほど。

今西 ただ女性問題になると、主婦も自分も不払い労働だという発言が突然出てくるわけで、これはフェミニズムから袋叩きにあうんじゃないかと思うんですけど、そういう「普通のおじさん」になってしまうところがあります。現代を家庭の崩壊期ととらえたり。牧原さんの言うように、安丸さんのフェミニズム論には問題があるのではないかと思っています。

牧原 大門さんが指摘したように、安丸さんは基本的には社会構成体論の枠組み、あるいは戦後歴史学の枠組みのなかで議論している。ただ、研究者の側から何かを注ぎ込んで民衆を立ち上げるというよりは、現実との葛藤のなかで生じてくる民衆の願望をいかに受けとめるかという発想が基本

★48

★3参照。

にある。だから民衆宗教のなかに、ある種の解放願望を読みとることも可能になった。主体という言葉は出てくるけれども、人びとの内面に即して具体的に展開されるから、今でも生命力をもっているのだと思います。

今西　生活者ですね。彼が描こうとしているのは。

牧原　同時に、欲望ナショナリズムへ、という側面もちゃんと見ていますしね。

西川　そのとおりだと思うけれども、『日本の近代化と民衆思想』の冒頭のエピグラフに引かれているのは、サルトルの『知識人の擁護』からの一節でしょう。それをどう考えたらいいか、読み返してびっくりしたんです。どう考えたらよいのか皆さんにお聞きしたいと思って。

今西　色川さんにせよ安丸さんにせよ、鹿野さんまで入れていいのかどうか、最近の鹿野さんは少し変わってきてるので、安丸さんも大きく変化してきてると思いますが、民衆史で私が前から疑問に思っているのは、差別の問題、性の問題を回避する、それからきわめて一国史的で、アジアの問題、そういうものをほとんどとりあげない。それは安丸さんも色川さんも非常に苦労していて、色川さんも水俣の問題をやったり、安丸さんも「従軍慰安婦」をやったりして、自分たちの民衆史のある側面を反省されていると思います。

西川さんが言われた民衆という怪物を積極性の面でとらえていくという、主体の立ち上げとか民衆運動の担い手という形でとらえていく見方と、民衆のなかの強烈な民衆どうしの差別、そういう問題を真っ正面から据えないのはどうしてなのかということについて、安丸さんとはまだまともに議論したことはないんです。そういう疑問は素朴な疑問として前からあります。安丸さんという人は慎重で、自分の学問の領域をある限定をつけてやっているように思います。

だから私の民衆史は、思い切りそれと正反対の周辺から描いてみたらどうかということを言ってるわけです。民衆美化とは言いませんけど、そういう流れが戦後の民衆史では問題としてもっていないか、という疑問がずっとあります。

牧原　周辺とかフェミニズムに早くから関心を示しているのは鹿野さんですね。

今西　沖縄とか女性史を早くから問題にされたわけで、ものすごい勉強家だと思います。鹿野さんという人は、いろいろな本をいち早く読んでいます。すごい読書人で、それは感心します。新しい研究に取り組もうという意欲もすごいですね。

秩序形成と民衆的主体

牧原　今までの議論で、浩さんはどうですか。

安田(浩)　研究史、あるいは色川、安丸、鹿野のとらえ方についてはぼくもだいたい、出てきたようなことなのかと思います。ただ今、議論されているのは民衆史をめぐる問題ですが、民衆的主体をどうとらえるかという問題として議論するのか、それとも民衆的主体ということを措定すること自身が問題だという議論をやっているのか、そこのところがよくわからない。

牧原　両方にからませて……。

安田(浩)　いったいどっちを議論しているのかということを明確にしてくれないと、非常に発言しにくい感じです。

牧原　「民衆的な主体」を立ち上げられるかどうかは、最後にしようと思います。ただ、これまでの研究史のなかでどうだったかを確認しながら、議論したかったのですが。

安田(浩)　まず民衆的主体はいったいどういうふうにとらえるべきか、あるいはとらえてきたのかを検討しようということですね。それでいくと、安丸さんのこれまで書かれたものだと、ぼくのほうがなかなか腑に落ちない点は、周辺論とかコスモロジー論は、なんとなく言ってることはわかるけれども、意味が了解されたという感じには、ぼくはいつもならない。

牧原　浩さんが了解できない、納得できない、ということ？

安田（浩）　そう、了解できない。納得できないというよりも……。

牧原　共感できない？

安田（浩）　というよりも、なぜそういうことを歴史の叙述として書いたのか、その意味がうまく了解し切れない感じがいつもあります。つまり安丸さんの場合、通俗道徳論と民衆宗教論、出口なおが果たしてうまくつながるのかどうか、ぼくも疑問だけれども、安丸さんのなかではつながっていると思うのは、通俗道徳を立ち上げるときに自分を権威化・主体化する、これ抜きには民衆のなかに自己規範は成立しなかったという理解があるわけでしょう。その部分でおそらく宗教者、開祖の問題ともつながってくるということだろうと思います。

　ぼくが、民衆宗教をあまりわからないというのは、素朴な合理主義者だからわからないのだろうと言われそうな気もするけれど（笑）、人間の精神領域でそういうものがあるのはわかる、そういうものもあるということを了解しろという意味で教えられるのはわかるけれども、それを展開していくことが全体として歴史の時間軸の展開をどういうふうに説明することになるのか、よくわからないというのが率直な感じです。

　つまり通俗道徳論での一揆論とか世直し論は、一種のオージー論、つまり、宗教的・祝祭的な無秩序、お祭り騒ぎの狂乱、の意義づけの議論だろうと思います。社会の秩序が非常に行き詰まって、煮詰まったところで、それを新しく再生させるエネルギーとして、ああいうものが働くのは、非常によくわかるけれども、ぼくにわからないのは、これは歴史の秩序の展開のまさに洗い直しの問題であって、そういう話としてならわかるけれども、民衆的な主体が継続的な何かをつくってくることになるのか。

牧原 新たな秩序の形成につながらない。

安田（浩） つながらないというか、解体のための力ということが基本であって、直接的にそのなかから次の秩序が出てくるわけではないだろう。その辺のことがあるから、通俗道徳論に周辺論とかコスモロジー論も含めて民衆思想史だと言われると、わかったようでわからなくなるというのが率直な感じです。

いま、出てきた議論のところで言うと、主体化をいったい、どういう意味でとらえてるかということにかかわってくる。皆さんも、その辺のことをどういうふうに押さえられているか、聞きたいところです。

大門 ぼくもじつは、コスモロジーや周縁で安丸さんをとらえるというよりはどうしても通俗道徳でとらえるところがあります。周縁に向かうというのはわかるんだけれども、という気持ちがあります。さっき牧原さんが言われた整理で、そこに戻ると、一冊目の『日本の近代化と民衆思想』はたしかに近代の最初のあたりで話が大きく盛り上がり、そこでクライマックスがきて、近代に入ると真っ暗な時代がくる。叙述もそうなっているわけです。世直しと一揆で最後の幕をつくるという感じです。

近代に対して、安丸さんは根本的な批判というか、そういうものを持っていたと思います。だけどそこでの通俗道徳的実践を描き出す方法は、時代は近世だけど、非常に相互矛盾的、相互規定的というか、人びとは領主や時代に強く規定されながら、そこにとどまらずに展開していく。安丸さんは近代に入ると、天皇制やナショナリズムが大きく時代を規定すると言っているが、民衆が一方的に規定されるのでは必ずしもない。相互規定的な運動の仕方、実践の仕方（運動は広い意味での運動です）、それを近代化のなかに位置づけようという思考方法がある。安丸さんには近代の根本的な批判と同時に、民衆のかかえこむ矛盾を動態的に把握しようとする方法がある。むしろそこにぼくは着目したいと思うのです。近代に入ると、それはなくなっていくと描かれているようでもあり、そこから先は、牧原さんの言われた人びとの陶冶の問題にもなっていくし、あるいは最近のインタビューで述べているような家族の崩壊への過度の危機意識にもなっていくのだけれども、近代の民衆の実践をすべて一義的に描いているわけではないとぼくはとらえています。民衆自身がどのぐらい自己認識しているかどうかはともかくとして、不断に実践していく行為そのもののなかに近代であったとしてもつかみ切れないものがあるといったらいいのか。安丸民衆史には人びとの主体化をめぐる矛盾的把握が含まれていると思います。たしかに安田さんが言われるように、オージーという言葉は安丸さんが使っているし、オージー的な状況のなかであの本がクライマックスを迎えるけれども、実践様式をとらえる方法には近代にも援用できるというか、近代以降の民衆を考えるうえでもヒントになるようなものがあるとぼくは思ってます。

牧原　たしかに、自立しようとすれば自律するしかない。自己陶冶論はそうした矛盾から生まれる。そこからの逸脱という形をとるにしても、主体たろうとすれば、そこにしか依拠できないのが近代だろうと私も思います。この点では、大門さんとそれほど違わないつもりです。ただ、安丸さんの民衆運動論は、基本的に小生産者イメージではないでしょうか。労働者であっても自立できる生活者です。浩さんが一番不満なのは、そういう小生産者的な民衆の自立性は、新しいものをつくるわけではない、ということではないですか。

大門　牧原さんの言い方ですね。

牧原　そうですね（笑）。浩さんは、基本的には新しい秩序展開の担い手として民衆を考えているでしょ？　その場合、「民衆運動」には、労働運動、社会主義運動あるいは自由民権運動などが含まれる。むしろ、そういう明確な理念を掲げた運動こそが民衆運動だと。これは中村政則さんも同じです。

そういう「民衆」イメージとは逆に、明確な理念とか進歩の担い手ではないようなものとして、民衆をとらえていく視点が、たぶんある。民衆運動史に関して、どうしてもすれ違う論点のひとつがこれですね。それは歴史の進歩や発展段階を大きな準拠枠として使うかどうか、ともかかわっている。

今西　安丸さんの研究でわれわれが一番ショックを受けたのは、六〇年代の終わりですから、世の中が変わるとか、革命が起こるのではないかという幻想を持っていた時代に、安丸さんの場合は変革主体としての民衆に対してかなり厳しい評価を与えているわけです。民衆が革命の主体となったり、民衆が本当に世の中を変えるのかという疑問があった。安丸さんは最初は変革の民衆主体に一定の評価を与えていたと思いますが、社会主義体制の崩壊以降はかなり厳しくなっていってると思います。

その変革主体としての民衆に対してひとつ大きな疑問があるわけです。世の中を変えたり、社会を変えていくのが民衆だという言い方が本当にできるのかということをもう一回、洗い直さなければいけないと言ってる。社会体制の変革がどうして生まれるのか。ウォーラステイン[★49]は、近代の民衆革命というものは実際に起こったことはないと言い切るわけです。そういうところで、安丸さんは民衆史と言ってるけれども、民衆に対するかなり厳しい見方、冷めた見方も前提としてもっていると思います。

★49　イマニュエル・ウォーラステイン『史的システムとしての資本主義』（川北稔訳、岩波書店、一九八五年、新版一九九七年）。

安田浩さんの歴史学は私の歴史学とは大分違う。コスモロジカルな民衆とか、周縁にいる者とか、歴史の進歩とか社会の進歩と違う世界に住んでいる民衆とか、そういう民衆の生活をとりあげてきたのが社会史です。そういうやり方を社会史の方法論として出してきているわけであって、歴史のなかの民衆というもののとらえ方を根本的に考え直す時期に来ているのではないかと思っているほうです。

大門　さっき高木さんから、安丸さんが一九九〇年代になってから文化人類学などと重なり合うという指摘がありました。たしかに『出口なお』の仕事を見ると、想定しているのは文字を書かないような人です。高木さんの言い方を聞いていて、ぼくなんか文字を書く人ばかりを題材というか、資料を使って、結局、民衆を考えるときに文字を媒介にして考えている。そこが大きな違いだと思いました。そのことと牧原さんが今、整理された安丸さんの民衆と、安田浩さんが言われたのとは違うといったときに、そういう整理もできると思うけれども、もう一方で、さっき安田さんが主体を考えることができるのかという議論をされていて、そこに行き着くとぼくは思いました。西川さんにはとんでもないと言われるかもしれないけれども、ぼくは近代を通して主体を考えたいと思っているところがある。すると主体のなかのなんらかの自己規律とか、自己陶冶とか、そこと触れあうような形でしか主体化とか主体を考えられないと思います。

その限りで言うと、安丸さんの通俗道徳論的な民衆と、そうではない民衆とのあいだに決定的な差が出てくるのだろうか。文字を書く民衆は、たしかにより意識的である、あるいはもう少し上の階層、知識人は意識的だよね。だけど安丸さんが通俗道徳的な実践のなかで描いたのは、仮に意識的ではないにしても、通俗道徳的な実践のなかに主体化の契機があって、安丸さんはそのことを通じて近代のなかに大きくとらえこまれると言うけれども、そこからはみ出すような論理を通俗道徳的な実践のなかで説明をしている。主体化の契機ということだよね。ぼくはどこかで安丸さんの考え方を、文字を書く人に即して援用しているところがあると思います。そうすると、ぼくの援用の仕方はミスリーディングなのか、拡張解釈か。主体化を最終的に評価する契機は何なのか。

民衆の序列化

高木　ちょっとずれるかもしれませんが、大門さんがおっしゃったことのなかで考えたいのは、たとえば報徳主義とか、学校教育とかを、近代における一元的な統合と考えるのではなくて、そのなかでとらえ返す人びとの営みの評価についてです。最近の靖国などの慰霊や兵士の問題に接して思うのは、人の営みや、大門さんの言葉でいえば経験、あるいは人の死といったものを、もう少し一人ひとり同じ価値を持つものとして考えてもいいのでは、ということです。従来の国家の統合論でいえば、それへの抵抗する運動や「統合される民衆」も含めて、人の営みや死を序列化してきたわけです。それぞれの時代の文脈のなかで、人びとの営みや死を序列化しない等価性の志向も必要ではないか、と最近考えています。

とくに大門さんのコメントや安丸さんの仕事に接して、人びとの営みをどういうふうに考えていくかということを見るときに、現在の研究とのかかわりで言えば、価値づけとか人の営みとか生とか死、そういうものをその時代の文脈のなかで、ある意味で経験を等価的に見ていく志向も必要ではないかということが、今日、言いたかったことです。

安田（浩）　序列化しないという意味が問題になってくると思います。個別の歴史上でも現在でも、生きている人間、人のそれぞれ個別の人間のそれぞれの営みがそれなりに価値を持ったものだと言うことはできるけれども、歴史家がそれをなんらかの形で叙述したときには、じつは序列化してるのではないか。

牧原　認識と評価の問題ですね。

安田（浩）　どういうふうに描くかというときに、なにを中心にして、どれが細部でという形での序列化をしなければ、他人に対してなにかを語ることができなくなるわけでしょう。そういう意味では、歴史家の営みは非常に権力的なものだと思います。あるいは知識人の営みは、必ず序列化している権力的なものだと思います。それを反省しろというのはいいけれども、反省することの意味が問題で、常識的に価値がないとされてきたことに対して、価値づけの序列化を見直す作業は必要だけれども、そういう作業は序列化してないことにはならないというのが、ぼくの意見です。それに対していかに自覚的であるかが問題だという意見です。

牧原　研究者が自覚的でなければならないという点は、まったく賛成です。そのうえで、安丸さん流の序列化に対して違和感がある、ということですね。

安田（浩）　違和感があるというか……。

安田（常）　お聞きしたいんですけど、安丸さんが途中で変わったというのは、いつごろからかという問題が気になっています。きょうの話でいえば、通俗道徳論からコスモロジー論への転換というのはわかるのです。牧原さんの整理だと、じつは当初から両方あって、その重点移動というか力点の転換ですね。けれども私がこだわるのはやはり『出口なお』なんです。あの下層民衆の生きる形へ密着して描かれた世界は、どういう位置づけになるのでしょうか。ぼくはいまだに一番良い本だと思っているのですが。今、議論されている序列化の問題ともからむかと思うのですが、民衆をイメージするときに真面目さやいいかげんさも全部含んで、それが進歩であるかどうかは一応括弧に入れて、固有の意味で生きている世界というものに向き合うということの意味ですね。

今西　私の『国民国家とマイノリティ』[★50]のなかで、色川さんと西川さんの論争を整理して、安丸さんはかなり影響を受けたのではないかと書いたことがありますが、そんなことはないというハガキがきて、「私は独自に社会史的な方法を考えなければいけないと思ってやったんだ」と反論されました。今度、私は「周縁民衆史の視座」[★51]という小文のなかで、安丸さんの独自性ということを強調しています。『出口なお』などが、今日的な安丸さんへの転換の非常に大きな基点になったのではないかと考えています。

安丸さんは、どの人間も、どの生き方もそれぞれに価値があり、この生き方はいい、この生き方はだめだという言い方ができないということを、思想史の方法論としても書いているわけです。そういうランク付けが、歴史家の場合は必ずあると、安丸さんは批判しています。私はそれはそうだと思いますが、ただ今まで周縁だとして扱ってきた問題が、じつはやってみると、中心部の評価を変えることがあるわけでしょう。だから、「山家《さんか》」の問題であったり、そういった近代化の過程のなかで排除されてくる人たち、それを研究することによって近代化政策、地租改正でも、それ以降の自由民権運動でも、皆そうですが、そういうものへの今までの見方はかなり一面的ではないか、その見方を変えようと思っています。だからより周縁的な問題をとりあげることによって、従来の近代史の評価、おそらく常識的とされている評価が変わってくるのではないかと思っているので、その点は私は安丸さんも同じだと思います。

だから高村直助さんでも、よくマイノリティばかりでマジョリティをやらないではないかという批判をされます[★52]。マジョリティの歴史の評価が、マイノリティの側から見ていくと非常に大きな問題を持っている。今までマジョリティを中心にやってきたわけですから、それを批判していく方法としての周縁史があってもいいのではないかというのが私の立場です。

★50　今西一、日本経済評論社、二〇〇〇年。
★51　『本郷』第三七号、吉川弘文館、二〇〇〇年。
★52　高村直助「近代史の方法」（『本郷』第二号、一九九五年）。

安田（浩）　あとでやりたい問題ですけど、近代批判と言うときに近代批判はどういうこととして考えるか。この問題が入ってきてると思います。あるいは近代の越え方はいったいどういうことなのかという問題だろうと思います。

国民国家と社会・社会史

牧原　安丸さんのどこを受けとめるか、という形で、各人の問題関心や視座がかなりはっきりしてきました。浩さんがいわれるように、これは民衆史の可能性という問題と不可分ですが、ここまでの議論では、資本主義は入ってきましたが国民国家の問題が入っていない。そこで、国家論の側から民衆の主体化という問題を議論したうえで、あらためて主体を立ち上げることの意味とか、可能性というところにいこうと思います。

大門さんはこのところ国民国家論批判を積極的に展開してこられたわけですが、今回の報告では、国民国家論への共感と違和感がトータルに出されていて、これまでの批判に力点をおいた議論とは少し印象が違いました。ただ前提として、社会史から国民国家論に、あるいは社会史と国民国家論のかかわり方をどういうふうにとらえるかということもあると思います。そのあたりを意識しながら議論していこうと思います。

西川　国民国家論は還元論的だという大門さんの批判は、正しくはないと思うけど、ある程度わかります。どうしようもなく国民化されてしまった自分を回復するためには、自分と自分を形成してきた近代や国民国家を解体し再構築しなければならないというのが国民国家論であるとすれば、その初発のどうしようもなく国民化された〈私〉という思いが欠如するとどうしても還元論的になる。もう一つ大事な点は、社会史との違いですね。きょうのお話だと、社会史は思考の始まる場所を持ってるけれども、国民国家論にはそれがないという。ぼくの考えではむしろ、逆ですね。主体が存在すると仮定しての話ですが、社会史の主体は何なんだろう。歴史的に一番葛藤する主体はむしろ国民ではないだろうか。

きょうの話を聞いていて、よその国に民衆史があるのだろうか、ということを考えました。フランスの場合、民衆はプープルで、その言葉はフランス革命のあとでロマン主義の時代に「民の声は神の声である」という形でロマン主義の非常に大きな流れになって、そういうところからミシュレは、『人民』[★54]つまり『民衆』[★53]というタイトルの本を書いて、やがて膨大な『フランス革命史』を書くわけです。フランス革命以後、主体となった民衆は国民、ネイションになる。それは割合はっきりしている。ただ、それは非常にいんちきなわけです。人権とか人間の概念という、自由主義的な、議会中心的な形で主体化された民衆というもの、そのいんちき性を考えるためにぼくはナショナルな民衆史として、ナポレオン神話のことをずうっとやってきました。

欺かれた民衆が、自分たちが主体となるようなもうひとつのネイションを求めてナポレオン崇拝が出てくる。そしてそれは一種の宗教的な形までとるわけです。しかし基本的に主体となった民衆は国民だという考えがあると思います。この場合、民衆史は国民史です。民衆史のある国とない国。民衆史が国民史になった国とならない国とがある。国民史を願望する民衆史、などと言ったら民衆史をやっている人に叱られそうですが、案外本質をついているのかもしれません。

もうひとつ、これも話は先に飛んでしまうけど、民衆という概念をつくり直して、それに期待するとすれば、それは国民が解体したあとのどういう存在が構想できるかというときに、民衆という概念が生きてくるのではないか。安丸さんの仕事のある種の魅力は、安丸さんの民衆の意味にかかわっていて、なにかよくわからない、そのわからなさに魅力を感じることがあります。

★53　ジュール・ミシュレ『民衆』(大野一道訳、みすず書房、一九七七年)。

★54　ジュール・ミシュレ『フランス革命史』(後藤達雄・後藤喜久雄共訳、日本評論社、一九五〇年)。

大門さんの国民国家論とうまくかみ合わないのは、力点をかけるところが違っているからかもしれませんね。大門さんが還元論的だと言うときは、主として国家装置のほうで国民国家論を考えているのではないでしょうか。そこで国民化の問題、それは国民がいかに恐ろしい存在になりうるかという問題意識が弱められる。

ぼくは国民国家論を言うときに強調しているのは、国民国家は戦争を生み出す装置である、戦争機械である、もうひとつは、国民国家は植民地と切り離して、存在しえない、といったこと。国民化と戦争と植民地は国民国家論のなかで非常に大きな位置を占めている。そこでもう一度、民衆の問題を考えると、植民地の問題が落ちている、戦争も落ちているということを感じます。

大門　ぼくは、今、西川さんが言われたことは西川さんの考えとして了解しているつもりですし、国民がいかに恐ろしいかというのもそのとおりだと、国民国家論のなかでいわれている大事なことだと認めたうえで、だけど、国民が解体しないと、次に民衆というか、構想できない、つまり国民国家のもとで国民として主体化されてしまう、それ自体が壊れないと、国民に代わる人びとを考える契機は出てこないとは、ぼくは考えていない。

西川　そうでなくて、そこで新たに構想されるものを民衆と呼ぶことができるかもしれないという言い方です。

牧原　事実としてではなく、構想として？

西川　つくり出されてくるものとして。民衆の定義は出されていないのだから、これはむしろ民衆史をやっている人の意を汲んだ言い方なんですが……。

今西　いくつか、西川さんの議論を研究史に引きつけると、ひとつは、フランスで民衆史はまさに国民史である。西川さんはかつて色川さんを日本のミシュレ★55だと書いています。私はあれは皮肉で

★55　一九世紀のフランスの歴史家。一七九八〜一八七四年。

はないかと思います。今までの民衆史のあり方について、もう一回、議論を求めたいところですが、きわめて国民史的な要素が強いのではないか。色川さんの場合で言えば、ナショナリズムの評価の問題を含めて、そこに国民史的な要素があったのではないでしょうか。歴史学の目標自身が国民史を書くことだということを前提としていたわけです。私はもう少し安丸さんの評価を高くしているつもりですが、そういうものを批判することも安丸さんの眼目のなかにはあったのだろうと思います。

私は色川さん段階と安丸さん段階との区別を置くほうがよいと思います。民衆史の六〇年代の最初のスタートでは、かなり国民史という性格が強かったのではないか、戦後歴史学も国民史という枠組みからなかなか抜けられないのではないかという問題があると思います。そういう批判があるので、そのあたりから議論してみたらどうかと思います。西川さんの批判に対して、歴史学は正面から答えていないと思います。

安田（浩）　基本的に戦後歴史学が国民史ではなかったかと言われれば、ぼくもそうだと思います。これは、昭和史論争[★56]を見ていると非常にはっきりします。旧版の『昭和史』[★57]は、主体は基本的に共産党です。それを批判されて、前衛党史観ではだめだと気がついて、新版を書くわけです[★58]。新版を書いたところで主体は、叙述の主語は基本的に国民になるわけです。この経過そのものにあらわれているように、戦後歴史学は、まさに国民主権をどうやって現実化するかという問題意識に支えられていた歴史学であったと言っていい。その意味では国民史であったという言い方は正しいのではないかと思います。ただ問題は、だから国民史でないものをという話になるのか、というところが論点だろうと思います。

牧原　国民史だったというあたりは共通認識にしていいですね。そのうえで、浩さんの批判が出て

★56　『昭和史』発刊をきっかけに一九五〇年代後半に行われた戦後初めての本格的な歴史論争。歴史研究者や文学評論家、児童文学家など広範な人びとが発言した。

★57　遠山茂樹・今井清一・藤原彰『昭和史』（岩波新書、一九五五年）。

★58　遠山茂樹・今井清一・藤原彰『昭和史［新版］』（岩波新書、一九五九年）。

くるわけですが、常雄さんはどういうスタンスですか。

安田（常）　英語圏ですと七〇年代の後半ぐらいから、ピープルズ・ヒストリーというタイトルがついた本が出版されますね。日本では「民衆史」と訳されていますが、そこでの内容は多くはマイノリティの歴史です。フランスとは事情が違うのかもしれませんが。それからそういった本の多くが、ある意味での社会史を意識しているのではないでしょうか。

私は歴研のシンポジウムのときにも、社会史の中間総括を、といっていたのですが、いまでも気になっているわけです。大門さんがとりあげられたのは、二宮宏之さんの社会史ですが、たとえば私なんかが七〇年代に勉強したプロセスでいえば、喜安朗さん★59の社会史や良知力さん★60の社会史などにも大きな影響を受けたわけですね。二宮さんの社会史は、近年では社会的結合論が軸になっていますが、同じ社会史でもずいぶんふり幅があるんです。でもある共通項を探すとすれば、人間のつながりかたの具体的なあり方を、それぞれの時代や地域のなかで個別に掘り下げるというスタンスだと思うんです。そう考えてくると、国民国家論のなかに社会という概念が、そもそもどういう形で登場するのだろうか。おそらく西川さんは国家という言葉でよいといわれるかも知れませんが。

西川　社会史という用語は無規定で少し乱用されすぎているのではないでしょうか。かつて「……の社会学」という本が次々と出て、そのあと「……の社会史」が流行した。かく言うぼくも共訳でジャック・ソレの『性愛の社会史』★61を出していますが、原題は「社会史」ではありません。おそらくイギリスとドイツとフランスの社会史はかなり異なっていて、イギリスでは労働者階級の生活と文化が問題とされれば、ドイツの社会史はもっと経済や下部構造にかかわっている印象をぼくは受けています。フランスの場合でもアナル派のアナルは『社会経済史年報』の略で、当然、経済史が大きな部分を占めていた。二宮さんはたいそう独創的な歴史家で、アナル派のある一部の可能性を

★59　喜安朗『革命的サンディカリズム』（河出書房新社、一九七二年）、同『パリ聖月曜日』（平凡社、一九八二年）、など。

★60　良知力『向う岸からの世界史』（未来社、一九七八年、現在、ちくま学芸文庫）、同『青きドナウの乱痴気』（平凡社、一九八五年）、など。

★61　ジャック・ソレ『性愛の社会史』（西川長夫ほか訳、人文書院、一九八五年）。

拡大して展開しており、それはそれでたいへん魅力的ですが、しかし二宮さんを通してアナル派なりフランスの社会史を想像するとかなり違うと思います。

それから社会という用語は難物で、これほど無規定でしかもわかったような気になって使われている語も少ない。社会という言葉をめぐる社会史が書けると思います。日本ではもちろん明治期の翻訳語で最初は仲間や会社と訳されたこともありました。ぼくは挑発的に、国家があるのであって社会は存在しない、といったことを口走ってひんしゅくを買ったりしているので、少し説明させていただきます。ぼくの言いたいことのひとつは、国家と社会のあいだには強い緊張をともなった複雑な関係があるにもかかわらず、社会とか市民社会という言葉が、安易に使われ、きわめてイデオロギー的な作用を果たしている。つまりそれによって逆に国家の強い圧力が隠蔽されているということです。もちろん社会の存在は否定できません。そんなことをすれば、社会科学も社会学も社会主義も社会運動も全否定になってしまう。そんなことを言う奴は許しておけない、ということになって命が危ないと思います。しかし社会科学の形成の過程をたどれば、これはウォーラステインがくり返し強調していることですが、社会科学はそれぞれ、法、政治、経済、社会、等々というように、形成された、あるいは形成されつつある国家の特定の領域を対象として成立しており、社会科学の分析の基本単位は国家である、[62] 社会科学は基本的に国民国家を維持するための学問です。

社会主義に関して言うと、社会主義の社会にはじつに多くの豊かな夢が託されていたと思います。フランスのミッテラン政権にかかわったロベール・フォセールは『社会』(*La sosiété*)と題する、じつに七巻の大著を書き上げました。これはマルクスの『資本論』に対抗する『社会論』で、社会主義の基礎というか原理論をめざしたものです。彼がこの本を書きはじめたころ、ぼくはフランスにいて数十頁ほどの概要を読んで意見を述べるように求められたことがあってとくに印象が深いの

★62 イマニュエル・ウォーラーステイン『世界経済の政治学』(田中治男ほか訳、同文舘出版、一九九一年)、二八五頁。

だけど、彼がこの大著の最終巻を書き上げるころに、ソ連邦も東欧の社会主義圏も崩壊してしまい、社会主義国はじつは国民国家の一変種にすぎなかったということが証明されてしまいました。独裁的と言わないとしても、強度の国民国家であったと思います。さきほどフランス革命によって成立した国民国家が中間集団を、したがって社会を追放したと言いましたが、同じことは社会主義国家についても言えるのだろう。結局は追放しきれなかったと思いますが、国家とはそういう性質のものであるということが言いたいわけです。

市民社会については、いまだにヘーゲルを出して市民社会が永遠の真理でもあるかのように言う人が跡を絶たないのは不思議です。しかもそれがかつてのマルクス主義者であったりする。マルクスはヘーゲルを批判し、市民社会の概念を否定して、それに代えて社会構成体、生産様式、等々の概念を持ってくることによってマルクス理論が成立したというのがぼくのマルクス理解で、それがアルチュセールの理論的探究の要点のひとつであったと思います。それに歴史的現実として市民社会は、実際は差別と搾取の抑圧的な社会であったはずです。今、市民社会論の震源地のひとつは社会主義崩壊後の東欧で、それにアメリカや日本のリベラリズムが反応しているという状況はなんとなくわかるような気がします。「民衆」と同様、つくり出される未来の市民社会に期待してもよいけれど、そうした幻想が、現在まだ強力に作用している国民国家の機能を覆い隠すようなものであってはならないと思います。いま日本の現実のどこに市民社会があるのでしょうか。みんな国民をやらされていて、市民はどこにいるのだろう。もし希望の場所があればなにか別の名で呼びたい。

牧原　さきほど、いちばん葛藤を抱え込んだのは国民ではないかとおっしゃいました。そのときの「葛藤」とは何ですか。

西川　それは大門さんの報告の「思考の始まる場所」という言葉に対して言ったわけです。人びとが持っているさまざまな願いや欲望と、国民としてやらなければならないこと、のあいだには大きな矛盾がある。国民は非常に矛盾した存在ですね。そこのところが大事なので、そこを捨象してしまうと、国民国家論の一番大事なところが消えてしまう。

大門　安田常雄さんの言われた「社会」のやりとりが印象的で、象徴的な感じがします。言葉として社会を使うかどうかはともかく、なにかの形で今言われた欲望にしても、国民国家で国民に一元化されない裂け目みたいなものが人びとの生き方のなかには残っている。ぼくは、それを社会と呼んでいいと思っていて、それが国民国家のなかにあることで初めて葛藤が生じると思います。その場合に社会を追放しようとしてもしきれないという感じがあって、追放されたと言ってしまうと、葛藤が生じる場所がどこから登場してくるんだろうか。すると国民国家が全体を一元化していくというプロセスのみが描かれるということになりはしないか。

西川　それが還元論的ということだと思いますが、国民国家の圧力は圧倒的だけれど国民国家が一元化されることはありえないと思います。国民国家自体が矛盾したものですから、矛盾をつくり出しながら、ある意味ではその矛盾によって生き長らえていくようなものであって、それ自体が一元化するということはありえないと思います。

今西　西川さんの言ってることと大門さんの言ってることはそんなに基本的に違うのか、と前から疑問があったんです。西川さんは私文化と言ってるわけで、国民国家が一元的に全土を支配することは言ってない。そういうものでおおえない世界とそこのなかに別の世界があることは、もちろん国民国家論の前提として考えられておられると思います。

　大門さんが言う小さな世界とか、支配できない世界ということは、西川さんの場合、国民国家論の前提として言っているわけです。そこにそんなに大きな差異があるとは思えない。もちろん私も市民社会という幻想を持ち出して、そこから排除された人びととかを隠蔽する議論には反対です。また市民社会が成立することによって、市民社会が国家に対する抵抗体になりうるという幻想が生まれるけれども、市民社会のなかから抑圧されてくる外国人や女性や被差別部落の人たちや、いろんなものを含んだ問題を考えなければいけないし、市民的公共性と言っている議論の虚構性を十分批判したうえで使わないとだめだと言っているわけです。

だから、国民国家論というと、地球上が全部、それによって覆われているというふうに議論すること自身が、西川さんへの批判としてはおかしいのではないかと思います。

「客分」的主体か「とらえ返し」か

大門　牧原さん、どうですか。牧原さんと西川さんの違いなど。

牧原　基本的には変わらないと思いますが、力点をどこにおくかで微妙に違うようですね。その前に、社会史と国民国家論の関係に話を少し戻しますが、社会史は脱政治、脱経済という形で日常生活の問題を描いてきて、ある種の連続説を唱えた。近世から近代にかけて日常生活は市民革命でも変わらなかった、というようにね。それに対して政治文化論が、前近代と近代を切断して、近代国家の国民になることが生活レベルでいかに大きな変容をもたらすかという視点をもちこんだ。ただ、日常生活のレベルで国民化を考えるという点では社会史を継承している、と私は受けとめています。もちろん、これはある種の構造論ですから、「大きな歴史」の再版になる危険はある。社会構成体論からの抜け出しを考えていた大門さんが反発するのはもっともです。

そのうえで、これは自説にひきつけすぎて気がひけますが、まず、国民国家と民衆の二項対立ではなくて、政府権力―政治的中間層―民衆という三極構造の総合として国民国家と考えたい。つまり、西川さんも言われるように国民国家と政府権力とはイコールでない。そして、民権運動のような「あるべき政治」の実現をめざす政治・社会運動は、主体的であろうとする政治的中間層の運動であって、民衆とのあいだには質的な断絶がある。だから、自由民権運動も民衆の運動とはみなさない。そこを切り離すことで、民衆のなかにある、理論や党派に収斂されないような願望を担保したい。むろんこれは、きわめて運動史的な構図です。同時に、国家権力を直接に握る存在がもうひとつあって、その三つ巴のなかで国民国家は機能し変化していくと、『客分と国民のあいだ』★63では考えたわけです。

安田(浩) 牧原さんの本で見たときも、言いたいこと、とらえ方はよくわかるんです。わかるんだけれども、中間層はなんで民衆じゃないの、政治に関与する形になった途端に民衆でなくなっちゃうのか。

牧原 そうです。市民運動もそうですが、民衆に向かって働きかけようとする存在を、民衆から切りはなしたときに……。

安田(浩) 初めて見えてくるものがあるのではないかというのが牧原さんの一番言いたいことだったら、ぼくもそれはわかるんだけれども、でも……。

今西 牧原さんの言っているのは、政治的な中間者になったときに、それが権力を引き込んだとき、権力の側についてしまう、変質を遂げていくということですか。

安田(浩) だけではなしに……。

牧原 両側です、つねに両側。

今西 下からの引っ張り合いもあると思いますが、上からの政治を引き込むことの怖さみたいなものがあるわけでしょう。

★63 ★14参照。

牧原　そのことの自覚が必要になってくる。それは辻元清美さんを見ればわかる（笑）。本人は民衆だと思っても議員としての彼女はやはり違う。そのことに彼女は気づいていなかった。ただ、中間層とか運動体は多様ですし、これはあくまでも論理的な見取り図です。また、民衆も国民国家という構造のなかにいる。脱国家ではない。しかも強烈な上昇志向をもち、欲望ナショナリズムとも結びついて、国家権力や中間層の呼びかけに応えてしまうことがいくらもある。にもかかわらず、定式化されたイデオロギーをそのまま体現しているわけでもない。ナチズムでもロシア革命でも、日本のいろんな運動でも、ある時期は一体に見えながら結局はそこから離れる、そういうある種の自立性ももっている。そこが生活者たる所以だ、というようなお話です。

今西　「客分」としての民衆論がずっと言われているわけだけど、民衆の変化、ときどきの時代によって、どういう条件によって民衆が行動化するのか、羊のようにおとなしくなってるときもあれば、行動に立ち上がるときもある。

牧原　もちろんそうですね。

今西　その条件ですね。

牧原　制度としては選挙の問題は大きいと思ってます。ただ、普通選挙制になっても、議員が代理人であることに変わりないから、政党とのあいだには断絶がある。そこから先は、ある種の大衆論・群衆論に接近するところがあって（でも、市民社会から大衆社会へという構図ではありません）、民衆は、異議申立て、浩さんが嫌う（笑）現状否定というかぎりではものすごいエネルギーを発揮する。そのエネルギーを引き出すことが中間層・党派の〝歴史的使命〟だけれど、それを民衆が全面的に支持してはいない。とはいえ、政府権力や中間層だけで歴史は動かない。

今西　牧原さんは民衆の主体化というのは、どう考えているのですか。

牧原　中間層とも権力とも異質だという意味では逃げる主体の要素を持ちながら、しかし、あるときは自発的に突っ込んでいく。やっぱり、オブジェクト的主体というレトリックですかね。

大門　自分が中間層にいるという矜持というのか、研究者はそういう感じから、過度な期待を、民衆に込めるわけですね。それを徹底して断ち切るという牧原さんの原体験はなにかよくわからないけれども、矜持はよくわかって、そういう意味ではつねに客分であり続けるというか、近代に入ってからも客分であり続ける、国民化しながら客分であり続ける。そこは今のを聞いててとてもよくわかったんだけど、牧原さんの議論では、ときどきの変化はあっても、今西さんが言われたような歴史的な変化という形で登場してこないんですね。

牧原　そういう形で自分の願望を民衆に仮託しているわけですが、三極構造論の核心は中間層論にあるという指摘はうれしいです。矜持というより自戒ですが。

大門　矜持の裏腹としての願望が、非常に強くある。ぼくは牧原さんのつくった民衆はとてもよくできているという気がするのですが、もうひとつ、聞いていて感じたのは、政治的な次元で生活者だけども、主体化するかしないかということが民衆を評価するときのすごく大きなポイントになっている。それは客分とか、そういう評価にもとてもよくあらわれていると思うのですが。

牧原　これはあくまでも政治意識についての議論で、日常生活や教育とかもこれで切れるかといわれれば、むろんそんなことはない。近代は基本的に政治的な世界だけれども、日常世界の広がりや民衆の願望は多様だし、二次的だというつもりもありません。

大門　牧原さんから二宮社会史に逆にもどってみて、あらためて二宮社会史を考えたい、という言い方をしてみたんです。牧原さんが言われたように、社会史がある時期、脱政治になって、そこに国民国家論が出てきたことはとてもよくわかります。だけど、九〇年代がすぎてみたときに、あらためて民衆的な日常からもう一回問題を組み立てようとするときに、ベースは政治世界だというのはよくわかるんだけれども、接続のチャンネルというか、主体化する、あるいは規定されて、なおかつとらえ返すみたいな回路は、政治世界という設定でうまく議論できるのかな。

牧原　その場合の大門さんの政治はわりと狭いと思います。

大門　今、ぼくが言った政治はね。

牧原　社会史がとりあげているような日常世界での営み、そこでの願望から組み立てていくのは大事だと思っています。

大門　規定されてとらえ返す場合に、狭い意味での政治のレベル、たとえば選挙でもいいけれども、そこで問題を立てることもできるわけです。選挙制度が普選になれば、社会的な枠組みとして大きな変化だし、それが人びとに与える影響はすごく大きいわけです。けれども、規定されてなおかつとらえ返す、そこを考えたいと思うときには、政治的な世界というのだけで議論できるのかな。

牧原　それはそうだと思います。

大門　ただ、とらえ返すという契機を牧原さんの場合は極力排除というか、そんなことはないですか。

牧原　たしかにあの本では国民化がテーマだから、そこに焦点がおかれている。ただ、国民意識は持続性をもちえない、だから政府も中間層もくり返し「国民としての自覚」を説かねばならない、とか、仁政観念やモラルエコノミー的な政治・経済観念が形を変えつつも民衆の被治者意識を支えている、とも言ったのですが、まあ、つけ足しのようでしたかね。なによりも、それじゃあ近世から近現代を通して民衆は変化しないのか、非歴史的に過ぎるといわれればそのとおりで、不十分さは認めます。民衆意識の「発達」を考える前に、ある種の歴史貫通性をみておきたいということだったのですが……。

逆に大門さんの「とらえ返し」の過程をどうとらえるかですが、『民衆の教育経験』のなかに登場する吉原幸子さんが「とらえ返し」ができたのは、単に教育を受けて日記が書けるようになったからではないですね。日記は「よい子」を内面化する作業だった、そのことに彼女が気づいたとき、日記をやめたときが、とらえ返しの時点でしょう。つまり自己認識、自己相対化がとらえ返しであって、教育をうければ主体的になれるわけでもないし、現実を批判的に見ることが「とらえ返し」でもない。国民国家論が提示したのも、まさに主体化が「とらえ込まれ」であることの自己認識でした。主体的であることの両義性を認識することが国民国家論の問題提起だったと私は思うのですが。

大門　牧原さんの言われた国民国家論の手前まではまったく異論がなくて、ぼく自身もそういうふうに表現したつもりです。書けるようになったことがすぐさまそのことによって、なにかが与えられるということではなくて、書き続けていくなかでその内面化と同時に、内面化を壊すというか、そういうものが出てくるという点で、両義的、この言葉は牧原さんがよく使っているからぼくは使わないけれども、そういう意味では事柄は相互規定的だと思います。それを長い時間のなかで考えてみようとして、「教育経験」という言葉を使ったわけです。こうした議論は国民国家論で考えてきたことだと言われましたが、でも本当にそうした議論をしてきたのでしょうか。

牧原　私はそうだったという気がします。

大門　とらえ返すという契機は、内面化のなかから出てくる、厄介なことに。内面化のなかにとらえ返す契機も含まれている形で問題を提示してみたわけです、あの本では。

牧原　たしかにそのとおりです。ただ、近代の権力は生み出す権力であると言われるように、国民国家論でいう権力は、抑圧するだけではなくて、自発性をいかに引き出すかということを基本的な課題とする権力です。そして、国民になろうとしたことのなかから、次の段階である種の現状批判の意識をもつことは当然で、その相互作用を私が具体的な形で展開してないというのは、そのとおりですが、基本的な論理構成はそれほど違わないように思います。でも、力点の置き方は明らかに違いますね。

「主体」としての民衆？

大門　国民国家論の文脈とどう重なるかという議論もあるけれど、ぼくは民衆のなかに主体化の契機があって、主体化は規定されて内面化していくとともに、その過程で内面化を壊していくそういう両方の側面を含んでいるそれを経験という言葉で表現したい。そこに民衆史を描く余地がまだ残されているのではないかと考えてます。

西川　ちょっと質問、牧原さんが言うときの主体は歴史的主体の主体ではない？　歴史を動かしていく主体？

牧原　そうではないです。

西川　大門さんの主体は、どうなんですか。

大門　歴史を動かす主体は、それがすぐさま歴史を動かすかどうかというのはいろいろあります。いろいろあるけれども、それが歴史を動かすというのは……。

西川　もちろんある一個の強力な主体があって、それがどーんと歴史を動かすようなことはありえない。歴史はそれはいろいろな細かい部分の重なり合いだと思います。しかしともかくもそれが歴史を動かしていくというか……。

安田(浩)　働きかけてるという意味ですか。そういう意味では働きかけてるという主体ではあるでしょうね。なんらかの歴史の動きを決定するような主体という意味では、ほとんど誰も使わなくなったと思います。

西川　歴史的主体という言葉にしょっちゅうお目にかかるので、そのたびに気になって質問しているのです。牧原さん、民衆の定義をちゃんとしてほしいな。と同時に民衆を持ち出すイデオロギーは何なんだということをはっきりしてほしい。

牧原　分析概念はあまり厳密に定義しないほうがいいのだ、とか言って逃げているのですが★64（笑）。浩さんもいうように、かつてのような意味での歴史を決定する主体ではない。くり返しですが、権力や政治的中間層から「呼びかけられる」存在、object です。ただ、啓蒙され動員されるだけでなく、異議申立（object）する存在であり、現状否定というかぎりで歴史の転換を生みだすほどのエネルギーも秘めている、というところでしょうか。もちろん、単一の集合体として民衆なるものが実在していると考えてはいません。また、私も主体という言葉を政治的中間層には使いますが、あくまでも「主体化」しようとする、それゆえに主体の両義性にとらえられる存在としてです。そうした存在被拘束性を重視する点では大門さんとも対立はないのですが、ただし、というところで分かれちゃう（笑）。「民衆」を持ち出すのは、階級闘争史や人民闘争史とは逆に、権力や運動体・知識人にとっての「他者」の存在を担保したいからではないでしょうか。

今西　牧原さんの議論は、思想史で前から議論していた問題でもあります。丸山真男氏でも忠誠と反逆という言い方をしているわけです。これはもともとカール・シュミットの議論ですけど、忠誠者であるほど反逆者になるという、だから忠誠を裏切られたとき、ものすごい反逆のエネルギーみたいなものが……。

★64　牧原憲夫「覚書『客分』再考」（『九州史学』第一二九号、二〇〇一年九月）。

牧原　それは安丸さんですね。

今西　安丸さんは、それを天皇制の問題に引きつけて議論して、天皇制に対して、神道のなかで言えば神道ラディカリズムみたいなものを出口王仁三郎で出してきたり、二・二六事件の青年将校のような形で、国家に対する忠誠を誓っていれば、それを裏切られたときにものすごい大きな反逆のエネルギーになるという形での忠誠と反逆の弁証法的な関係みたいなものを説いているわけでしょう。

安田（浩）　それとはだいぶ違うんじゃない。

今西　民衆も自己規律化ということを要求されるわけで、自己規律化を要求されてきた民衆が、自己規律化を前提として、労働運動でもそうだし、水平運動でもそうだけど、初期のころのあり方はかなり自己規律的です。矯風会を形成した人たちも全部が合致するかどうかは問題があると思いますが、そういう人たちも強烈な自己規律化のなかで生まれてくるわけでしょう。

高木　国民国家論について史学史から発言をします。牧原さんが、大門さんの二宮社会史評価を受けて、日常生活における近世・近代の連続性の問題、政治文化研究における断続性の問題を指摘されました。私が歴史学の一九八〇から九〇年代の展開のなかで思うのは、明治維新史の見方が変わったということです。たとえば中村哲さんの地租改正研究のように、明治維新を講座派的に連続するものではなく、断絶するブルジョア革命的なイメージが出てきたことと、国民国家論のイメージがマッチしたのだと思います。

　そのうえで、再び一九三〇年代以来の明治維新史論争以来の断絶と連続をどう統一して考えていくかが課題と思います。基本的には、私は近代に質的に飛躍する「断絶」のイメージがあるわけですが、人びとの生活や営みは、近世・近代を連続してなされるのですから。

牧原　それはありますね。私自身の見方をいえば、「下からの革命」はなかったということ。従来の明治維新論を支えていた「ブルジョア革命」のイメージは非現実的だった。フランスでもイギリスでも、農民革命と呼ばれていたものは基本的には反封建・反資本主義で、革命派と農民・都市貧民とのあいだには質的な断絶がある。そういう意味では、明治維新＝ブルジョア革命論は従来の労農派的なブルジョア革命論ではなくて、民衆のとらえ方についての大きな転換がある。

高木　でも、私なんかのまわりの村の研究をしてる人は、民衆が反近代だとする安丸さんなどの研究に違和感をもつ人が多いです。「近代」（学校・鉄道・電燈など）を積極的に享受する地域の人びとをどう考えるのか？　安丸さんは反近代であったということからずっと研究が始まる、そのことに、地域社会の研究をやってる人は違和感が多いです。

牧原　商品経済という点では近世と近代は連続するし、上昇志向は近世にも強い。営業の自由とか私的所有権の絶対性などが公定されてしまえば、それに乗っていくしかない。ただ、近世の商品経済と近代の資本主義とは違いがあるし、その転換にあたっての軋轢を無視できるかどうかですね。

今西　ブルジョア主体の革命は実際にはないわけで、西川さんも言っているように、近代的革命とか、概念を変えたほうがいいかもしれません。しかもこの辺は意見は違ってくるから議論したらいいと思いますが、講座派的なとらえ方とか、そういうものとか大塚史学のようなものがリアリティを失ったというか、市民権を持たなくなってきてると思います。そういうのが六〇年代、七〇年代を通して、進んできているわけです。講座派や大塚史学をどの程度評価するかに、大門さんたちと私の違いがあると思います。

植民地研究と民衆史

西川　国民国家論の取り扱いで、非常に不満なのは、多くの場合、戦争と植民地の問題が落ちていることとです。休憩時間の雑談で小森陽一批判がちょっとあったけど、小森さんは「自己植民地化」[★65]という言葉を使ってましたね。あれはなかなかいいなと思いました。日本の近代化を「自己植民地化」というキーワードで読み解く。

植民地の問題を国民国家論のなかできちっと位置づけておかないと、たとえばグローバリゼーションが第二の植民地主義だというときの理論化がうまくできてないし、そこに目がいかないということが起こっていると思います。

その問題と、それからなによりもここで言うと袋叩きにあうと思うけれども、歴史という概念や歴史という作業自体が、国民国家の維持のための作業である。と同時にそれは国民国家を解体していく作業にもなりうるわけですね。そこの認識というか、理論化というのを、なんべん言っても皆さん、すっと通り抜けてまともにとりあげようとしない。

今西　ひとつは研究史の流れとして、前から思っているのは、植民地研究と日本史研究は分断しているということです。朝鮮史研究会で明らかになってきている事実が、日本史のなかにどこまで組み込まれているか、たいへん疑問があります。また日本史の研究が朝鮮史の研究にどれだけ組み込まれているかという疑問もあります。研究の分断化と言える状況に問題がある。

たとえば、日本の公娼制度、売春制度をとらえる場合でも、そういうのは植民地へまさにモジュールとして持ち込まれていることについての研究はあまりきちんとやられてない。日本史はものすごく一国史的な視野でとらえる習慣が強くて、一国史のなかで完結されてしまうところがある。三六年も支配した朝鮮との関係もちゃんと議論されないし、まして台湾は六〇年以上支配している。そういうことについてのきちんとした位置づけをやらないで、一国の資本主義が語られたり、一国

★65　小森陽一『ポストコロニアル』（岩波書店、二〇〇一年）。

の政治が語られるわけでしょう。そういうことがあたりまえになっている今までの日本史の状況は、韓国や中国側から非常に奇妙に見えてくることがあります。それを直さないといけないし、民衆史でも最低、アジア民衆史として、朝鮮や中国や台湾ぐらいの動きをとらえたほうがいいと思います。女性史では前から山崎朋子さんなど、少しはやっている人がいます。「からゆき」さんの問題とかあるわけです。

そういうことが日本史のなかに組み込まれていない状況はなぜ生まれてくるのか、たいへん問題だと思います。それは西川さんが言うように日本史の方法に根本には問題があるのではないかと思います。

牧原　たとえば、満蒙開拓団となって苛酷な体験を強いられた被差別部落の人たちが、じつは自分たちが加害者でもあったのだと気づくとか[★66]、大資本に先駆けて朝鮮にどっと出ていってあくどい稼ぎをした小商人たちの「天秤棒帝国主義」、あるいは、日本窒素肥料の朝鮮工場で植民者の恩恵に浴した水俣の下層社員や家族の姿[★67]、そういった問題を具体的に見すえた仕事が出はじめていると は思いますが……。

今西　だけど、本当にそういうことをきちんとやらなかったら、民衆史も国民史を支えてるだけのものに終わるのではないでしょうか。今までの民衆史が国民史でしかないという批判を受けても仕方がないと思います。

牧原　常雄さんは『日本ファシズムと民衆運動』[★68]で、一九二〇〜三〇年代の農民運動を分析していますが、民衆と戦争の問題はどう考えてますか。あの本を書いたときと今とでは変わったところがありますか。また、大門さんや浩さんが展開してきた統合論的アプローチに対する意見があったら聞かせてください。

★66　高橋幸春『絶望の移民史』（毎日新聞社、一九九五年）。

★67　岡本達明・松崎次夫編『聞書・水俣民衆史』五（草風館、一九九〇年）。

★68　安田常雄、れんが書房新社、一九七九年。

安田（常）　えーと、あの本に関していえば、九〇年代に入って、牧原さんの『客分と国民のあいだ』[★69]と広田照幸さんの『陸軍将校の教育社会史』[★70]に期せずして、「終章」の同じ一節が引用されていてじつはびっくりしたんです。あの本はたくさんの書評を書いてもらったのですが、右翼運動と左翼運動の両方をみて、しかも方法装置を含めて書いてくれた書評はあまりなかったんですね。私の民衆像でいえば、あの「終章」のイメージととくに変わっていません。だからあの本では左右の社会運動に加わった人びとは、民衆そのものというより、いくらか上昇した位相にある「知的大衆」と書いてあるはずです。牧原さんは運動に加わるのは民衆ではないと厳密に線を引いて、民衆運動という言葉は使われないわけですが、私はそのあいだにある通底する生活者性というものを想定して、民衆運動とも使ったりするんです。でも言葉使いは違うんですが、ある発想の同質性もあると勝手に思っているわけですね。あの本のあと、戦時下の戦争の時代をと考えていたんですが、テーマがいろいろ拡散していって、戦争については二、三のものを書いただけになっています。決して断念したわけではないんですが。その意味で、私も民衆史のはしくれとすれば、民衆史は戦争をきちんととりあげてないという批判はそのとおりだと思います。ただ戦時中の民衆史をやるとすれば、まさにここで議論になっているような両義性の問題を、細部まで実証的に踏みこんでやる必要があるわけですね。さっきの民衆像でいえば、戦争協力と逸脱との微妙な両義性を問題にすることになります。これは現在でも民衆史としての戦争を考えるときのポイントのひとつではないかと思っています。その意味でいえば、八〇年代に入ってからの「統合論」の研究潮流には、たくさんのことを教えてもらいましたが、私の問題関心とはちょっと距離があったということでしょうか。最近大門さん[★71]は『民衆の教育経験』で戦時中の吉原幸子に注目して、この両義性を追跡していますが、その書評で書いたことでいえば、「逸脱空間」という「スキマの自由」をどう分析のなかに組

★69　★14参照。

★70　広田照幸、世識書房、一九九七年。

★71　安田常雄「書評・大門正克『民衆の教育経験』」（『シリーズ　日本近代からの問い［栞］』第三号、二〇〇一年六月）。

み込めるかという点が難しいのでしょうね。

国民国家の矛盾と主体化の契機

牧原　そろそろ時間がなくなってきましたが、ここまでの議論と、民衆史には新たな秩序構想がないという批判とをつなげて、浩さん、どうですか。

安田(浩)　きょうの議論でいろいろわかったことがあります。感じたのは、最初に出た民衆という言葉を言うときに、原体験でどういうものを想定するかが非常に大きいということです。

牧原さんから、ぼくは民衆運動で考えているからとしょっちゅう言われていて、そう言われてもいいですけど。大門さんと牧原さんの違いはある意味では、牧原さんの用語を使うと、中間層が、どこからどういうふうにして出てくるのかという問題だと言い換えてもいいだろうと思います。大門さんの問題にしても。

つまり初めから、官僚と中間層と民衆がぽかっといるわけではなくて、たえず中間層なりなんなり、権力の側も民衆のなかから生み出されてくる要素があるわけだから、その問題をどう考えるかという問題だろうというのがひとつです。ぼくはそこに関心がある。

それに対して、それも重要だけれども、民衆はそうなったときにはもう民衆ではないと想定したほうがいいというのは、ある意味では定義の問題というか、イメージの問題になるというのがかなりよくわかりました。

もうひとつ、国民国家論が市民社会批判だという意味はわかりました。市民社会に依拠すれば国民国家を越えられる、こんなばかな議論はないというのはそのとおりだと思います。ただ、社会を追放したのは国民国家だと言われると、ものすごく引っかかります。

つまり国民国家は、住民のありとあらゆる領域をつかもうとするけれども、つかみ切れないということだと思います。西川さんもそういうことだと思います。そうだとすると、余りみたいな形で残っている領域、これをなんと呼ぶかは別にして、なんらかのそういう領域は残っている。そこから国民国家に対する抵抗とか批判が始まるのであって、社会を追放してしまって、全部を国家で覆われているという表現をされると非常に気になります。

西川　国民国家は理念としては社会の追放をめざしていたと思います。それがどこまで成功したかについてはさまざまな判断があるでしょう。残された部分、前近代的な部分の可能性についてはぼくも考えてみました。しかし大きな流れとしてはそこから国民国家を越えるものが出てくるとは思われない。むしろ国民化されたもののなかから、その矛盾や葛藤のなかから出てくると考えたほうがよいのではないでしょうか。

安田(浩)　国民化のされ方の、それ自身の矛盾という意味ですか。

西川　国民化自体が矛盾的な過程ですね。

安田(浩)　なにとなにの矛盾ですか。

西川　国民国家のあらゆるところで。たとえば大学は国民国家を支える制度だけれども、しかしそこから批判が出てくるというような。さっき日記の話が出たけれども、日記は壮大な国民化装置ですね。だけども日記を書いているうちに自己矛盾も含めて、さまざまな矛盾や発見があって違うところに到達するということも起こりうるわけです。国民国家のすべての部分で、すべての局面でそういうような矛盾がある。

牧原　大門さんに近いんじゃない？

今西　同じだと思います。社会から次の変革が生まれてくるとは考えないで、国民化されることによって起こってくる矛盾のなかから反逆者たちが生まれてくる。

安田(浩) だから、国民化されることの矛盾はなにとなにの矛盾ですか。

今西 なんだって矛盾じゃないですか。教育もそうだろうし、税金もそうです。

安田(浩) 教育なら教育でなにとなにの矛盾ですか。

今西 そこで民衆と政府とのあいだの矛盾が当然起こってくるでしょう。

安田(浩) そこでの民衆はなに? さっきの吉原幸子の場合だとどうですか。

今西 国民化されていく民衆その自体のなかに矛盾はあるでしょう。

安田(浩) その場合、いったいなにを契機にとらえ返しが出てくるのか。

今西 優等生であろうとするわけでしょう。そこに矛盾が出てくるでしょう。

西川 たとえば、国民は法的に全部平等で同じ権利を持っている云々という、しかし、実際は国民国家は、差別の体系をつくっているわけですから、当然そこには基本的に矛盾がある。

牧原 そういうことに気がついたところから……。

西川 それはそのなかで生活することによって、当時の軍隊に放り込まれることによって、あるいは戦争に直面することによって、無数にあるのではないですか。小学校に行っていろいろいやなことを強制されることによっても、優等生になろうとして、また、次のところで問題を抱え込む。それと同時に国民国家自体がどんどん変わっていってるわけですから、矛盾が隠されて顕在化しない幸せな期間があったとしてももう過ぎ去っていると。もちろん闘争とか社会運動とかいった契機はあるけど、もっと日常的な生活のなかにも矛盾が露呈するさまざまな小さな契機が隠されている。

安田(浩) そこの矛盾というのは、国民国家の規範のフィクション性の自覚ということでしょう。

西川 フィクション性の自覚もあるけど、実際の生活のなかに根拠を持っている。

安田（浩）　持っているけれども、その自覚はなにを自覚するのかというと、規範そのもののフィクション性が自覚されるわけでしょう。

今西　監視や規律が非常に強化されてくるわけだから、監視・規律の強化に対する抵抗は、身体的な抵抗を含めて当然起こってくるでしょう。

安田（浩）　当然起こるというのはおかしいと思う。

大門　軍隊に放り込まれると気づくのは、徹底化されるとそれに気づくということですか。

今西　忠孝思想とか、いろんなものを注入してきても、軍隊のなかの人間関係の不平等という問題はあるわけだから、それに対する怒りは当然生まれてくるでしょう。軍隊のなかで、天皇の赤子だと言われて、全然天皇の赤子となってないということを体験するわけでしょう。

安田（浩）　ぼくはそういうふうには思わないなあ。基本的に軍隊生活に違和を感じる生活体験がなければ、反発は絶対出てこないと思う。完全に軍隊に最もなじんだ存在になる。今でもアフリカで誘拐された子どもが最も冷酷な兵士になりやすいというのは、そういう問題でしょう。

今西　では、なぜ反発する人間が出てくるのですか。

安田（浩）　その反発はどこから出てくるか。

大門　吉原幸子に関して、よい子はたしかに徹底して内面化していく。書くという行為は与えられるだけではなくて、与えられることによってそれを使って内面化していく。だけどそのことは獲得することでもあるわけだよね。獲得することと内面化することが一体になっている。吉原は自らをよい子にしていってしまったわけだけど、それに気づいたときに、書くという行為は一〇〇パーセント否定されるべきものとしてあるのではなくて、その行為自体が吉原をまた変えていこうとする契機になるわけだよね。だから軍隊に放り込まれて、そこで徹底化されていやになるというのと、吉原についてなんらかの主体化の契機が出てくるとぼくが考えたのでは、少し経路が違っていて、ぼくは国民化のなかでも獲得するものがあると考えている。

牧原　主体的であるから従属的にもなったけれど、そのことの気づきも主体的でなければできない。

大門　わかります。わかるけれども……。

牧原　たんに状況の問題だけではない？

大門　厳しさで鍛えられて反発するみたいな……。

今西　バリーバールさんなんかは、内面的開化みたいなことを言いますよね。大門さんは、そういう文明化されたり規律化される可能性のほうを強調したいわけでしょう。

大門　文明化、規律化という言葉まで広げて概念化しようとはとりあえず思ってなくて、書くという行為をとりあげて言っている。

安田（常）　書くことによって私は国民化されるという……。

大門　もちろん、そうです。

牧原　そのことに気づくのも、その行為に主体的な契機があるからだ……。

大門　規律化一般がそういうとらえ返しの契機を含んでいる、というのはどうかなあ。

今西　私はそういうものも含めて規律化のなかに反逆の契機があると言っているつもりです。大門さんは私への批判を『民衆の教育経験』★72の序文で書かれていますが、私の『近代日本の差別と性文化』★73という本では、民衆の抑圧されてる側面だけになってるというけど、たしかに第Ⅰ部の記述はそこが中心になっていると思うけど、社会史の流れにせよ、今の民衆史にせよ、民衆を文明化されて抑圧される対象だけだととらえていくという単純な論理だけで考えている人は、だいぶ少なくなってきているのではないですか。そこでは支配のなかに取り込まれる原理と、そこに対する反逆

★72　★1参照。
★73　今西一、雄山閣、一九九八年。

の原理と、二つ含んでいることを考えているわけでしょう。民衆史もそこまで考えていこうとしているのではないのですか。

牧原　とすると、安丸さんですね。やっぱり安丸さんの手のひらから出られないのかな（笑）。

今西　さっき言った主体化は排除を含むという問題は、大門さん、あまり答えてないと思うので、そういう主体化の問題点はちょっと考える必要があるのではないかと思います。

安田（浩）　今西さんが言うのは、主体化すると必ず排除を含むということですか。

今西　私はそう思います。

安田（浩）　なんらかの排除？

今西　だから、被差別民が団結する場合でも、労働者結集の問題でも、その辺を考えてみる必要があるのではないかと思います。〈われわれ〉と〈彼ら〉という問題が主体化のなかには含まれます。主体化が必要ない、と言っているのではなく、〈開かれた主体〉を創ることが問題だ、と言っているのです。

安田（浩）　それはたぶんそうだろうとぼくも思うけれど、問題はだから主体化しなくてもいいという話にならないという点なんだ。

牧原　まさにここがポイントですね。浩さん、もう少し詳しくお願いします。

安田（浩）　主体化するということは、なんらかの規範、それは必ずしも単一的な体系でなくともよいのですが、規範的なものにしたがって自己を組織化、規律化するという性格がないと成り立たないものだと思います。そう考えたうえで、主体化のあり方については、個人と集団とに分けて、その構造を考える必要がある。

まず個人の主体化について、さきほども出ていた吉原幸子をとりあげると、大門さんの『民衆の教育経験』の分析・叙述について、ぼくは次のように読みました。彼女の場合はまず幼年期に、都市の「中流階級」の「よい子」として形成され、自己形成してきているわけで、自己規律化の土台はできているわけです。それが基礎になりつつ、戦時教育、学童集団疎開教育のなかで、「しっかりとした少国民」に主体化していく。戦時教育の規範を内面化しつつ、「わがまま」をいえる「よい子」を克服しようとしたということだと思います。それが敗戦とその後の「大人たちの急激な変化」を契機に、「少国民」的規範から抜け出る。続いて家庭用の演技も放棄するということで、「よい子」的規範からの決別として日記を書くこともやめる。その後の高等女学校での詩人との出会い、大学での演劇を通じて「本来の私になることができた」というのですから、外から与えられた規範なしに、自分の選択した規範に従う新たな主体化、自己解放的な主体化をできたということだと思います。ただ彼女の場合は、学童集団疎開時代の自分について再把握できるまでは、その主体化は未完了であるという思いを持ち続けたのだろうと思います。つまりなにが言いたいのかというと、個人のレベルでも主体化するには、昨日の自分を否定、排除するという契機が不可欠なのだ、その意味で主体化は排除、場合によっては自己抑圧を含むというのがぼくの理解です。しかしそのことは、主体化しなくてもいいということにはならない。むしろ個人レベルでは、多かれ少なかれなんらかの主体化が不可避になってくる。だから、どういう規範を内面化するかという規範の内容と、規範の内面化の仕方が問題なのだろうと思います。

次に集団としての主体化の問題で、今西さんが問題にしていることも、多くはこちらにかかわっているのでしょう。集団としての主体化の場合には、自己抑圧というよりも他者排除の問題が焦点になります。たとえば、労働者の集団としての主体化の場合、日本の友愛会のような自己修養型の主体化でも、主体化すれば昨日の自分たちの姿であるような存在は、社会からの「落伍者意識」をひきずる無気力・無規律な、「労働者の自覚」に欠けた存在として他者化され、批判の対象とされます。これは自己否定型の主体化が集団として実践される場合には、他者排除としてあらわれるという問題です。そこでは、自己抑圧以上に、他者への差別・抑圧が形成される大きな可能性が含まれているという新たな問題があるわけですが、だから集団としての主体化を否定する、集団としての行為・実践の意義を否定するという立場をとるのでなければ、問題の基本構造は、個人が主体化しようとするときに抱えるのと共通のものととらえてよいと思います。

もうひとつ、労働者の他者排除的な集団意識としては、イギリスの労働者階級意識の典型的な表現といわれる、Them and Us「やつらとわれわれ」のようなものがあるわけです。日本の友愛会・総同盟の運動でも、運動が急進化・戦闘化すると「貪婪あくなき資本家の」とうたわれ、「無為徒食」の資本家とひたいに汗する「われわれ労働者」が対置され、また「小市民」知識階級が他者として批判・排除されます。このような意識が、労働者の集団的な主体化にもたらす影響をどう評価するかは、難しい問題ですが、この場合に見落としてならないと思う点は、こうした分割線はまず労働者が引いたものではないということです。労働者が社会、というよりも国家的標準とされている「市民的世界」から排除されている、「市民」の側が他者として排除している、そのことの反映・反射として、こうした「やつらとわれわれ」という意識が生じるわけです。被差別部落民の場合もこの点は同じでしょう。そうした歴史的現実をふまえると、集団的な主体化が、他者排除的な性格をもって始まったからといって、すべて否定的にとらえることはできない。主体化が他者排除の性格を含んでいるからといって、もっぱら主体化のそうした問題に焦点をあてる研究には違和感があります。

要するにぼくの意見は、集団的な主体化は個人の主体化と対比すると、他者抑圧になる可能性をはらんでいるというより大きな危険性をもっているが、基本的な問題構造は個人が主体化しようとするときに抱える問題と共通である、ということです。問題はやはり、どういう規範を内面化していくのかという規範の内容と、規範の内面化の仕方、自己選択的なものであるかどうか、ということだと思うのです。

牧原　問題の所在が明確になったところで時間切れです。西川さんから、安丸さんの本の冒頭にサルトルがあるのをどう思うかという問いかけが出されて、だれも答えられなかったり（笑）、「民衆史の可能性」についても正面から議論できませんでしたが、手がかりになる論点はいろいろ出ました。それと、各人のスタンスの違いがかなりはっきりしたことが収穫でした。ということにして、きょうはおしまいにします。

討論へのコメント

長 志珠絵

研究会に出席できなかったため、コメントを申し渡された。討論はその場の議論や時間の共有によって一定の流れと言葉のニュアンスを紡ぐので、そもそも場を共有していない私がコメントすると当初から議論を「攪乱」、「拡散」するようで気がひける。が、私は「民衆史」、とくに「民衆思想史」潮流と出会うことで、歴史研究の一歩・初歩を踏み入れたという自覚がある。安田常雄氏がいわれるように、その時々の流行の理論に八〇年代に日本史学専攻の学生だった私もまた出会ったのだと思う。だが、流行とはいっても、時差による読書空間の違いは大きく、研究会の議論そのものをおもしろく読んだと同時に、討論の場で議論になっている読み方とは共感するポイントを異にしているように感じたので、敢えて違う論点を出してみようと思う。

民衆思想史からなにを学んだか? 八〇年代の読み手にとっては、影響する側とされない側といった二分法・二元論的な枠組みはそれほど魅力を持たない。とくに知識人と民衆、啓蒙される対象と被対象といった区分はリアリティを感じず、この区分への違和感は、天皇制批判としての民衆思想史という位置づけに直結するものでもなかった。民衆思想史潮流から学んだ魅力はひとつは、近代批判を模索する方法論として。進歩や発展という枠組みへの疑念はすでに漠然と広がっていて、にもかかわらず、論考として読むテキストには必ずしも共有されていなかったように思う。小谷氏の大塚史学批判[★1]のような社会科学的知への体系だった近代主義批判の方法はまだそれほど主流ではなく、対象を持った歴史家が、それぞれの場を通じた具体的な叙述と方法を同時進行させていたのではないか。民衆主体を提起する安丸氏は同時に安保批判、近代化論批判をベースにしており、近代世界では従来、評価されない対象――近世民衆の営為を従来の「方法」を切り崩す形で描いた。もっとも、では近代の民衆は？　という問いは残されたのだと今思う。近世民衆が近代を抱え込むということと、近代の民衆が近代を抱え込む、ということとは位相が違う。が、近世民衆を対象とすることで、「反近代」の持つ可能性を論じるとともに、思想を個人に換言しないという方法論が意識的に模索されていた安丸民衆史は魅力的だった。鹿野氏が、秩序意識という軸にそって、膨大な人物像を範疇分けしていく手法は興味深かったし、ひろたさんの民衆の三層構造論も新鮮に感じた。[★2]また飛鳥井氏の文学批評に出会ったのは八〇年代後半だったが、ある時代の庶民の空気をどのようにつかまえるのか、同じく問われていてその精緻なテキスト分析に魅かれた。

大門さんもいわれるように、今回の研究会の議論のなかで、安丸氏が、思想を物質的な力として論じた点が高く評価されている点は共感する。なにが支配イデオロギーかをあらかじめ決めてかかる分析ではなく、反近代を問題にしつつ安丸さんの鍵となる概念、「社会意識諸形態」という、上部構造と下部構造のいずれにもまたがり、誰もが自身で選択的に選べず、時代の制約や無意識性が横たわるという対象をつかまえようとする方法の提示、山之内靖を援用しながら、マルクス（主義）を再読し、「それぞれの社会には支配階級も民衆もみずからの意志で簡単に選ぶことのできないものの見方・考え方・意識の様式」が存在するという見通しは八〇年代後半の知の世界で議論されていく、主客二元論批判、関係性概念といった新たな認識論の地平へと読書傾向を誘ってくれた。大門さんの強調されるように、たしかに安丸史学は、全体史を志向する、という点で、戦後歴史学のすぐれた継承者であると思うが、同時に、全体史のよってたつ枠組みを揺るがす可能性・両義性も帯び、「差異の歴史学」へと思考を開くターニング・ポイントにもあったのではないか。こうした流れと陸続きで八〇年代後半には、社会史の文脈で「社会規範」というツールが盛んに用いられたように思う。[★3]「上からの統合」「下からの抵抗」といった運動論的な使い方ではなく、ハーバマスのいう相互行為・コミュニケーション行為としての社会的統合という議論とかかわって理解するうえで、民衆思想史を導きの糸としての意味は大きいように感じる。[★4]

ではあらためて今、民衆思想史といわれる潮流からなにを学ばなかったか？　今まであまり自覚的ではなかったが、敢えて批判的対象として考えた際指摘できることは、いわゆる七〇年代民衆思想史と呼称される際、これらのテキストがある程度前提としていた民衆的主体・闘う民衆像については八〇年代以後の読み手は、それほど共感を持てなかったのではないだろうか。たとえばG・ルフェーブル『革命的群衆』をベースにした民衆像は、合目的的であり、強い主体、近代的自我が前提とされ、「市民」への疑いを持たない。[★5]その意味では民衆思想潮流とは、きわめて「近代主義的」であると同時に、「われわれ」叙述も同時に前提とされている。あるいは、ある一定の目的にそって主体形成を行う集団が想定されることで、書き手の立場や判断が先行する。この点で七〇年代民衆思想史潮流は可能性としての両義性とともに、過渡的な方法論であったのだと今思う。闘う民衆像叙述について話を戻すと、とくに、色川さんの著作に濃厚にあらわれるヒロイズム、たとえば、民衆の自主性の象徴として、整然とした行進を高く評価するといったような叙述描写に対して、権力の側の身体管理には否定的でも民衆と名づければ身体管理が肯定されているようで違和感を持っていた。今日のとらえ方でいえば、近代において規律・統制のモデル・集団のモデルの多くは、軍隊文化をルーツとしており、この点についての記述・評価の無自覚性をどう批判的な言語にしていくのか、という点にかかわるのだろう。今回の討論のなかで今西さんが、運動史の文脈で、「男らしさ」の強調やその裏返しの女性蔑視といったような点を指摘されているが、そこには集団モデルとしての軍隊、軍隊組織が典型的に抱えている、セジウィックのいうような男たちの連帯のシステム化の必要性、男たちの連帯と認識論のレベルでかかわったオリエンタリズムといったような要素を今なら指摘すべきだと思う。革命と男性主体のヒロイズムということでいえば、たとえば『鋼鉄はいかに鍛えられたか』[★6]などが、読書体験としては思い浮かぶが、〝鋼鉄〟というメタファーに籠められた男性性・男性身体の表象とそれが、革命主体の形成という言い方でただちに理解されてきたこととのつながりは密接だと思う。

運動史の用語と、軍隊用語との連続性が指摘されるようになったのはごく近年のことではあるが、八〇年代の近代と民衆との関係は？　という問いかけは、集合性を問題にする仕方ではなく、評価基軸や対象を替えていった点で特徴的だったのではないか。

藤井忠俊『国防婦人会——日の丸とかっぽう着』[7]や吉見義明『草の根のファシズム』[8]といったような民衆の戦争責任論が作品をともなって院生時代に影響を受けた。安丸氏は印象でいえば八〇年代後半は、むしろ常民論・常民文化論に接近している。[9]鹿野史学は、地域女性史の進展をふまえ生活史叙述の提唱と戦争責任論を議論する。[10]だが女性史叙述では生活史と戦争責任論は深刻な亀裂を抱え、書き手の意図とは別に、読む側を困惑させる。ことに九〇年代に入って、各地で取り組まれた「戦後五〇年企画」の掘り起こしは多くは、戦時下の生活史叙述、本土体験の叙述であった。これらは日常生活の場を理不尽に脅かされた者たちのそれぞれの記憶であり、帝国への批判との距離は従来の方法、従来の歴史観を共有した聞き手と書き手の関係を通じては、容易に埋まらない。[11]

通常、民衆史の研究史整理では、八〇年代後半の展開としては、国権と民権という形での研究が提起され、鶴巻氏や牧原氏に言及がなされると思う。鶴巻氏のモラルエコノミー論や牧原氏の大阪事件研究・文明開化論は、近代を軸に民衆の主体獲得が持つ両義性を丁寧にたどった仕事であり、民衆思想史上での、「主体」をめぐるフーコー的パラダイムの導入・展開という問題をもっと検討すべきだとも思う。が、ここでは安丸思想史を論じているT・フジタニの論点提起を考えてみたい。安丸氏の『日本の近代化と民衆思想』は一九九九年に平凡社ライブラリーに入り、フジタニ氏の解説「オリエンタリズム批判としての民衆史と安丸良夫」が新たな〈読み〉を誘っている。フジタニ氏は安丸民衆思想史の、民衆主体の問題として読む・歴史の主体として民衆を回復するという試みを「日本及び日本人に関するオリエンタリズム的知の批判として理解されるべき」とした。これは民衆思想史が登場する際の研究者の側がおかれた歴史的段階を言語化した指摘であり、ここでいうオリエンタリズム批判とは、反冷戦の言説、「合衆国の政治的・文化的帝国主義に対する抵抗が歴史表象のアリーナに持ちこまれたものとして理解」する必要を提起する。私にはフジタニ氏のこの指摘は新鮮だった。安丸氏には『日本ナショナリズムの前夜』[★12]に収められたような、直接の安保体験を論じたテキストがあるが、それはむしろ、六〇年代の日本の「政治の季節」として受けとめてきたところがあって、直接「反米」が主題化されることは少なかったのではないか。フジタニ氏はこの解説で、民衆思想史が問うた「近代化論」を冷戦の言説として読むとともに、冷戦下のオリエンタリストたちが要請するある一定の指標において、動的で一貫性のある合理的な主体として日本を表象するという言説のからくりを喝破してみせている。冷戦の言説という研究者の側の発話の位置を明確にすることで、オリエンタリズム批判としての民衆史を再読しようとするフジタニの論点は非常に刺激的だ。

だが、「オリエンタリズム批判としての民衆史」という魅力的な再読はやはり「近代の民衆」の位置が意識的に問われねばならない。近代の民衆は他者を再生産させている。牧原氏の大阪事件研究[★13]は、アジア認識という課題を提起することでこの点を鮮明に描くがその一方で、民衆の両義性、国民への回路を問うた『客分と国民のあいだ』は、ジェンダー研究との関連でいえば「国民」の位置どりが見えづらい。たとえばジェンダー編で話題にのぼった平田由美『女性表現の明治史』とセットで読まなければ、「国民」=「民衆」が、「家族」の代表者であった、といったしくみとそのプロセスは、存外よくわからない。かつて出された『女たちの近代』[★14]の鹿野の解説では、近世後期、女性が教祖となるということをどう考えるのか、問題提起として自覚的になされているが、安丸の出口なお論は底辺民衆論として展開されていて、しばしば指摘される、なおの「両性具有」や家族メタファーという戦略の意味はよくわからない。オリエンタリズム批判として民衆思想史を再読する、という魅力ある提起は、主体の回復・主体の複数性という提起とともに、他者性とどう切り結ぶのか、という課題がなお残されているのではないかと思う。

「主体」をどうとらえるのか。フェミニズムの場合、なにを女性と定義するのかをめぐって多様な問題提起が行われ、竹村和子は「〈女の中の差異〉と〈女という差異〉に対する問題提起に向かった」[★15]と表現している。『ブラック・フェミニストの主張』[★16]『ジェンダー・トラブル』[★17]等々、人種・民族、セクシュアリティ論、ポストコロニアリズムの文脈など、近代的価値―西欧至上主義批判、植民地問題が浮上するなかで多様な論点が提起されつつ、英語圏での研究が進み、九〇年代後半には邦訳されるようになってきたように思う。ことに、第一波フェミニズムは、女性の歴史的主体性を政治的権利に限定して回復する運動であったから、歴史的には、第一世界大戦での女性の戦争協力によって、参政権を獲得してきたという事実は重い。婦選獲得が第二次大戦後にずれこんだ日本でも、一九三〇年代の婦人参政権運動は、国家への参加の思想・国民としての諸権利と義務の分配平等を要求する運動としてとらえられている。第一派フェミニズムは国家を相対化できず、このことはわれわれという集団を設定し、他者への排除をともなった。上野千鶴子はフェミニズムとは何か？　を「定義の政治」と名づけ、戦時下の女性運動とフェミニズムを焦点化する作業を進めている。歴史的主体性を回復する視点という点では、まさに民衆史は同じ設定のなかにある。民衆史の場合、想定されてきた時代は、民権―憲法体制期が中心だったが、民衆史の叙述のなかでは、「民衆」という全体性、とくに運動史叙述のなかでは、民衆男女――その多くは家族単位だが――は、利害を一致させている、という前提（思いこみ？）がつきまとう。「民衆世界の多様性」、「一人一人の経験に問う、主体の側から考える」という大門氏の提起・問題意識に共感を持ちつつ、近代の民衆史にはいまだ方法論としての自己言及的な問いの領域が残されているように思う。どのような形でこの問いを引き受けていくのか、ジェンダー論で大門批判から始めた私の側には重い課題が残った。

注

★1　たとえば小谷汪之『共同体と近代』(青木書店、一九八二年)、同『マルクスとアジア――アジア的生産様式論争批判』(青木書店、一九七九年)。

★2　戦後歴史学のなかで、歴史叙述としての民衆思想史を位置づけた最近の論考として、ひろたまさき「パンドラの箱――民衆思想史研究の課題」(キャロル・グラック、ひろたまさき編『歴史叙述の臨界(仮)』第一巻、所収、東京大学出版会、二〇〇三年刊行予定)。

★3　たとえば柴田三千雄ほか編『規範と統合(シリーズ世界史への問い)』(岩波書店、一九九〇年)。

★4　こうした安丸-ハーバマス理解については、立命館大学日本思想史研究会の議論や討論に多くを負っている。なお論考としては、桂島宣弘「思想史研究の視角――一つの討論」(『日本思想史研究会会報』第二号、一九八二年)参照。

★5　G・ルフェーブル、二宮宏之訳、創文社、一九八二年。

★6　オストロフスキー、横田瑞穂訳、新日本出版社、一九六六年。

★7　藤井忠俊、岩波新書、一九八五年。

★8　吉見義明、東京大学出版会、一九八七年。

★9　安丸良夫「『近代化』の思想と民俗」(『日本民俗文化体系1　風土と文化――日本列島の位相』小学館、一九八六年)。

★10　鹿野政直『婦人・女性・おんな――女性史の問い』(岩波書店、一九八九年)。

★11　女性史総合研究会編『日本女性史研究文献目録4』(東京大学出版会、二〇〇三年)。

★12　安丸良夫、朝日新聞社、一九七七年。

★13　牧原憲夫「大井憲太郎の思想構造と大阪事件の論理」(大阪事件研究会編著『大阪事件の研究』柏書房、一九八二年)。

★14　近代女性史研究会、柏書房、一九七八年。

★15　竹村和子『フェミニズム』(岩波書店、二〇〇〇年)、「文献案内」一二一頁。

★16　ベル・フックス/清水久美訳、勁草書房、一九九七年。

★17　ジュディス・バトラー/竹村和子訳、青土社、一九九九年。

3

日本型国民国家と近代天皇制

「日本型国民国家と近代天皇制」　安田　浩

1. 日本型国民国家の提起——その意義と残されている課題——

　⑴　国民国家の特徴の把握の仕方

　　①国民主権と国家主権

　　②国家統合の装置と国民統合イデオロギー

　　③国家間システムの先行性

　　④矛盾的な存在としての国民国家

　　⑤国民国家のモジュール性

　⑵　国民国家のモデル論——3つの表による分析方法の提示

　　①国民統合の前提と諸要素（経済統合・国家統合・国民統合・文化統合）

　　②国民国家の諸集団（国民と非国民）

　　③国民化（文明化）——（空間・時間・習俗・身体の国民化）

　⑶　国民国家の「日本型」の提起

　　①歴史的前提

　　②国家間システムへの参加の時点

　　③世界システム上の位置

　　④市民宗教としての近代天皇制

　⑷　意義と疑問、残された課題

　　①意義——近代批判の政治文化論のモデル＝理論の提示

　　②疑問——i）なぜ国民国家は矛盾的な存在なのか

　　　　　　ii）国民国家の変容の段階区分の必要性問題

　　③残された課題——i）国民国家論受容の問題点と国民国家の矛盾

　　　　　　　　　　ii）国民国家の日本型＝天皇制＝市民宗教論のみでよいのか

2. 国民国家論の方法的問題点（i）——主権論の位置づけ

　⑴　主権と人権についての言及のよわさ・限定性

　⑵　主権概念の問題性と分析必要性——国民国家の矛盾の二重構造

　⑶　国民国家成立の前提としての国家間システム＝西洋主権国家体系

　⑷　国民国家としての近代天皇制の特質問題——主権と人権論

3. 国民国家論の方法的問題点（ii）——「文明・文化」と国家イデオロギー

　⑴「戦後歴史学と国民国家論、その後」の「文化」と国家イデオロギー

　⑵「文明」「文化」と国家イデオロギー——「文明と文化——その起源と変容」（『国境の越え方』）・私の読み方

　⑶「国民化」＝「文明化」の両義性と天皇制——「文化としての天皇制」＝「文明」に参入する資源として「文化」を「国家的有用性」の観点から整序する装置

牧原　きょうのテーマは近代天皇制です。戦後歴史学では、天皇制を「絶対主義（的）」とみなすのが主流でした。これはいうまでもなく、戦前の三二年テーゼや講座派的な歴史観、つまり明治以後の日本は、いびつな発達を遂げた資本主義、半封建的な寄生地主制、絶対主義的な天皇制によって支えられた半封建的国家である、という「特殊な日本近代」という構図の一環でした。しかし、こうした見解は、資本主義、地主制、天皇制の順序でしだいに影をひそめ、「新しい歴史学」や国民国家論もまた、日本近代が「特殊」でないことを強調します。しかし、だからといって西洋の、というかフランスやイギリスの近代国家と日本の近代国家はまったく同じなのか、イギリスやイタリアの近代君主制と日本の近代天皇制は同質か、西川さんのいうように国民国家の「日本型」を考えるとすれば、やはり天皇制の問題を抜きにできないだろう――だいたいそういった問題関心から今回のテーマが設定されました。

報告は安田浩さん、コメントは高木博志さんで、浩さんからは次の文献が事前に配付されました。

安田浩「近代天皇制国家試論」★1
安田浩「日本におけるナショナリズムの歴史的特質」★2
安田浩「近代天皇制研究の現代的意義をめぐって」★3

では安田さん、お願いします。

★1　藤田勇編『権威的秩序と国家』（東京大学出版会、一九八七年）。
★2　『ポリティーク』第四号、二〇〇二年。
★3　『史海』第四九号、二〇〇二年。

日本型国民国家と近代天皇制

安田（浩）　「日本型国民国家と近代天皇制」というタイトルで報告をして、討論の叩き台にするということだったのですが、どう報告しようかいろいろ考えました。近代天皇制についての私の基本的なとらえ方を示した「近代天皇制研究の現代的意義をめぐって」、近年の近代天皇制研究の動向についての意見を述べた「近代天皇制国家試論」、それから近代日本のナショナリズムについての見解を述べた座談会報告「日本におけるナショナリズムの歴史的特質」、この三本の論稿をみなさんに読んでいただきました。見ていただければわかりますように、近代天皇制のとらえ方については「近代天皇制国家試論」で絶対主義説の放棄を宣言して、基本的にブルジョア国家、近代国家としてとらえる以外にないと一九八七年に表明したという形になっています。

その点からすると、つまり、西川長夫さんの日本の近代天皇制も国民国家のひとつのバリエーションとしてとらえるべきだという、この提言そのものには同意見ということになります。そのうえでどういうふうに議論しようかと考えたのですが、西川さんの国民国家論をきちんと検討したい、自分の意見をもうちょっと整理した形で提起したほうが叩き台になるだろう。それとのかかわりで近代天皇制のとらえ方にどうつなげるべきか、というすじでだいたい話をしたいと思います。

日本型国民国家という提起

皆さんはもうお読みですから全部紹介はいたしませんが、西川さんが、『幕末・明治期の国民国家形成と文化変容』[★4]の序として書かれた「日本型国民国家の形成」、これをもう一回あらためて検

★4　西川長夫、新曜社、一九九五年。

討し直すというのが基本的な趣旨です。それに西川さんの『国境の越え方』[★5]と、「帝国の形成と国民化」[★6]を補足的にみておきたい。

ここで提起された日本型国民国家という把握、その意義と残されている課題を私はどう考えているか。その二つをまず最初に話したい。西川さんは最初に、国民国家の特徴を五点にまとめているわけです。①が国民主権と国家主権の存在、②が国家統合の装置と国民統合イデオロギー、③が、世界システムあるいは国家間システムが国民国家を生み出す、前提としては国家間システムのほうが先にある。④が国民国家は本来矛盾的な存在であり、その矛盾的な性格を発展のダイナミズムとしている。⑤は国民国家というのはモジュール性を持つ、こういうふうな特徴づけをされているわけです。つまり、国民国家の一般理論として提示されている。そのうえでその国民国家はすべて共通の性格的構造を持っており、個々の国民国家はそれぞれがひとつのバリエーションにすぎないと述べられている。

したがって、日本の近代天皇制、これも国民国家のひとつのバリエーションということになるわけです。そのうえで、「国民国家の原理自体は、普遍主義、進歩主義、合理主義、資本主義、科学技術の進歩、産業化、都市化などを含む文明化であることは否定できない」と言われています。これは文化と文明にかかわる議論で、基本的には文明化、これが国民国家の原理であると指摘されているわけです。

この論文が非常に大きな影響を与えたのは、こういう形で国民国家の特徴を整理したというだけではなしに、ひとつの国民国家のモデル、分析方法の提示をされたことにあったのだろうと私は見ています。簡単に言うと、三つの表、いろいろな論文で同じ表を示されていますが、ここで三つの表を提示されたわけです。

★5　西川長夫、平凡社、一九九一年、増補版、二〇〇一年。

★6　西川長夫・渡辺公三『世紀転換期の国際秩序と国民文化の形成』（柏書房、一九九九年）。

表1　国民統合の前提と諸要素

(1)交通（コミュニケーション）網，土地制度，租税，貨幣―度量衡の統一，市場……植民地	←経済統合
(2)憲法，国民議会，（集権的）政府―地方自治体（県），裁判所，警察―刑務所，軍隊（国民軍，徴兵制）	←国家統合
(3)戸籍―家族，学校―教会（寺社），博物館，劇場，政党，新聞（ジャーナリズム）	←国民統合
(4)国民的なさまざまなシンボル，モットー，誓約，国旗，国歌，暦，国語，文学，芸術，建築，修史，地誌編纂	←文化統合
(5)市民（国民）宗教―祭典（新しい宗教の創出―ミシュレ，伝統の創出―ホブズボウム）	

表2　国民国家の諸集団

(1)生産・流通・消費―生産者／消費者，雇い主（資本家）／労働者	→国　民
(2)統治―元首，政治家，官僚，軍人，警官	
(3)イデオロギー―教育者，科学者，ジャーナリスト，芸術家，宗教家	
(4)再生産―家族（世帯）	
(5)排除―外国人，子供，女性，病人，犯罪者	→非国民

表3　国民化（文明化）

(1)空間の国民化―均質化，平準化された明るく清潔な空間／国境
中央（都市）―地方（農村）―海外（植民地）／中心と周辺，風景
(2)時間の国民化―暦（時間の再編），労働・生活のリズム／神話，歴史
(3)習俗の国民化―服装，言語，アイサツ，儀式（権威―服従）／新しい伝統
(4)身体の国民化―五感（味覚，音感，……），起居，歩行―
学校，工場，軍隊等々の生活に適応できる身体と感覚／家庭

↓

ナショナリズム
国民の誕生

出所：西川長夫『幕末・明治期の国民国家形成と文化変容』（新曜社，1995年）。

表1が「国民統合の前提と諸要素」で、経済統合・国家統合・国民統合・文化統合、この四つにかかわる諸要素という表を提示されている。それから表2が「国民国家の諸集団」という形で生産にかかわるような、あるいは統治にかかわるというような形で、その集団を分けたうえで全体としては「国民と非国民」、これに分割されるという表です。表3が、「国民化（文明化）」にかかわる表というので空間・時間・習俗・身体の国民化という、国民化のそれぞれの次元を提示した、この三つの表になっています。

あとでも触れますが、じつはこの表3が非常に参照される形になったのではないかという印象を持っていますが、この表1から表3にくることでもわかりますように、国民国家にかかわる広い領域・次元、これを全体的に提示されていたのがもともとの西川さんの理論だったと思います。ただし、最終的にそれが表3にくることでもわかるように、西川さん自身の関心はやはり国民統合・国民化ということに収斂する、そういう理論の組み立てだった。

そのうえで、国民国家の日本型ということをこの論文で提起していますが、必ずしも、日本型なることの意味が整理された形で提示されるところまではいっていない。しかしだいたい次のような形の提起がされていると思います。ひとつは、前提という問題で、「徳川期にフランスの絶対王政に近い体制が確立していて、ある種の近代性が成熟していた」との指摘。そのうえで、明治政府はある種の国民国家のモデルにきわめて優等生的に忠実であり、その結果としての国民国家の典型性と見えるものこそが、まさしく日本的特殊性をあらわしているという逆説が成り立つと書かれています。この後者の文章はわかったようでよくわからないので、あとで西川さんからその意味を答えていただきたいと思います。国民国家のある装置、これを優等生的にまねる。その意味で、その部分には国民国家の典型性というのがあらわれるけれども、ある装置はフランス、ある装置はドイツ、こういうふうな組み合わせのなかで日本的特殊性というものができてくる、そういうことを言われたのかどうかが、ここの文章だけだとよくわからないので、そこは今、私が言ったような理解でいいのかどうかを説明していただきたい。

それから、国民国家のバリエーションを決める要素として、前提の次に言われているのは国家間システムへの参加の歴史的時点という問題です。「帝国主義的に再編されつつあった世界システムへの参加」が指摘されているわけで、国家間システムへの参加の歴史的時点というのが大きく国民国家のバリエーションというのを決めていく要素になるということだと思います。「帝国の形成と国民化」では、日本的なものの創出は帝国の産物であったと言われています。これらも、結局、国家間システムへの参加の時点にかかわる問題かと考えます。

三番目に世界システム上の位置にかかわる問題があげられています。つまり、「東洋における最初の文明化された国（すなわち国民国家）として名のりを上げた日本国」とか、国民国家形成が文明開化、異文化受容という形をとらざるをえなかったという指摘があります。これらは結局、西洋以外のという問題の指摘になっているわけで、世界システムのなかでの西洋か、非西洋かという、こういう位置の問題が上がってきている。

四番目に近代天皇制、これについては直接的には岩倉使節団の問題に触れながら、結局、キリスト教との関係で、「宗教の問題は、要するに国民統合の中心がどこにあるかの問題」である、キリスト教を拒否するとすれば、それに代わるものとしては天皇制しかありえないという明確な認識、これは、帝国憲法の制定の過程において確立されていったのではないか、そういう見通しを立てられたうえで、このこと自身は「モジュールとして移植された国民国家の最大の難点の克服であり、まさしく日本型国民国家の創出〔発明〕」であったと言われています。あるいは、「帝国の形成と国民化」では、「臣民と国民の二重構造、それこそが天皇制であり、日本型国民国家の基本的な特徴の一つ」と言われています。これらは集約すると、おそらく市民宗教、あるいは国民宗教のひとつとして近代天皇制をとらえる、そこに日本型国民というのがあらわれてくる、という提起かと思います。

意義と残された課題

だいたい、そういう特徴を持った議論であるととらえたうえで、意義と疑問と残された課題を述べたい。まず意義ですが、あらためて西川さんの議論を読み返して、西川国民国家論というのは西川近代論だということがよくわかりました。ようするに、西川さんとしていったい近代という時代をどう把握するかという議論で、一七八九年以降、フランス革命以降を国民国家の時代として批判的に把握するという、これが基本的な問題意識でずっと続いている把握だということはよくわかりました。

そのうえで、西川国民国家論の意義については前に「歴研大会報告」へのコメントで三点にまとめました[★7]。まず、ゆがんだ近代、あるいは近代化の不徹底性という形でとらえられてきた問題を、近代国民統合の抑圧性の問題として設定し直したという点。それから、国家装置のモジュール性という概念、これを提示することで近代国家の比較の新しい可能性を開いたという点。それから、国民化という概念の提示によって新しい研究領域を示した。この三点が一番大きな意義ではないかというのは前にも言ったし、現在もそう考えています。

全体として、これは牧原さんが予備討論で述べた言葉だったと思いますが、西川さんの国民国家論とは何かというと、近代批判の政治文化論だといった記憶があるわけです。結局、近代批判の政

★7　安田浩「戦後歴史学の論じ方によせて」（歴史学研究会編『戦後歴史学再考』青木書店、二〇〇〇年）。

治文化論のひとつのモデル、理論を提示した。そこで、非常に大きな影響を与えたということだと考えます。

大きな影響があったわけですが、ぼくがもともと持っていたというか、まず素朴な疑問としてよくわからない点ですが、西川さんはくり返し「国民国家というのは本来矛盾的な存在である」と言われているのですが、なぜいったい国民国家というのは矛盾的な存在になるのか、この理論的な説明をちゃんとされていないのではないか、いままで書かれたものを読んでいて、こうだと明確なイメージとして読みとれたところはないのです。

事実としてこうだったという指摘しかしてないのではないか、ということが前から引っかかっているわけです。私自身も国民国家は矛盾的な存在だと思っていますが、なぜそうなのか、それをどういうふうに考えるかが重要なことだと思います。この点に関連しては最初に述べたように、文明化が国民国家の原理と言われているわけです。そうだとすると、文明化の矛盾の問題と考えていいのかどうか、こういう疑問が出てくる。

それから二番目、これは一番目とも絡んできますが、国民国家の安定や完成は原理上ありえない、こういう表現もくり返し使われています。ここも、私は前から気になっていて、国民国家の完成ということでいったいどういうことを想定されているのか、イメージがよくわからなくて、この表現が出てくるたびにひっかかるのです。

ただ、こういうふうにいわれたうえで、あるいは、これは「帝国の形成と国民化」ですが、国民国家のシステムは総力戦体制によって根本的に変化したのではなく、むしろ総力戦体制によって国民国家の本来の特徴がより明確にされたと考えたいと、これは山之内靖さんの議論★8にかかわってこう言われているわけです。国民国家の安定や完成は原理上ありえないという話と、総力戦体制に

★8　山之内靖「方法的序論　総力戦とシステム統合」（山之内靖ほか編『総力戦と現代化』柏書房、一九九五年）、など。

よって根本的に変化したのではなしに、より国民国家の本来の特徴があらわれたと考えたいと言っている。これらをあわせると、国民国家の変容の段階区分を行うことについては否定的なのかなという印象を持っていますが、その辺もどう考えられているのか伺いたい。

残された課題ですが、まず国民国家論の現在をどう考えるかという問題で、増補版の『国境の越え方』の解説で上野千鶴子氏が「仕掛け人の思惑を越えた流行現象を起こし」、「その概念が充分に咀嚼され成熟しないうちにまたたくうちに飽きられた」と書いている。それから、「なんでも国民国家という一つの結論が用意されているとみなされ」、また「国民国家を相対化するための理論であったはずのものが、かえって国民国家の拘束力の大きさを証明する結果になり、出口なしの印象を与えるという逆効果を持つに至った」と書かれているわけです。

国民国家論の現在の状況を、こうとらえていいものなのかどうなのか。あるいは、あっさりこういうふうに言ってしまうこと自身が非常に問題ではないかというのがぼくの印象です。ただ、現実に西川国民国家論の受容の状況を考えてみると、さっきも言ったように国民化の領域、国民化の諸問題として立てられた部分のところ、これの適用という受容の仕方が非常に多かったのではないか。しかも、いかに国民化されたかという、形成された受動的国民についての分析、こういう論文が、西川国民国家論を下敷きにした形で展開した議論には多かったと思います。

その受けとめ方自体が、だから、西川国民国家論全部を受けとめたという形では必ずしもないのではないか。むしろ、提起されたことの全体をきちんと位置づけたうえで、もう一回考え直すことが必要なのではないかというのが、私がひとつ考えていることです。

ただし、こういう受容状況がどうして出てきたのかという問題については、さっき私が出した疑問の一番目ですが、国民国家の矛盾とはいったい何なのかが積極的には提示されなかった、それが大きくかかわっているのではないかと思っています。

国民国家の矛盾というのは、いつなぜどういう形にあらわれてきているのかということが展開されなかったために、その矛盾の一時的な克服として国民統合自身が新たな段階、新たな国民統合の必要性の形成へという形に展開していくという、そういう形の分析に展開しなかった、こういう問題があったのではないだろうか。そのことが、全体として西川さんの議論そのものは、表1という形で広義の国民統合という次元の問題から、課題を提起していたはずなのに、そこのところはほとんど受けとめられない形になっていったのではないか。こういう形での国民国家論の受けとめ方自身を受けとめ直すという、そういうことが必要なのではないかというのが私の考えていることのひとつです。

もうひとつ、残された課題の二番目としてあるのは、国民国家の日本型とは何なのかという問題。これはまだ十分展開されていない問題だと思います。西川さんに、「これ、展開されていないじゃないか」と言うのは、それを専門としていない人に言ってもしかたのない話で、どうするかはまさにわれわれの問題ですが。その意味で、本格的に展開しなければいけない問題です。ただ、これは今西さんもちょっと触れられていますが★9、つまり、天皇制を市民宗教という形でおさえてしまうことで本当にいいのかどうか。西川さんも、いわば日本型国民国家の特徴の一番中核だと考えられていると思いますが、天皇制を市民宗教・国民宗教という形でおさえていいのではないかという提起が出てきているわけで、それだけで問題がすむのかどうか、この辺をどう位置づけていくのかが大きな課題として残っていると思います。

課題の一番目の問題にかかわって、私の考えている意見をもうちょっと積極的に述べて論点を提示したいというのがレジメの2、3の話になります。そことのからみで、近代天皇制の位置づけと

★9 今西一『国民国家とマイノリティ』(日本経済評論社、二〇〇〇年)。

いいますか、近代天皇制を国民国家の日本型と考えるときに、展開すべき方向とからめて報告したいと思います。

主権論と人権論の問題

まず第一が、国民国家論の方法的問題点㈠として、その主権論の位置づけという問題です。全体として西川さんの国民国家論を読んでいると、主権とか人権とかという問題について言及していることが非常に少ない。あるいは、非常に限定して言及していることが特徴的だと思う。それは、国民統合の問題、狭義の国民統合に収斂する形で問題を考えたいという意図で提起された論文という性格からきている点もあると思いますが、全体として、この限定性はプラスに働いてないというのがぼくの意見です。

つまり、どういう問題かというと、「日本型国民国家の形成」で主権論に触れられていますが、国内的には国民主権、あるいは人民主権で、国外的には国家主権だ、国民国家というのはそういうものだ。そのあとに続けて、政体が君主政か共和政か、民主的か専制的かを問わないとあっさり言われているわけです。たしかに言われていることはそのとおりだけれども、では政治体制が、君主政か共和政か、専制的か民主的かは問題にならないかというと、これは当然問題になるはずです。君主権というのが基本的に国民国家を成り立たせる、基本的な柱の観念だと強調されているという意味でこの文章はわかりますが、政体の意味を捨象してもいいと誤解されかねない形で強調されることになっているわけです。

それから、その人権論の問題も国民統合と排除の視角から、その角度で言及される形になっています。つまり、「平準化された空間に国家と国民の新しい契約関係（社会契約と人権）をうちたてようとする国民国家」は、「精神的イデオロギー的な統合の強化のために新しい伝統を創出」する、あるいは、「憲法の市民にかんする規定やその後の民法典の規定には、市民としての権利を享受し、あるいは責任を行使し得る資格が明記されている。市民＝国民の規定を明確化していくことは、国民から排除されるべき集団を明確化してゆくことであった」というような表現で、人権論が位置づけられることになっているわけです。

非常に限定された角度、視角からしか人権の問題は言及されていないと思います。この主権問題とかにあまり触れたくないというのはわかるような気がすると言いますか、主権概念自身が非常に問題的な概念であるのは私もよくわかります。もともと、この主権概念そのものがどう成立してくるかというと、近代国家の至高性・独立性・一体性を弁証するための観念として出てきた、そういうものなわけです。だから、主権という概念そのものをまともに「本当にそうなんだ」と受けとめて、それを議論すると非常に変な議論になる。

だから、主権論をやると国家擁護論になる、そうなりやすい概念だということはよくわかるのです。ただし、逆に言うと、主権論という議論そのものは、国家の正当化のイデオロギー性を最も体現している観念であるはずです。つまり、いかにして主権の必要性を説いているかそれ自身の内に、国家の正当化イデオロギーというのが一番あらわれているはずで、それぞれの歴史的な状況のなかで、どういう形でその主権論を説いているかのなかに国家の正当化方法があらわれてくるはずです。だから、それがどう変化していくかということについての分析は、国家の虚偽性がどう形成されているのかを明らかにしてくるうえでは不可欠なはずだというのが私の意見です。

さらに主権概念という問題、あるいは、主権と人権を分析対象にすることが重要なのだという意見のもうひとつの理由なんですが、私自身は、国民国家の矛盾というのを次のようにだいたいとらえています。つまり、国民国家というのは矛盾の二重構造を持っていると言いますか、あるいは、もっと言うと三重構造ということになるのかもしれません。要するに、国民国家あるいは近代国家と言われるものは人権を樹立し、その人権を擁護する権力として主権を語るという、だいたいそういう構造を持っているはずです。

しかしそもそも、人権という概念そのものが非常に矛盾的な構造を持っているというのがぼくの理解です。つまり、人権というのはすべての人間の権利という形できわめて普遍的な形式で宣言される形をとりますが、実際には、これは西川さんがフランスなどを挙げて繰り返し言われているように実質的には非常に狭い、実質的に権利を保障される存在はきわめて限定されて出てくるわけです。

その普遍的形式での宣言と、実質的内容の狭さというところでまず矛盾がありますが、なぜ実質的な内容の狭さが出てくるかが問題で、それについて、私は次のように考えているわけです。「ブルジョア的な権利であった」という言い方をしてもいいのですが、結局、人権これ自身は利己的な個人の権利という形で保障されるわけです。利己的な個人の権利を保障するわけですが、それがひとつの秩序をつくりあげていくという点からすると、その利己的な個人が公民としては合理的にふるまいうる、こういう存在であることを含んでいる形でないと、秩序論として組み立てえないという問題がある。

その意味で、「公民として合理的にふるまいうる利己的個人」という矛盾構造を含んでいるのが人権という観念で、そもそも、人権という観念そのものが含んでいる矛盾構造というのがまずあり、それが形式と内容の矛盾につながる。さらにこういう矛盾構造を含んだ人権を保障する権力として主権が弁証される、こういう形になっています。つまり、主権と人権の関係でも、主権は秩序をつくるものとしての絶対性を主張するけれども、他方で人権を保障する権力であるという形での制約を受けるという主権と人権の矛盾的な構造がある。おそらく、国民国家の持っている矛盾構造はこういうものではないかというのがぼくの理解です。そういう矛盾の展開史として近代史を理解することが必要なのではないだろうか、というのが原理的にという形では私の考えている方向です。

そういう意味で主権論、人権論という領域、これは政治学とか政治史とかでいろいろやられてきてはいるけれども、もっと歴史的にやるべき問題として残っているのではないか。歴史の天皇制研究者ですと、鈴木正幸さんなんかこの辺の問題関心でやっていたのだろうし[★10]、増田知子さんの議論[★11]もこの辺の問題にかかわる議論だというのがぼくの理解です。

主権論という形で検討しなければならない問題がどうして出てくるかというもうひとつの理由ですが、西川さん自身が述べられているように、国民国家があって国家間システムが成立するのではない、国家間システムがあって、国民国家が成立してくるわけです。国民国家の成立の前提として、国家間システムがある。その国家間システムというのはいったい何なのかと考えてみると、言うまでもなく西洋主権国家体系ということにならざるをえないはずです。

そうすると、西洋主権国家体系の秩序はいったい何だったのかが問題になってくるはずで、国際法はいったいどういうものとして理解できるのかという議論の必要性を呼び出すはずです。

国際法の問題について少し勉強してこようと思ったけれど、時間がなくて間に合わなかったのですが、私のこれまでの知識の範囲だと、次のようにだいたい言われていると思います。もともとは国際法はキリスト教国間の法律として存在していた。それが、一八五六年のパリ条約にトルコが参加して、キリスト教国間の法律というよりも文明国間の法律への変動が始まる。

全体としてキリスト教という基準ではなしに、文明という基準に変わっていって、最終的にはあ

★10 鈴木正幸『国民国家と天皇制』(校倉書房、二〇〇〇年)。

★11 増田知子『天皇制と国家』(青木書店、一九九九年)。

る国が文明的であるかどうか、かくして、国際法上の人格の完全な承認の権利を有するかどうかの基準は、通常たんにその政府が国際法上の拘束力のある約束をなすのに十分なほど安定しているかどうか、外国人の生命、自由、財産を適切に保護する意思と能力があるか、こういう基準にだいたい変わってくる、といわれています。これは、第二次大戦後になって明確になる。明治期だと、どうもこの辺はキリスト教と文明というのは両方まだ入り交じっているのが実態ではないかと思われますが、こういう変動になるのだと思います。国家間システムのほうが前提であったとすると、こういう意味での主権概念と言いますか、あるいは文明概念と言いますか、その変化が問題にならざるをえない。具体的に西川さんが提起した議論とのかかわりで言うと、不平等条約下の日本、結局、日清戦争までということになりますが、この日本というのは主権国家であったと言えるかどうか。つまり、主権国家、文明国、国民国家であったかどうかは主権国家体系への参入という問題を考えると、もう一回どうしても検討せざるをえない問題ということになると思います。

国民国家としての天皇制の特質

次が国民国家としての近代天皇制の特質問題ですが、これを考えることになると、主権と人権論はどうしても重要な領域にならざるをえないだろうと思います。国民国家は何かと言うと、「国家を担う主体は国民である」ことが前提とされている国家だと言われているわけです。これがどこまでできたか。近代天皇制国家を考えてみると、広い意味では国家を担う主体は国民であることが前提されている状況が形成されてきていると言えますが、国家を担うという意味合いが近代天皇制の特質問題ではどうしても問題になってくるわけです。

その点で、この主権と人権論は近代天皇制の特質を考えるうえでは重要な領域だと思います。とりわけ、私が気になっていることを三点ぐらい提起しておきたいのですが、ひとつは明治憲法においては主権という用語が使われていない、一言も出てこないわけです。意識的に使っていないのだと思います。積極的にこういう理由で主権という用語を省いたという資料を見たことがないのでよくわからないけれども、おそらく意識的に使ってないと思われます。

というのは、条文では省いているのに解説書の『憲法義解』[★12]のほうでは、第四条の説明で、「統治権を総攬するは主権の体なり。憲法の条規に依り之を行うのは主権の用なり」、こういう有名な文章が出てくるわけで、主権という概念自身は明確に意識している、理解しているわけです。にもかかわらず、条文に使わない。この辺のことの意味合いを、いったいどう考えるのかという問題があるわけです。

あるいは、その「統治権を総攬するのは主権の体なり」と言いますから、主権の本体は統治権総攬です。他方で、「主権の用」と言っているわけですから、憲法の条規というのは主権の機能だと言っているわけです。こういう憲法理解自身が問題になるはずですが、こういう形で「主権の体なり」と言うのだとすると、こちらを強調していけばまさに天皇主権と言われるような理解が当然出てくるはずなんです。しかし天皇主権とは、つまり、憲法条文そのものには書かない。

この意味は、おそらく国家主権的な理解がはじめから憲法作成者のなかにあるのではないか、というのがぼくの見通しなんですが、これとちょうど対応関係になり、前から気になっているのが民権派の君民共治論なんです。民権派は、憲法を制定することは君民共治の体制にかかわることなんだと繰り返し言うわけです。そしてこの君民共治の意味をどう説明しているかというと、だいたい、君主と国会との組織に主権がある形になるんだと言っています。これは考えてみると、君主と国会の組織に主権があるというのは国家主権論じゃないか。事実上の国家主権論なのではないだろうか

★12　憲法案の起草者伊藤博文による半公権的な解説書「大日本帝国憲法義解」。

というのがあります。

明確な理論として国家主権論という形で展開されるのはドイツの憲法学が導入されてからだけれども、一種の国家主権論につながってくるような発想というのは初めから非常に強いのではないだろうか、という印象を持っています。

それとかかわると思いますが、人権のありようの問題で、河上肇の論文「日本独特の国家主義」[★13]を引いておきましたが、西洋の「天賦人権、人賦国権」。ところが、日本は「天賦国権、国賦人権」という有名なセリフがあります。やはりこういう構造、主権と人権との関係が転倒している、こういう問題が近代天皇制の問題を考える場合にはやはり重要な問題ではないだろうかということです。

「文明・文化」と国家イデオロギー

次に、国民国家論の方法的な問題点(ii)ということで、「文明・文化」と国家イデオロギーの問題ですが、これは西川さんの議論では、前から引っかかっていた点でもあり、それから一番新しい著書『戦争の世紀を越えて』[★14]のなかに入れられた論稿の「戦後歴史学と国民国家論、その後」でも問題になってくるところで、それに触れておきたいと思います。その「戦後歴史学と国民国家論、その後」では、歴研大会の西川報告に対する私のコメントについての逐条的な反論があるのです。その逐条的な反論全部にお答えすべきなんだろうと思いますが、文体が悪いというのは許してもらうことにしても、だいたい私の言っていることはそのとおりである、だけど、西川は決してここでとりあげているようなことは言っていないという部分が多いわけで、ぼくの言っているのがそうだと認められている部分は議論しなくてもいいことになっていると思います。しかし、一点だけ

★13 『近代思想体系18 河上肇集』(筑摩書房、一九七七年、初出は『中央公論』一九一一年)。

★14 西川長夫、平凡社、二〇〇二年。

残ったのがこの問題なんです。

要するに、西川報告、歴研大会報告ですが、そこで「国民国家の時代のあらゆる科学・学問・思想・芸術・言語・風俗、等々が国民国家の制度であり、国家のイデオロギーとして機能している」と述べられたのに対して、私のほうは、これは一面的な評価の書き方である、ひとつの時代の文化には支配的イデオロギーが浸透し、国家イデオロギーとしても機能するというのが正しい表現ではないかと批判したわけです。

それに対して、西川さんはその後「戦後歴史学と国民国家論、その後」で、いや正しい表現ではない、安田の言うようなのは正しい表現ということにはならない、国民国家の時代の支配的イデオロギーは国家イデオロギーであると書かれた。これは意味がよくわからなかったのですが、おそらく「国民国家の時代の文化は」ということだと思いますが、その主な機能は国家イデオロギー、つまり、国家を維持するところにあってというふうに書かれているわけです。

これを読むと、結局、西川さん自身は国家イデオロギーという概念そのものを、国家を維持する性格を持った思想・文化として、きわめて広いものとしてとらえられていると思います。この辺の国家イデオロギーをどうとらえるかについてぼくのとらえ方と違っているのだな、ということがあらためてわかった。

文明・文化と国家イデオロギーという問題について、私のとらえ方を説明しておきたいのですが、これは『国境の越え方』の主要な部分である「文明と文化——その起源と変容」についての私の読み方です。文明、文化論については『国境の越え方』を私自身は非常におもしろく読ませていただきました。語源から始まって詳細な検討がされていて、おもしろく読ませていただきましたが、私が批判したような形の国家イデオロギーのとらえ方、あるいは、国家イデオロギーと文明・文化のとらえ方がどうして出てくるのかということと、それに対し、私はこう読むという話になります。

西川さん自身が、文明とか文化という言葉がどう形成されてくるかについて、貴族や宮廷社会などに代表される旧制度の価値観に対する新しい社会勢力を代表する知識人や上層ブルジョアジーの価値観としての文明・文化概念の形成という観点、これが文明とか文化を考えるうえでの歴史上の第一に重要な視点として指摘されているわけです。

「この新しい社会勢力が国家における支配的な勢力となったとき、それは当然、国家の支配的なイデオロギーとなり」と、これは『国境の越え方』の表現ですが、こういうふうに書かれている。こう書かれているので、ぼく自身は文明・文化概念というのはある社会勢力の価値観として形成されるもので、それが国家イデオロギーへ転化する、そういうものとして西川さん自身も書かれていた、というのがぼくの読み方の第一です。

二番目に、文明と文化の対立という問題にかかわっては次のように書かれているわけです。「ドイツの文化概念というのは、ロマン主義を経過することによって啓蒙主義から反啓蒙主義へ、合理主義から神秘主義へ、世界市民主義からナショナリズムへの大転換を行った」。この動きはフランスの文明概念が拡大主義的、帝国主義的な方向性を露《あらわ》にするのと対応し、「文明は既に先進国の国家イデオロギー（ナポレオン）の特色を示し、文化は後進国の反動的な国家イデオロギー的な特色を現しはじめている」と書かれていた。

つまり、書かれていることをぼくなりに分節化して読むと、国家イデオロギーとしての文明とか文化というのは、ある特有の文明論・文化論を指しているということになるのではないか。つまり、文明とか文化という語が指す領域についての私なりの整理ですが、まず、語が対象として想定する人間の活動の領域で、どの区域でどの時間で区切るのかは問題がありますが、想定された人間の活動の領域という次元がある。二番目に、文明とか文化とかという形で意義づけられた、内容としては人間のいろいろな活動を含めながら、特定の価値観を含めた形で整理された理屈理論。つまり、文明論とか文化論とかという次元がある。

三つ目に、さらにそうした文明論や文化論が国家的使命を基礎づけるような形の文明論・文化論、こうなったときに、ぼくは国家イデオロギーになっていると理解する。だから、こういう整理からすると〈西川さんの理論を整理するとこういうことになるのではないかというのがぼくの把握です〉、ところが西川さん自身はしばしば最後の結論と言いますか、あるいはとくに文明・文化概念が持っている落し穴みたいなこと、これを指摘しようとするときに、文明とか文化を国家イデオロギーに短絡する傾向があるのではないかというのが、もともと『国境の越え方』を読んだときから、感じていたぼくの疑問なんです。

例としてあげておきましたが、『国境の越え方』のなかに、陸羯南《くがかつなん》・三宅雪嶺の国民主義・国粋主義、これがどうして落し穴に入っていったのかという形で批判している部分があります。帝国主義時代への転換という時代状況、こういう問題として客観的状況をおきながらも、そもそも文化というとらえ方そのものに落し穴があったのではないかということを指摘したうえで、「国民特有の文化」という考え方は「封建性への回帰を含む古い伝統の尊重、とりわけ国民的統一の求心的な力としての天皇を呼び出す」、と書かれています。こうなりやすい傾向を持っているのはそのとおりだと思いますが、こういうと陸や三宅がかわいそうじゃないかというのがぼくの評価で、本当に論理必然的だったとは言えないのではないか。あるいは、「文化主義が容易に国家主義に転化するのは、もともと文化が国民統合のための国家のイデオロギーにほかならないからである」、こういう言い方も同じところでされているのですが、これはやっぱり違うだろう。文化主義が国家主義に転化するというのは、つまり明らかに次元がひとつ違った段階に転じていることであるのだから、文化がもともと国家イデオロギーにかかわるというのでは、本当は説明になっていないのではないかと思うわけです。

文明・文化の両義性と天皇制

最後が文明・文化の両義性と天皇制の問題で、文明とか文化をどう考えるかというところで、とりわけさっき言った三つの次元のところで言うと、第一の、語が対象として想定する人間の活動、まずこの次元という話になりますが、それをさらに、なんらかの形で価値観的な論として展開したもの、これは国家支配へのイデオロギーを供給するとともに対抗イデオロギーも産出し続ける、こういう性格のものではないかと私は考えます。

これは、さっきの上野千鶴子さんの増補版の『国境の越え方』の解説で言っているわけですが、上野さんは、文明はその普遍主義によって発明者の意図を越えて諸権利を要求する二級市民、三級市民の自己主張を引き出す効果を持っている、他方、文化はこの固有性によって他者の文化の固有性をも同時に認めざるをえなくなる、こういうイデオロギーを個々の歴史的文脈におくと概念が矛盾し、輻輳し、自己を越え出るプロセスを見ることも可能だろう、こういうコメントをされています。私も文明の普遍主義というのは、この人権の普遍性の主張を呼び起こし続ける、こういう性格を持っていると思います。それから文化の固有性の主張というのは異文化の固有性の主張、これを引き起こすという機能をも持っている。その意味で、文明とか文化というのは両義性を持った観念というふうにとらえるべきだというのがぼくの意見です。

そのうえで言いますと、西川さんの議論で国民化ということの一番中核の原理、これは文明化だと言われているわけで、国民化ということ自身も両義性を持つというふうに考えるべきではないかということになります。そう考えれば、いわば受動的な国民化の様相のみを記述することではなしに、もっと両義性を持つものとして国民化を叙述するという、そういう可能性があるのではないだろうか。こういう受けとめ方をされなかったのは、非常に問題があるのではないだろうかということです。

最後に、これは高木さんにバトンタッチをお願いしたいのですが、さっき言いました主権と人権、主としていわば政治の領域にかかわった機構としての天皇制と、一段階区別される形での文化としての天皇制、この機能をいったいどう考えるべきなのか。単なる政治を越えた形での機能があるというのは間違いないとぼくも思っているのです。

ただ、それを文化論、こちらからのみやるというのはどうも疑問で、高木さんはもともとはむしろ政治とのかかわりで文化をやっていたと思っているのですが。基本的には、ぼくは天皇制の問題を考える場合、文化としての天皇制を考えるには、文明に参入する資源として文化を国家的有用性の観点から整序する装置という、こういうとらえ方が一番いいのではないかと思っています。この意味では、非常に政治的な装置であるととらえるべきである。そのことによって文明の普遍主義から引き出されるはずの、あるいは文化の非国家的固有主義から引き出されたはずの非国家的イデオロギーを形成することを阻止する装置、こういう意味があるのではないだろうかと考えています。

せっかくの機会なので、できるだけ西川さんと議論したいということで、こういう報告になりました。

牧原　ありがとうございました。西川さんの国民国家論をこれほど真正面から論じた人はなかったと思うので、あとの議論が楽しみです。では、高木さんのコメントをお願いします。

コメント

高木　当初、私は安田さんの報告が、もう少し別のものになるかと思っていました。一九八七年の「近代天皇制国家試論」★15から、そのあと、『天皇の政治史』★16というふうに、天皇の親裁や天皇個人の研究をされて、もう一度そのうえで天皇制国家論を報告されるのかなと思って、最近の天皇制の研究を追っていました。ところが、報告は西川さんの国民国家の議論が主題でしたので、にわかに考えたことです。

私自身、一九八〇年代に研究を開始した者として、どのような研究が前提にあったかを考えていきますと、中村政則さんの「序説近代天皇制国家論」★17などで講座派的な訓練を受けたわけです。その研究に対する違和感があったわけです。

それは、安田浩さんも書かれているように国家形態が絶対主義的で、国家類型が資本制国家という、その二つのズレの問題への疑義から始まりました。そういうわけで、一九八〇年代の私の研究というのは、皇室儀礼の明治維新による変化をともなった断絶的な側面とか、一八八〇年代の欧州君主制の影響を受けるということを強調したわけです。それはやはり、絶対主義的天皇制や丸山学派による近世以来の連続説では解けないという、当時、中村政則さんなどに代表されるような絶対主義的天皇制論に対する反発としてあったわけです。その問題がのちに、一九九〇年代になって西川さんの「国民国家論」に触れたときの親近感につながるということだと思います。

基本的に一九八〇年代、一九九〇年代の近代史研究のなかで、実証的にも理論的にも絶対主義的

★15　★1参照。
★16　安田浩、青木書店、一九九八年。
★17　原秀三郎ほか編『大系・日本国家史』近代一（東京大学出版会、一九七五年）。

な明治維新論というものが否定されてきている動向があって、それと西川さんの「国民国家論」が接続するというふうに私は考えます。なぜ九〇年代に国民国家論が受け入れられたか、という問題がそこにあるように思います。

西川さんの九〇年代の「国民国家論」によってもたらされたのは、ひとつ目は近代の問題として「伝統」の創造を考えられるということ。それから、近代国家の比較の問題が容易になった。もうひとつは、フランスの歴史学などの影響だと思いますが、政治文化の問題が国民統合に意味があることを訴えられた。この点、西川さんの研究が日本史研究に大きく影響を与えています。

ちょっと余談じみますが、かつて西川さんも共同研究にたずさわってこられた、いま私がいる職場の京大人文研は組織としては生命力を失っているところがあります。なぜかを考えたときに、かつては一九四九年に、敗戦という現実のなかで「世界文化に関する人文科学」を考えようとした。敗戦後の現実と向き合いながら、どう人文科学を考えるか。たとえば、今の私の研究所などは人文科学がどう二一世紀の現代社会と切り結んだり、向き合っていくかという力が欠如しています。そういう意味でも、私は西川さんの仕事に非常に影響を受けているし、現実へのスタンスというのも学んでいます。ある意味で西川さんは、京大人文研の最も良質な遺産を引きついでいる。

さて一九八〇年代には、中村さんなどの絶対主義論に対する違和感がまずあったのですが、もう一つ、最近の一番の違和感は、天皇制にかかわってはやはり君主制一般としてとらえるという動向です。伊藤之雄さんなどに代表されるもので、睦仁、嘉仁、裕仁などの天皇三代が「個性や状況に影響されながら、日本は立憲国家を確立し、政党政治を形成し、イギリスと類似した立憲君主制を発達させてきた」[★18]という見方です。あるいは、いま『岩波講座　天皇と王権を考える』でもそうですが、「君主」とか「王権」という言葉を使う。もちろんそれによって比較の視野は広がるわけで

★18　伊藤之雄「立憲君主制の形成と展開」（伊藤之雄ほか編『環太平洋の国際秩序の模索と日本』山川出版社、一九九九年）。

すが、全体に、天皇個人の分析に向かって、天皇制というシステムを忌避する動向があると思います。伊藤之雄さんだけではなくて、学会のなかにあると思います。その問題に対して天皇制論としてどう考えるか、とくに最近その問題を一番考えているわけです。

一番単純に思うのは、イギリスなどの君主制一般に解消する議論では、やはり一九三〇年代以降をどう考えるか。そこを、司馬遼太郎のイメージと同じですが、昭和天皇が立憲君主としての調停者の機能を喪失する例外として考えてしまうイメージでよいのかという問題。それから、近代の明治憲法体制においても、これは安田浩さんや増田知子さんが政治過程を具体的に研究されたり、永井和さんも最近研究を出されましたが、天皇が自ら裁可する、そういう天皇親裁の問題をどう考えるか[19]。伊藤之雄さんはそういう動向に対して、天皇を専制的にとらえすぎだと言われますが。それから、統帥権や統治権が保障される問題をどう考えるかも重要です。

そういう問題を考えれば、やはり君主制一般には解消できない。文化やイデオロギーにおける固有性、これについて私は「近代天皇制と古代文化[20]」では、国体を核とするような、「万世一系」のイデオロギーの問題をどう考えるかを主題にしました。明治維新から帝国憲法の発布の時期までに創りだされた、「万世一系」の系譜や、「国体の精華」としての正倉院や天皇陵に注目しました。

私は、一九八〇年代の講座派を批判し、それから「国民国家論」に影響を受けました。しかし最近、君主制一般に解消する議論が強まるなかで、どういうふうに考えていくべきかは、結論だけ申しますと、たんなる批判概念ではなくて、学問的な用語として天皇制を位置づけるべきだ、そこで、歴史学の訓練を受けてきた者としては、一八世紀以来の「公儀」のなかに組み込まれた朝廷の文化的・宗教的な機能をふまえながら、それとは基本的に断絶して、一九世紀の明治維新を経て、質的に変化し、つくり出される近代天皇制の政治文化を考えていきたいと思っています。つまり、政治

★19　永井和「太政官文書にみる天皇万機親裁の成立」(『京都大学文学部研究紀要』第四一〇号、二〇〇二年)。

★20　網野善彦ほか編『岩波講座　天皇と王権を考える』第五巻(岩波書店、二〇〇二年)。

過程における立憲君主としての役割と、社会も含み込んだ広義の国家としての近代天皇制とは分けて考える必要があると思います。とりわけ社会に浸透するイデオロギーは重要だと思います。

次に、安田浩さんの議論への親近感の問題ですが、近代天皇制国家はブルジョア的というふうに一九八七年に絶対主義天皇制を否定された。この枠組みには基本的に親近感を持ちます。「天皇制」という言葉は、考えてみれば、本来は寄生地主制の問題でも、それから天皇制イデオロギーの問題でも、一九三〇年代に使われはじめてから、明治維新を通じて近世と連続する用語としてあったわけです。それを反対に近代につくられた「天皇制」としたことが非常に重要だと思います。

しかも、国家形態と国家類型のズレという、アクロバットな結論が批判されるわけです。それから、天皇親裁の実態をとりあげた最近の『天皇の政治史』の研究は、君主制一般に解消する昨今の傾向に対する批判になっていると思うわけです。

私が、安田浩さんと違って何ができるかということで言えば、これは増田知子さんが『天皇制と国家』[★21]で安田さんの言葉をとらえて述べられているわけですが、外見的立憲君主制であれ、立憲君主制であれ、イデオロギー論における絶対主義論が残ると言われています。その核としての国体論をどう考えるかが、政治文化を考える者として残された課題だろうと思います。

ここでもう一回話が戻りますが、さきほども少し述べましたように、西川さんの国民国家が一九九〇年代半ば以降に非常にインパクトを持ちえた理由。一九八〇年代から、政治思想史で山室信一さんなどは先駆的に国民国家論を提起されていたわけですが[★22]、歴史学では明治維新史研究における実証レベルで絶対主義的天皇制が否定されてきた問題が大きいと思います。たとえば、中村哲さんの一九八五年の「領主制の解体と土地改革」[★23]という論文がありますが、あのなかでは、日本の秩禄処分や土地変革というのは、当時本家とされているようなフランス革命以上に徹底した解体で

★21　★11参照。

★22　山室信一『近代日本の知と政治』（木鐸社、一九八五年）。

★23　歴史学研究会・日本史研究会編『講座日本歴史』7　近代1（東京大学出版会、一九八五年）。

あるという評価がすでにあの時点で出されているわけです。さまざまな明治維新の実証研究がやはりブルジョア革命的な……、ブルジョア革命というのはなくなっていると西川さんが言われていますが、少なくとも、断絶的なイメージで出される実証研究が多くなっている。それから、理論レベルでも安田さんのように天皇制国家もブルジョア的と考える研究がでてきている。

結局、近代天皇制国家をブルジョア的と考える見方に九〇年代以降の国民国家論が重なりました。だから近代の所産としての国体論や、政治文化としての古代文化、あるいはイデオロギーについても考えていきたいということであります。

次に、安田浩さんの報告に関して私が思ったことですが、ひとつは国民国家の安定や完成はありえない、プロセスとしての国民国家という西川さんの主題ですが、これについてはご本人に聞いてみたい。

たとえば、前々回の「家族」の議論のときにも問題になりましたが、日露戦争後や第一次世界大戦後の時期をどう考えるか。統合の制度や装置が完成する一九世紀後半ではなく、社会からの対抗の動きが出てくる時期の問題を国家論としてどう考えるかということです。これは安田浩さんの結論と似ていますが、たとえば、人権の問題や文明の問題に関しても、対抗イデオロギーが出てくるのは、二〇世紀のこの時期の問題であろうと思います。

それから、安田浩さんの報告のなかで君民共治の問題、国家主権の問題というのは天皇機関説の問題などにもかかわってくると思いますが、そこにおける人権のあらわれ方です。ここで、政体を捨象すると西川さんもおっしゃっていますし、安田浩さんもそこを問題にされているわけです。私がやはり気になるのは、西川さんは、フランスで分析した国民国家の議論を日本で考えてみる、と最初に言われていますが、主権者として国民を確定していくフランスの場合と、国家主権としてあらわれる日本では大きく異なると思います。また国民統合と排除の論理としての人権論を西川さんは主張されるわけですが、やはり人権論に関しても、安田浩さんが言うように両義性があるのではないか。だから、日本において国家主権の人権論ではない形での人権論というもの、あるいは、囲い込まれなかった人びとからの人権論、といったありようもあるのではないか。

もうひとつは、天皇制が市民宗教論だけでいいのかという問題、あるいは「革命祭典」という言葉についてです。私はちょっと頭が古いのかもしれませんが、やはりフランス革命の場合だと君主制が廃止されているので、その後における市民宗教とか革命祭典の問題と、日本において政体として君主制（天皇制）があるなかでは、大きな差異があると思います。もちろん私自身の課題でもあります。それから、文明、文化の問題でも同じで、やはり対抗イデオロギーを産出するというところが私も安田浩さんに共感するところです。その提起は西川さんの問題ではなくて、提起を受けたわれわれがやるべき問題なのかもしれませんが。

たとえば、文化の問題でちょっと気になったのは、いま京都御苑に迎賓館が建てられようとしていて、反対運動をしているのですが、市民運動家の前で京都御所の歴史とかを話す機会があるわけです。そのときに、たとえば「私は文化史的に天皇制の研究をしています」と自己紹介します。そこで、ある運動家の人から「天皇制に文化はあるのか」という疑問がだされます。京都御苑を世界遺産にしろというのは、もちろん私は「御苑を開放しろ」と道具理論として言ったのですが、そういうときに、「京都御苑は文化なのか」と運動家の人が言うわけです。

やはり、文化という言葉自身が、戦前・戦後も含めて、国家イデオロギーとしての文化が読み変えられていく側面があると思います。私自身も「文化」という語を使うときに、国家イデオロギーの面と、対抗イデオロギーとして変容したものとを混在して使います。歴史家としては反作用とかフィードバックの問題をどう考えていくのかが、ここでも重要だと思っています。

それから、国民化に両義性があると安田浩さんがいわれましたが、それは同時に「国民国家」の両義性であり、「近代」の両義性の問題になってくると思います。明治維新後、国民が国政参加する、あるいは学校ができるといったプラスの要素がある。そういう問題も含めて、国民文化の両義性を西川さんの提起を受けてわれわれはどう考えていくべきかということです。

国家イデオロギーとズレながら、近代を積極的に受容しようとしたり、国民国家をつくろうとする民衆をどういうふうに考えていくべきか、が問われると思います。あるいは、安田浩さん流に言えば欧化主義的ナショナリズムや国体論的ナショナリズムに対応する、下からの動きの問題をどういうふうに考えるのかが重要だと思っています。

くり返しになりますが、時代区分の問題で考えれば、人権の問題や文明や文化の国家イデオロギーに対する反対的な下からの動きというものは、日露戦後、二〇世紀の問題として出てくるので、歴史家としてはその辺のところを聞いておきたいと思います。バラバラで申し訳ありません。

報告とコメントへの応答

牧原　ありがとうございました。お二人が出された問題はどれも大きくて短時間では論じきれないし、相互にからみあってもいるので、あまり細かいテーマ分けをしないで議論したほうがよさそうですね。これまでにもまして時間が足りそうにありませんが、前半は西川さんの国民国家論を中心に、後半で近代天皇制の問題を扱うことにしましょうか。

では、まず西川さんからお願いします。

西川　たいへん綿密に読んだうえで批判していただきました。これまで、よく読んだうえで批判をしてくれる人が意外に少なかったので、きょうはたいへん有難いことだと思い感謝しています。きょうのお話をぼく自身しっかりと受けとめたいので次の機会にでもぜひしゃべらせてほしいと思うのですが……。きょうは時間的な制約もあって、提起された問題に全部お答えすることはできないと思うので、そのうちのいくつかをとりあげて答えさせていただきます。

ひとつは、国民国家は本来矛盾的な存在だということについての説明が不足している、という指摘がありました。これは余りにも自明なことなので説明するまでもないという感じがあって、部分的にはいろいろ説明していますが、全体をまとめてきちんと説明したことはこれまでなかったと思います。お話を聞きながら、やはり一度きっちりとまとめて整理する必要があるのだなと思いました。またあとのほうで両義性の話が出てきましたが、ぼくの考えでは、両義性というのは主としてこの矛盾的な性格から出てくることであって、その二つは同一というか、つながっている問題だと思います。国民国家批判を始めたころは、戦略として、両義性のことはあまり書かないで、もっぱら「これは欺瞞だ、これは不正だ、ここに病根がある、ここを攻撃せよ」というような書き方をしていたのですが、最近は学生さんから「先生の書くことはだんだんとわかりにくくなってきた」というようなことを言われるようになってきました。それは両義性ということをわりと前面に出すようになったからだと思います。

両義性という言葉をわりあい意識的に使った例としていま思い出せるのは、たとえば『二〇世紀をいかに越えるか——多言語・多文化主義を手がかりにして』[★24]の序文「多言語・多文化主義をアジアから問う」です。その終りのほうでこんなことを書いているので少し長いけど引用させてもらいます。

★24　西川長夫・姜尚中・西成彦編、平凡社、二〇〇〇年。

「多文化主義は世紀転換期の政治的思想的地殻変動を映した言葉である。多言語・多文化主義にかんするさまざまな言説は、世紀転換期にわれわれが直面している難問に答えるための、さまざまな試行錯誤をわれわれの前に展開してみせてくれている。もし『文化』が国民国家の時代のイデオロギーであるとすれば、多文化主義はすでに国民国家に半ばとらわれた用語であり、多文化主義を手がかりに時代をいかに越えるかを考えることは、それを試みる者を必然的に相反する動きのなかに置くことになるだろう。

私は多文化主義の両義性を強調したつもりである。歴史はつねにそのような両義性のなかで進行しており、歴史を内部からとらえるためには、そのような両義性のなかで模索を続けるしかない」（六二頁）。

矛盾の問題を少しきちんとやれば、当然、両義性の説明になると思います。ただし、矛盾を強調するか両義性を強調するかは、かなり異なる思考のタイプをあらわしていて、マルクスは矛盾を、プルードンは両義性を強調する。同じマルクス主義者でも、アルチュセールは矛盾を、グラムシは両義性を、グラムシを援用するポストコロニアルの批評家たちも両義性を強調する傾向があると思います。

国民国家の矛盾に関しては、一九九九年の歴研大会の報告では、最後のほうで国民国家の問題点を四つにまとめた二番目に、次のように短かく述べています。「国民国家はそれ自体が矛盾的な構成体であり、その矛盾が原動力であると同時に破壊的にも働くだろう（抑圧と解放、搾取と被搾取、福祉と軍備、戦争機械としての支配と自滅の可能性、等々）」。

どういう矛盾があるのか、思いつくままに列挙すると、まず資本主義的な利益と国家主義的な利益の矛盾、つまり資本の論理と国家の論理の矛盾、あるいは世界システムと国家システムのあいだの矛盾。これはもう初めから今日に至るまでずっとあるわけで、最近になってグローバル化というのは、いままでわりあい協調的であった資本と国家の一方が突出しだしたということになると思います。

それから国民国家に関して言えば、もともと国民形成というのはたいへん矛盾に満ちたもので、多数派が少数派を統合あるいは排除していく過程ですから。両義性の問題もそこから出てくる。抑圧・排除された少数派のほうが民族意識を強化させていって、かえってそういう人たちのほうが強いナショナリズムをあらわす（対抗ナショナリズム）。それはひとつの国家のなかでもそうだし、全世界的な中核の諸国と周辺の諸国との関係、あるいは宗主国と植民地の問題というのもそういった矛盾にかかわっていると思います。

要するに、国民国家というのは、差別と搾取と排除と抑圧のシステムが国民的な解放という大義によって支えられ隠蔽されているという基本的な矛盾があるわけですね。人権もそうですが、国民という一般の名によって特権の擁護が行われる。解放という名目によって抑圧が行われる。そしてそれはそれぞれの地域や領域で反撥や抵抗を呼び起こすわけですから、安田さんが強調されたようにそのなかから対抗的なものが出てくる。それも矛盾のひとつの形態だと思いますし高木さんがおっしゃったように、人権や文明の概念を拠り所にした反攻や対抗イデオロギーが生みだされる。文明や文化をも含めて国民国家的な価値は、抑圧支配する側のものであると同時に、その価値を拠り所にして、抑圧支配された側が自分たちの解放をはかっていくというのが近代の歴史だったと思います。

安田浩さんには私の論文の全体をきちんと読んで批判していただいたのですが、ちょっと落ちているなと気になった部分があります。それは『世紀転換期の国際秩序と国民文化の形成』の序「帝国の形成と国民化」の最後の節のタイトルは「戦争と地方と植民地」となっているということです。この三つがこの時点のぼくの国民国家論の強調点でした。戦争は国民国家の矛盾の最たるものですね。しかしそれは国家発展の、あるいは科学技術や文化の発展の原動的でもありえた。そして最後には人類はおろか地球を破壊しかねない。そんなわかりきった子供っぽい議論はもういいでしょうという雰囲気が世間にも学会にも充満しているが、これはつねに忘れずに強調しておきたいことです。

それから国民統合と地方の関係。内国植民地論をもう一度違った角度から考えてみる必要があるのではないか。地方を一度、植民地として眺めてみると、見えてくるものが多い。少し飛躍しますが、「女性は最後の植民地」という言い方を借りれば、国民も結局は植民地ではないのか、といったようなことを考えていたのです。それから国民国家を中心にある権力や政治や文化から見るのでなく、地方や植民地から見たらどう見えるか。

きょうの安田浩さんの報告はたいへん見事で感心して聞いていたのですが、やはり中心からの視角ですね。とくに天皇制を問題にするとそうなってしまうかもしれません。だが朝鮮半島や中国、あるいは東南アジアから天皇制を見たらどう見えるだろうか。サイードは『文化と帝国主義』[★25]のなかで「対位法的読解」を提案しています。それは一口で言うと、帝国主義時代の作家の作品を（主として小説）、植民地との関係で、植民地の光りに照らして読んだときに何があらわれてくるかということです。コンラッドやカミュの小説の欠落部分やこれまで知られなかった側面が照らし出され、興味深い読解が行われている。だがこの方法は小説作品の読解よりも歴史に適用したほうがもっと実り豊かな気がします。サイードのこの方法の前提には（旧）宗主国と（旧）植民地の切り離せない相互的な関係の認識があった。したがって支配・抵抗、対立、協力・独立・解放などが主

★25　上・下、エドワード・サイード／大橋洋一訳、みすず書房、一九九八年、二〇〇一年。

なテーマです。

どうしてこんな話を持ち出してしまったかというと、じつはぼくはこの三月にカリブ海のマルチニック島に行って、幸運にも九〇歳に近いエメ・セゼールに会えたということがありました。エメ・セゼールの「植民地主義論」[★26]というのはじつに痛烈で、植民地から見たらドイツのナチズムもフランスの共和政もまったく同じだというわけです。同じような論理を使って同じような抑圧・虐殺を続けている。だがこの最初のネグリチュードの提案者である世界的な黒人詩人＝政治家は、マルチニックの独立でなく海外県化、つまりフランス共和国の領土の一部であることを選んで、半世紀にわたってマルチニックの首都の市長をつとめています。

脱線のついでにもうひとつ。最近、学生たちに教えられて『チベット・チベット』という映画をみました。監督・撮影は金森太郎こと金昇龍氏。彼の両親は熱烈な祖国愛をもっているのだけれど、息子はそれに耐えきれず逆に一度も行ったことのない韓国が嫌いになる。それで一種の卒業旅行ですが、カメラを持って世界一周を試みる。韓国から始めて、中国に行き、モンゴルのパオでダライラマの写真を見たことがきっかけになってチベット問題に関心を持ち、インド経由でチベットに入る。そこで中国兵によるいかにひどい破壊と抑圧・虐殺が行われたかを知る。その旅行で写したフィルムを編集したドキュメンタリーがこの映画ですが、彼はこの中国によるチベットの弾圧に、かつての日本による朝鮮支配を重ねあわせ、日本に帰化しようとしていた在日の若者が民族意識に目覚めてゆく物語に仕上げました。まったく同じ映像からまったく別の物語をつくることもできるのではないかという感想もありますが、それはともかくとして、強制連行で日本に連れてこられた中国人や南京で日本兵に虐殺された中国人の子や孫が、チベットで同じような虐殺に手をかしているというグロテスクな物語を想像することもできるわけです。国民国家の矛盾や両義性の問題をそ

★26　エメ・セゼール『帰郷ノート・植民地主義論』(砂野幸稔訳、平凡社、一九九七年)。

こまで拡大して考えることもできると思います。

ここで、もう一度、安田浩さんの報告にもどると、安田さんが引用した上野千鶴子さんのこの文章は、非常に悪い文章だと思いますね（笑）。ところがどうしたわけか皆、申し合わせたようにこの部分を引用する。最近出した『戦争の世紀を越えて』には、明記はしていないけど上野さんの「解説」に対する応答がいくつか含まれています。ぼくは上野さんの仕事に関しては批判がないわけではないいけど、非常に高く評価しています。また一貫して闘い続けるその姿勢に共感して、ひそかな応援団をやっているつもりです。とくにこの「解説」は、あの忙しい最中に心のこもった良い文章を書いてくれて感謝しています。ただ安田浩さんが引かれたところは、少し通俗的になっている。国民国家論は流行したとかしないといった問題ではないし、流行してすぐ飽きられたという判断も間違っていると思います。

それから主権の問題はおっしゃるとおりだと思います。主権と人権は国民国家のイデオロギーのなかで最も欺瞞的、虚偽的なもののひとつですね。アーレントやアガンベンはそのことを的確に指摘しています。[★27]だがそのことを国民国家論のなかでちゃんと展開してゆくには、法的な制度とイデオロギーの分析が必要ですし、国家や国家間システムのより具体的な分析も必要ですね。誰か若い人がやってくれないかな、と思っていたのですが、最近そういう仕事も出はじめているようです。安田浩さんがおっしゃったように主権の概念は、国家の正当化のイデオロギーを最も強くあらわす観念だと思います。そこを中心に見ていくということがきわめて重要であるという意見にも賛成です。

主権と人権の関係についての議論もたいへん興味深く聞かせていただきました。できたらこの論議をふまえて自分なりの整理をしてみたいと思います。かつて、その議論のなかで不平等条約の日

★27　ジョルジョ・アガンベン『人権の彼方に』（高桑和巳訳、以文社、二〇〇〇年）。ハンナ・アーレント『全体主義の起源』1・2・3（大久保和郎ほか訳、みすず書房、一九七二〜七四年）。

本は主権国家、文明国、国民国家であったか否かという問題が出されていました。ぼくの考えでは、世界の国家間システムのなかで主権国家というのは覇権国だけだと思っています。もう少し突きつめて言えば、覇権国でさえ主権国家ではない。国民国家はたとえ支配的であっても独力では存在しえないのだから。国際関係というのは結局、強者と強者、強者と弱者、あるいは弱者と弱者の談合関係でしょう。もっとも武力も談合の一形式と考えての話ですが。いまの日本が全然主権国家でないのは、九・一一後のアメリカに対する反応を見ても明らかだと思います。

人権の両義性については数年前に書いたことがあります。それは『多文化主義・多言語主義の現在――カナダ、オーストラリア、そして日本』[★28]の序文ですが、多文化主義は二一世紀の人権宣言である、という大変誤解を受けるようなことを書きました。それはべつに人権宣言がそんな素晴らしいとか……まあ、素晴らしいには違いないけれども、人権宣言がたとえ少数者の特権を擁護するためのものであっても、その言葉はずっと残って、労働者の解放にも女性の解放にも生きてくるわけですね。

同じように多文化主義というのは、要するに国民国家のイデオロギーの、おそらくは危機的なひとつの形態にすぎない、現実にはそうですが、それがどこまで展開していくかその可能性を同じように見極めようというような文章でした。

主権と天皇制の問題については、正直言ってあまりしゃべりたくないという気持が強いです。天皇制がある以上、自由も平等も国民主権もヒューマニズムもありえない(中野重治の「五勺の酒」を思い出しました)。天皇が神なら話は別ですが、人間と認めておいて、その一族の自由を奪って一種の動物園か檻のなかに閉じこめておきながら、人権を論じるなんてことがどうしてできるのか、よく理解できないのです。だが一番耐えがたいのは多数の国民が皇室に対して抱く親愛の情で、こ

★28 西川長夫・渡辺公三、ガバン・マコーマック編、人文書院、一九九七年。

れほど非人間的なことはないのではないか。だがこれが「民衆」であり国民なんですね。主権というもの、あるいは人権というものの虚偽性は天皇制においてひとつの極に達している。だが私たちはそのなかで生きてゆかねばならない……。

文明・文化の概念が両義性を持っているという指摘もそのとおりだと思います。それはどちらの面を強調して書くかということで、最近はわりと両義性を強調して書くようなことをしていますが、ただ、本質がどこにあるかということを今の段階で見極めようというとき、何を言わなければいけないかという戦略があるわけです。

雑然とした話になってしまいましたがとりあえず、以上です。

虚偽性と矛盾

牧原　お話をうかがっていると、いろいろな両義性の認識自体はかなり共通していて、ある意味では、どちらの側面をいまの時点で強調するかという戦略、力点の置き方の違いになるのでしょうか。もちろん価値観にかかわるので、簡単に「同じでした」とはならないでしょうが。

西川　きょうの安田浩さんの報告を聞き、それから送っていただいた論文を読んで、えらく近いところにいるなというのを痛感しました（笑）。

牧原　たしかにそうで私も驚いていますが、ただ、それではもう議論が……（笑）。

そこで、違うのだと、敢えて言いたいところをいくつか出してみます。とくに、国民国家の矛盾的性格というときの「矛盾」のとらえ方です。たとえば、近代国家における人権の問題性を、現実には労働者・女性・マイノリティに人権が保障されていない、だから人権の実現範囲を拡大せよ、というのはある種の対抗イデオロギー論で、昔からあったものですね。ブルジョア的な、あるいは時代的な「限界」を批判し、その全面的な実現を要求する、というわけです。ただ、そこでは人権そのものは普遍的・自明なものとされていて、その概念の中身は問われない。浩さんの報告の「矛盾の三重構造」はとても魅力的だけれども、基本的には、普遍的な形式と実質的な狭さの矛盾としてとらえている。大門さんも以前、「国民」という主権者の範囲を拡大していけば、国民国家の拘束性は突破できるというふうにいわれたことがありますね。

果たしてそうか、という問いを投げかけたのが、国民国家論、「国民」の両義性論だったのではないか。人権をイデオロギーだというとき、少数者排除だけではなくて、人権概念、あるいは「権利」という概念自体が内包する問題性を指摘したのではなかったか、と思うのですが。

西川　おっしゃるとおりだと思います。安田浩さんも高木さんも、なんとかして国民国家を救おうとしている印象がぼくにはあります。つまり、そこで対抗イデオロギーが出てきて改革が行われて、めでたし、めでたしではないにしても、何とかうまくゆくかもしれない。だが、システムとしての国民国家は搾取と差別を基本として成り立っている以上、「国民」や「人権」の範囲が少しずつ広がってきたとしても基本的な矛盾はなくならない、ということがひとつ。

もうひとつは、多文化主義論で書いたことですが、多文化主義がマイノリティの立場から理論を出す場合に、人権をある程度尊重するけれども、もっと大事なのは民族だ、文化だというわけです。いままでのブルジョア的な民主主義というのは中立的な国家、それから普遍的な人権、その二本立てで構成されていて、それがいままでの西欧的な政治学の基本ラインだった。

多文化主義の理論家（テイラー、キムリッカなど）★29は、それとは違う価値観をここで出す。それはまた非常に問題的な議論にもなるわけですが、しかし、ずっとそういう伝統的な政治理論が支配的であって、それに対する反論としては、初めて別の考え方が現実の変革というか、歴史的な動き

★29　チャールズ・テイラー「承認をめぐる政治」（エイミー・ガットマン編『マルチカルチュラリズム』佐々木毅ほか訳、岩波書店、一九九六年）。ウィル・キムリッカ『多文化時代の市民権』（角田猛之ほか訳、晃洋書房、一九九八年）。

をともなって出てきている。そこのところは少し整理して今度出した本のなかに明確に書いたつもりです。★30

高木　牧原さんのおっしゃったことで、安田浩さんのコメントにあったように、国民主権下での人権と違って、国家主権のもとでの人権というのは二重の問題がある。国家主権のもとでの人権は、日本の場合、二重のバイアスがかかっている。

牧原　そうですね。ただ、二重性については次の「日本型」のところでやりたいので、国民主権下での人権に限定すると、高木さんはどうですか。

高木　国民主権下での人権に虚偽性があるのは、よくわかるのですが、私の指向としては、近代にもたらされた意味を評価したい。

大門　牧原さんのように違いを強調されたほうが議論になるので……。安田浩さんが西川さんのいままでの仕事をもとにして議論するというので、久しぶりに西川さんの「日本型国民国家の形成」を読み直してみたんですね。そのときに、きょうの議論の中心になっている「矛盾」という言葉がパッと目に入ってきた。今まで西川さんの議論については、「矛盾」ということをあまり意識してきませんでした。その点からすると、西川さんの議論のなかでの「矛盾」の位置づけについて、ここで言われている発展のダイナミズムの根源についてきちんと理解していなかったのだなという気がしました。

ただし牧原さんの整理にもあったように、西川さんはたしかに発展のダイナミズムということを言われているけれども、強調点は国民国家の虚偽性や問題性の指摘というところにあり、西川さんの戦略もあったのかもしれませんが、そこを暴露するという形で議論が提示される。そのことと、読む側の受けとめ方は無関係ではなかったのではないかな。西川さんのなかでは自明のことだった

★30　西川長夫『戦争の世紀を越えて』（平凡社、二〇〇二年）の最終章。

のかもしれないけれども、西川さんの議論のなかでも矛盾の展開のダイナミズムという形で議論がされていくということでは必ずしもなかったような……。そんな印象を持ったということがひとつ。

もうひとつは、ぼくの話になってしまいますが、先ほど牧原さんが言われたように、国民国家の問題を考えていくときに、国民主権がいかに虚偽に満ちたものであるとしても、そこの範囲を拡大していく、あるいは、そこで主権そのものをもう一度問い直していくという形で、国民国家の問題を相対化できないだろうかと考えた時期がありました。ただし、そのことを議論するときにも、ぼくがいつも考えていたのは「矛盾的関係」のなかで人をとらえることであり、主権もそのなかでとらえるべきではないかということでした。[★31]「つながりのなかで矛盾をもつ存在」、これが当時ぼくの考えていた人びとの存在規定です。つまり、主権の枠を広げるという形の対抗理論を前提に議論するのではなく、あるいは主権、人権の持っている虚偽性の暴露という議論の仕方ではなくて、相互規定的関係のなかで主権もとらえるということです。

そこからぼくは、前回議論になった「とらえ返す」という言葉にたどりつきます。規定されると同時にとらえ返す。要するに、内面化すること自体のなかに新たな問題が含まれてくる。主権も含めてどうやって議論を動態的に展開させるか、きょう安田浩さんが言われた主権の両義性というのはそのとおりだと思いますが、そこでの議論の発展のさせ方がすごく難しい気がしていて、どうしても国家の枠のなかでの議論になっていく。そこを、そうじゃない形でと考えると、一人ひとりのなかに内面化していく過程のなかに何か矛盾的な要素が胚胎するという形で議論を突破できないかなと考えたわけです。ということで言うと、さきほどの牧原さんの整理はそのとおりだと思うけれども、人権概念の虚偽性の指摘・暴露という議論の仕方にも問題が残されているのではないか。

牧原　たぶん、そこがひとつのポイントになる気がします。ほかの方はいかがですか。

★31　大門正克「〈歴史への問い、現在への問い〉、その後」(『評論』第一一二号、日本経済評論社、一九九九年)。

今西　私が西川さんの「国民国家論」に初めて直に接したのは、フランス革命二〇〇年のシンポジウムを京都でやったときです。そのときの西川さんは非常に論争的でした。色川さんなどがフランス革命の「革命性」を非常に高く評価したのに対して、「君が代も、ラ・マルセーズも同じ中身じゃないですか」と。まあ、いまではみんなそう言い出していますが、そういう批判をしたり、樋口陽一さんや辻村ミチ子さんなど、憲法学の人に対して「主権という概念を私はフィクションだと思っている」という話をされていた。歴史学のなかにあった近代や国民国家のフィクション性に対する非常な不用心というか、あまり批判的でない議論に対して、大変な論争を挑んでおられる姿が最初にあったわけです。それは、国民国家が到達すべき目標であり、日本型はそれに対する歪曲としてとらえるような議論ですね。そういうものに対する西川さんの批判に驚かされたというのがひとつです。

もうひとつは、民衆とか民衆世界の美化に対する、歴史家が一番陥りやすい民衆世界というものをつねにアプリオリに美化する傾向への批判です。民衆のエネルギーというものはつねに高く評価するものだという議論ですね。それに対して、「それはおかしい」という議論を最初に体系的に示されたと思います。

今日も言われているように、どうして対抗イデオロギーである勢力が、よりナショナリズムに走ったり、より国民国家の大きな枠組みにとらえられていくのかという、その問題を提起されているところが大きいと思います。それによって、私は歴史学の大きな病のひとつだと思いますが、民衆美化論みたいなものに対する非常に厳しい批判をされたという点が、とらえ方の違いだと思います。

牧原　たしかにそうだと思います。私は西川さんから、国民国家がイデオロギーであるように、

「ナショナル・アイデンティティ」をキイ概念にするのは疑問だ、といわれたことがありました。おそらくそのことと大門さんの指摘とはどこかでつながっている。

西川さんに手紙で申し上げたことがありますが、こんなものはイデオロギーだからと暴露して、それで人びとは納得をして問題が解決するかというと、じつは歴史の具体的なプロセスのなかではそうではない。いま言われたように、対抗イデオロギーを掲げた民衆運動や労働運動などのほうが、積極的に国家的な価値を内面化してしまう。「われわれだって国民だ」という論理ですね。それはアイデンティティというイデオロギーが、その集団の価値体系を内面化することによって自らの存立基盤をつくり、そこに生活の意味を見出していく、そういう形のイデオロギーだからだと思います。つまり、アイデンティティという形で内面化を迫るところに近代のイデオロギーの特徴があり、その内面化のプロセスを暴露しないかぎりイデオロギー暴露にならないし、そこから抜け出すのは不可能ではないか、という気がしたのです。

そう考えたときの「近代の矛盾」は、従来のような階級対立の図式よりは、学歴社会のイメージなわけです。つまり、基本に平準化があり、「均質な国民」をフィクションとしてつくり出す。しかし、国家機構や社会システムを構築するには差異をつくり出す必要がある。だが、差異化自体が目的というよりは、その過程で劣位におかれた者がもう一度リターンマッチをかける、平準化を求めていく。そこでまた、さらなる差異化、より細かな差異を求めて人びとは動きだす。つまり、単純な抑圧ではなくて、人びとの自発性を喚起するような平準化と差異化のスパイラルとして、発展のプロセスをとらえたらどうか。そういう視点からみると、いま大門さんが言われたような内面化の問題がまさに矛盾の焦点になる。自分がその渦巻きのなかであがいていることを自覚することが不可欠ではないか、と思ったわけです。

西川 「単純な抑圧でなく、人びとの自発性を喚起するような平純化と差異化のスパイラルとして、発展のプロセスをとらえる」という意見に賛成です。うまくまとめていただけたと思います。おそらく牧原さんのこれまでのお仕事にはそういう視座があった。だがアイデンティティの問題は理論的なモデルは考えられても、じっさいにそれを実証する段になると難しいですね。内面的、心理的なものを文字とか事件とか表にあらわれたもので判断しなければならないので、どうしても日記とか小説とか新聞記事とかいったものの分析になってしまう。それはそれでおもしろいのだが、何かまだ核心に触れていないという感じが残ってしまう。アイデンティティのことは牧原さんに言われて少し考え直しました。それで二、三試論を書いてみたのですが、その一番最近のものは「グローバル化時代のナショナル・アイデンティティ——アイデンティティの再定義のために」というタイトルで、六〇枚ほど書きました[★32]。これはずっと牧原さんの顔を思い浮かべながら、一種の返事として書いたようなところがあるのでぜひ読んで批判して下さい。要点のひとつは、アイデンティティの概念の中核にはもともとネイションがあった。したがってアイデンティティ概念からナショナル・アイデンティティという考えが生れるのではなく、むしろ逆だろう。つまりアイデンティティは、フロイトにしろエリクソンにしろ、もともと国家イデオロギーに由来するということ。これを思想史的に実証するのはそれほど難しくないと思います。しかしアイデンティティは、ナショナル・アイデンティティに対してマイノリティの自己の存在証明という形で対抗イデオロギーともなりえた。もうひとつは、現在の歴史的条件のなかでアイデンティティ概念を追求してゆくと、アイデンティティ概念それ自体が解体されてしまうということ、これはグローバル化と国民国家の変容にかかわってきます。ディアスポラ的アイデンティティとかクレオールが注目されているのはこの

★32 中谷猛・川上勉・髙橋秀寿編『ナショナル・アイデンティティ論の現在』（晃洋書房、二〇〇三年）。

点ですね。

ぼくとしてはそれを私文化論につなげて、そういう国民国家のシステムからどういうふうにして違うシステムに移れるかを考えているわけですが。

今西　西川さんの議論は、最初のものほど国民国家のイデオロギー性が強調されていた。「人権宣言」の持っている虚構性を最初に強調されています。最近では、必ずしも虚構性だけではなくて、周辺国家に対しても、それがひとつの解放イデオロギーとして機能することを問題にされています。それから、アイデンティティの問題も単にアイデンティティがだめだというのではなくて、ひとつのアイデンティティとか、単一的なアイデンティティではなしに、複数の「雑種的」なアイデンティティのあり方を考えていくことを主張されています。そこが、攻撃的というか、歴史学の世界のなかで固定的にあった近代美化論的な見方に対する批判をやっていた最初の議論とは、少し転換してきていると思います。それをふまえたうえで、議論したほうがいいのではないかと思いました。

それから、さっき大門さんが言われたなかで気になったのは、「西川さんの議論は歴史性がないのではないか」という批判をされたわけですが、山之内靖さんなどの議論と西川さんの議論は少し違うところがあると思います。山之内さんなどは、第二次世界大戦にいく四〇年体制前後で強権的な平準化があって、それが現代日本の出発点だというふうに話をされるわけです。

西川さんの場合は国民国家の本質論みたいなものがあって、国民国家はスタートの時点から戦争機械としての性格を非常に強く持っていて、まずは戦争機械として生まれ、それから、その周辺社会を抑圧して形成されてくるものだという本質規定があって、それが日清・日露戦争で拡大していって、第二次世界大戦でよりその本質が顕現化されるというとらえ方があるわけです。

そこの国民国家のスタートというか出発点をやはり重視して、それが国民国家の本質だとして、それが第二次世界大戦でどんどん発展していくというか、より顕現化された形で出てくるという見方をされているわけで、それが見方によっては非常に非歴史的というか、超歴史的に見えるのだと思います。

国家から「自立」した社会？

西川　それに関連して、さっきの安田浩さんのお話で西川は段階論についてむしろ否定的、という指摘がありました。いわゆる発展段階説に関しては否定的ですが、歴史の転換点を認めているのだから、その点では全然否定的ではない。ただ、長期と短期と言えばブローデルになってしまいますが、タイムスパンを長くとって、そのなかで転換期や細部の変化を見ていきたいという気持があるので、段階論否定に見えるのかもしれません。だから、安田浩さんの「近代天皇制国家試論」は非常におもしろいし、共感をもって、「あっ、同じことを考えているけれども、こちらはやはりプロだな」と思って読ませてもらいました。いくつかの段階を見ながら国家意思決定のメカニズムの変動をたどる、さまざまな国家装置がどう機能しどこが優越しているか、そういう細かいところを見ていく必要があると思ってはいるものの、ぼくにはなかなかできない作業なので大変共感を持って読みました。

ただ、安田浩さんがこの議論をどこに導いていくかというと、そこがちょっと違うのではないかと思います。安田浩さんは、「国家から自立した社会の形成」ということに力点をかけておられるわけですね。つまり、「社会」が解決のキーワードになっているけれども、しかし、その社会が何かということはこの論文のなかでも非常に曖昧で、したがって、地方の問題なんかはうまく解決されていないと思います。天皇制が地方を足場にしてというのはそのとおりだとは思いますが……。

これはとくに安田浩さんに対して言うのではないけど、一般に、社会や市民社会の語が出てくると議論が曖昧になり不毛になる場合が多いと思います。

アングロサクソン系の国民国家とフランス型やドイツ型の国民国家とでは、いわゆる市民や社会のあり方がかなり異っていると思うけど、現実認識としては社会の自立性が否定されたときから国民国家が始まるのだと考えたほうが事実には合っているのではないか、というのがぼくの考え方です。

安田（浩）　そこがちょっと違うわけです。いくつか出た点にぼくも少し意見を述べたいのですが、ひとつは対立点を明確にするという点からすると、牧原さんは「国民国家の矛盾は平準化と差異化の矛盾ではないか」という押さえ方をされたのですが、その場合にぼくがわからないのは、国民国家が平準化作用を働きかける、これはわかりますが、差異化の力はいったいどこから出てくるのかがやはり聞きたいことです。つまり、平準化と差異化の矛盾構造があってという、そういうのがたしかに働いてくるというのはわかるけれども、それでは、その差異化という作用はいったいどこから出てくるか。

牧原　どこからというのは、どういうこと？

安田（浩）　つまり、国民国家そのものの論理からというか、そこからすぐに出てくるかどうか。

牧原　国家秩序や資本主義システムを構築するうえで必要ということではないのですか。

安田（浩）　むしろ、差異化そのものは国家の側というよりも、社会のなかからということなのではないか。

牧原　身分制社会からの解体ということが前提にありますね。

安田（浩）　ええ。

牧原　たとえば、市場経済は差異がなければ機能しないけれども、その前提には、ある種の平等性、対等性が想定されている。国民主権も、安田浩さんの報告でみごとに構造化されたように、実際には統治する者とされる者の分化がなければシステムは機能しない。問題は、差異を正当化する論理が前近代とは違うのだ、ということで一応説明はつくだろうと思っていたのですが、だめですか。

安田（浩）　だから、この辺で差異化という問題を考えてみると、論理的な基点そのものは国家のところから出てくるというのではなく、やはり社会を含み込んだ形でやらないと説明がつかないことになるでしょう。

そうすると、やはり国民国家の矛盾というよりも国民国家が把握している社会まで含めた形での矛盾問題という話に、平準化と差異化の矛盾はそういうことになるのではないだろうか。

牧原　なるほど。少ししゃべりすぎだけれど、もうひとつだけ。国民国家というときの、「国民」と「国家」のイメージなんです。なかなかうまくいえないけれど、安田浩さんの論文のなかに「国民主義的ナショナリズム」という表現がありますね。これは日本語や日本史だとわかった気がするけれど、英語にすると困るわけです（笑）。たぶん西川さんが「社会はない」という時は、「ネイション」が「国民＝社会」なんですね。国民という形で社会を編成しているような国家のあり方と言ったらいいかな。

そういうふうに近代国家をとらえるか、それとも、国家権力あるいは国家機構に限定して国家をとらえるか、という違いです。この問題は、支配イデオロギーか国家イデオロギーかという言い方ともかかわってくるわけで、安田浩さんの「国家イデオロギー」はかなり狭くて、権力側のイデオロギーというイメージですね。ですが、国民国家論でいう国家イデオロギーは、国民主義という意味あいだと思います。この違いは、対抗ととらえるか、内面化ととらえるかにもかかわります。

今西　「国家のイデオロギー装置」と言いかえたほうがいいと思うんですけどね。だからその場合には、国家という概念の上にイデオロギー的装置として入れているものは国家そのもの、家族から教育から全部を含むわけです。身分的な形のなかで差別があるものと、平等社会をつくっていくという形で、教育なら教育で普通教育でも導入してきて平等化するなかで、今まであったような身分差別を含めたものが、そのなかで本当に平等化されないわけです。もちろん、現実に差別があるわけですから、そこから排除される人たちの差別のあり方が伝統社会にあった差別のあり方と当然変わってくる。

そういう均一化する国民をつくりあげようとすればするほど、持っていた習俗とか生活習慣とか、いろいろなものの差異性が目立ってくるわけでしょう。そういうものを「変態」であるとか、異質なもので「奇習」であるとか、いろいろな形でのイデオロギーがまた生まれてくるわけで、そういうことによって周辺的な地域の人たちとか、そのなかにいる人たちのなかでも特定な人たちに対する差別が強まるというか、近代の差別が出てくるわけでしょう。それは能力差別だけではなくて、そういう問題も含めた差別を近代社会が抱え込むわけです。

だから、それを含めて国家のイデオロギー装置としてやはり国民国家が形成されているととらえれば、それは国民国家の形成が持っている差別という強化の側面としてあるのではないですか。まあ、安田浩さんみたいに「国家」というものを非常に限定してとらえれば、たしかに違った議論になるかもしれないですね。

安田(浩)　ぼくは、その辺のとらえ方の問題が大きい、重要であると思うのですね。だから、やはりぼくは国家と社会というとらえ方をするわけです。それから、西川さんのように国民という形で、いわば国家全体を考えるとらえ方については、社会関係が国家化される、国家的関係として把握され直すという形でとらえる。つまり、第一義的には社会関係がある。その社会関係を、いわば国家装置を媒介にして把握し直すと国家的関係になる。

牧原　全面的に社会を把握したのが国民国家だと。

安田（浩）　ええ。そういうとらえ方なんです。だから、その意味で「社会と国家」というとらえ方のイメージの問題がある。

それから、西川さんの言われた市民社会という概念はぼくはほとんど使わないのです。非常にイデオロギッシュな概念だと市民社会についてはぼくも思っている。だから、市民社会が実現すると問題が解決するという感じは全然ないのです。

全体としては、「天皇制国家試論」で社会との関係論をなんとかやろうとしたのですが、「国家形態論」として論ずるという視角の限定もあり、国家と社会の関係論としては、あまりうまくいっていないのです。つまり、全体として主に社会との関係を村論としてやったけれども、結局、丸山学派が言うような自然村が基になった形で、共同体が基になる形で国家ができたというものではなく、むしろ、国家的につかみ直された形で基礎になっている。こういう関係なのだというのが、ぼくの行政村なんです。

村というのは行政村になった段階では国家的関係であって、第一次的な社会関係はその基礎にあるけれども、直接的には国家的関係として把握されたものなのだ、とつかまえなければいけないというとらえ方です。

それからもうひとつ、「国家から自立した社会」ということで言ったのは、近代天皇制国家のもとでのその成立の困難性です。ほとんど成立しえなかったという理由を結社規制の問題として「天皇制国家試論」ではあつかっているわけで、非常に結社規制が厳しい、勝手に結社をつくっていいというのは日本の近代国家、天皇制国家は一回も認めない。つまり、認可された範囲でしか認めないというのが基本的な日本近代の特徴である。その意味では、自発的な結社を、国家以前に存在する自発結社を認めようとしない、これが国家的特徴だという話を書いているわけです。逆に言うと、国家から自立した社会というのは、そういう意味で自発的結社なんです。一番プリミティブな形というのは……。

牧原　自立したというよりは、自立しようとする、自立を志向する……。

安田（浩）　ええ、そういうことです。だから、そういう意味で自立した社会。国家から離れて飛び地みたいな形で自立した社会があるという、そういうイメージではまったくない。だけど、全部国家的関係で把握されきってしまっているわけでもない。

こういう形で考えていて、前回も話したけれど、国家的関係に批判的な観念はどこから出てくるかというと、そういう限られた社会領域でも、そこでの体験からしかやはり批判は出てこないというのがぼくの基本的な考え方です。つまり、完全に国家的関係にはまり込んだ人間は、おそらく国家的関係自身を相対化できないというとらえ方をしています。

あとは、西川さんの議論というか、国民国家論は全体として国民概念の問題性にずっと集約していった議論だと思います。ぼくがきょう話したのは、もちろんそういう批判は十分大事だけれども、「もう一回、主権概念の虚偽性の問題に戻ったら?」という話です。ぼくは、国民概念よりも主権概念のほうがはるかに問題的で、しかも実際にそれ自身が現在揺らいでいると考えています。

つまり、国家というものが至高で絶対で不可分の存在だと主張してきたわけですね。ところが、国民国家のゆらぎは何かというと、主権のゆらぎだというのがぼくの持論にある。要するに、至高性を主張するのも難しくなっているし、一体性を主張するのも難しくなっている。そういう点で、主権概念そのものに退場を命ずるという段階なのではないかというのがぼくの基本的な把握です。
全体としての世界政治の枠組みとしての国民国家というか、国民国家的な政治単位、これは機能を弱めるけれども、まだ相当残るだろうと見ているから、その意味で国民概念のほうへ批判を集中するのはちょっと違和感があるのですね。つまり、国民国家批判という場合に、主権の至高性、主権の概念の虚偽性という問題をはっきりさせていく、こちらのほうが重要ではないのかな、という考え方があるわけです。

西川　さっき言いかけた、安田浩さんの論文の「天皇制国家試論」の「基礎的社会関係」の問題ですが、三つ挙げられて、第一に華士族制として再編された身分制秩序。第二に、ムラ共同体の存在を中核とする村落秩序。第三に、家父長制大家族の存在を中軸とする家秩序である、と述べられていて、結局、第二のところがうまく書けていないと思います。とくにとりあげられた地方自治の問題も、そこから天皇制の秩序が汲み出されているのではなくて、むしろ天皇制国家がそれをいかに国家的に秩序化するかのほうが問題であると思います。この安田浩さんの議論をずっとたどっていくと、近代天皇制国家の専制とは結局、フランス型共和制のめざしているものとほとんど同じになってしまう。

安田(浩)　ある意味ではそうだと思います。おそらく、丸山学派が言ったように中間集団が残っていて専制的になるという話ではなくて、近代天皇制国家というのは中間集団を維持するのではなく「解体」した、というより「改編」した形だと思うのです。
つまり、国家的な必要性に合う形にどんどん集団を変えていく。そういう形で社会がいまも編制替えされている。ぼくは、そういうイメージです。

西川　それから差異の問題ですが、差異が出てくるのは、ひとつはそういう差別、国民国家自体が持っている内的な原理だと思いますが、それと同時に対外的というか、まさに文化とか民族という概念は差異によって成り立つ概念ですね。国民性とか国民文化とか、国民文学であるとか、そういう形で、あるいは国旗とか国歌とかいうものを含めてもいいですが。国家のなかに出てくる差異と国際関係のなかで出てくる差異と、たぶん両方あって、それがどう結びついているのか。結びついていることはたしかなのですが。

国家間システムと帝国

安田(浩)　その辺の問題は、昔からの難問にかかわっていて、つまり、資本主義というのは世界システムとして成立している。だから、世界単一国家になっていいはずなのに、実際には中規模領域のいわば国民国家的な範囲という形で国家がつくられる形になぜなったのか。そこの説明をどうつけるのかは、昔からうまく説明がつかない問題ですね。

人権についても同じで、つまり、類的存在としての人間の権利という話で出てくるわけだから、それをなぜ国民に限定しなければならないのか。そういう形になってくるのは、いわば秩序形成をどう図るかの問題が出てくるからでしょう。

人権の問題できょう述べたのは、利己的な個人の権利として人権を規定するだけなら、これはある意味では必ずしも国家的なといいますか、国民的な限定性は必要ないわけですね。ところが、それをいわば公民として組織するところに国民国家における排除という問題が出てくる。結局、公民として組織するということは、秩序形成の困難性の問題だというのがぼくの理解です。

だから、その辺を考えると、主権論とかそういう議論がなぜイデオロギーとして支配しえたのかというのは、秩序形成の困難性の問題だと考えるべきで、その辺を考えていかないと、実際に現実に国民国家を変えていく、崩していくという方向性は出てこないのではないか。つまり、最近流行になっている公共性という議論、どういう形で国家と必ずしも重ならない公共性がつくれるかという議論をいろいろやっているみたいだけれども、ぼくは、公共性という概念もはなはだ問題性を含んだ概念だと思っているからあまり使いたくない。なるべく使わないようにしているのですけどね。しかし、それも結局は国民国家という範囲と必ずしも重ならないような秩序形成とはどういう形で可能かという議論だと思っていて、国民化の問題という検討の進め方だけでいいのかというのがぼくの持っている国民国家論への疑問です。

長　すみません。おもしろくうかがっているものの、どこから入ったらいいのかよくわからないのですが。とりあえず、今話題になっていた、差異という論点がどういう対応関係にあるのか、という点についてなんですが。安田浩さんの言われている国家論を分節化する際の国家と社会というとらえ方ですが、この二つの関係について、西川さんは、差異化を差別と文化、いわば、国内もしくは帝国内／国家間との二つの位相に分けて整理されましたが、安田浩さんが言われる社会と国家との関係といった場合、やはりドメスティックな差異化の原理が前提となっているのではないか、という気がしますがどうでしょうか。それから国家と社会との関係が、両者の対抗関係でつくられていくという説明ですが、これは対抗関係というとらえ方が、そして「主権」のゆらぎという問題のとらえ方ともかかわっていて、その場合も、国権の及ぶ範囲をどこまで考えるのかという点。国民国家論的な潮流はおそらくたえず境界のゆらぎを問題にしている。それと、安田浩さんはきょうは西川国民国家論を西川近代論なんだ、と明確にいわれたのですが、この「近代」というか、近代になるというとらえ方の違いは重要なのではないか、と感じました。この点でいわゆる近代化論と戦後歴史学の課題設定との同質性を指摘された永井和さんの論文[★33]があるのですが、この論考は、近代

★33　永井和「東アジアにおける国際関係の変容と日本の近代」(『日本史研究』第二八九号、一九八六年九月)。

の起点を定義し直して、「開国」時点を国家間システムへの参与を余儀なくされたポイントとして意味づけ直す。その際、従来の「社会の変化」、近代化は、一国の政治体制や外交体制、経済体制が変わることが「近代化」であるととらえ、社会の内部の変化や原因と結果の連続を考えてきた。ところが、世界システム論的な考え方を導入することで、「開国」そのものは、社会の内部からの必然性や蓋然性から説明することはできない、こういう「変化」をめぐるとらえ方です。で、私は文明化をめぐる諸装置の問題は、たとえば国籍がなぜ必要かといった具合に、少なくとも「導入」に関しては、社会の側から説明できない。一九世紀の普遍的な国家間システムが細部で求める国民化の装置をまず論じる必要があると思っていますし、ではなぜそういう形式が必要とされるのか、といった問いに対しては、そもそも導入する側が、国際社会の常識とか国家間儀礼といった理由以外、説明原理を持っていない点が時期的な特徴なのではないか、と。

もっとも、西川さんの指摘は構造的なので、モジュールとしての装置が、ではどういう受けとめられ方や運用レベルでオリジナルなものと違う機能を果たすのか、という点については、社会との往復関係を射程に入れる必要があるし、このあたりをもっと追っていくことで、日本型という像が描けるのではないか、とは思います。

それから対談のなかで気づいたのですが、国家間システムのとらえ方も、じつは西川さんは、強調点が変わってこられている。一九世紀だって平等なシステムではもちろんないけれども、建前は存在している。ところが九・一一以降の状況を前にした最近の西川さんの議論だと、ひとつの覇権国家が内戦状態をつくり出して国家間秩序を再形成していくような関係が想定されている。文明と文化の概念の対応関係もまた変わってきているかもしれない。

だから、というわけでもないですが、牧原さんが言われた近代の矛盾のイメージの平準化と差異化という問題は、その前提として、差異化が及ぶ境界というのか、範囲というのか、線引きそのものまでは社会の側には委ねさせない国民国家の持つ拘束性の範囲というものを考えながらうかがってました。

今西　国家間システムが平等であるというのはひとつのフィクションであって、国家間が不平等な関係として、しかし、主権国家的な装いをとって登場しているわけだから。しかも、その植民地を併合すれば、その国家間システムとしてより不平等性ははっきりしてくるわけでしょう。支配するほうと、植民地との関係が強くそこに出てくるわけであって。

そういう、主権も含めて国家間システムの平等という虚構性は明らかに歴史的に見ても崩れているし、いまだってもっとひどい状態になってきているわけです。

牧原　そもそも世界資本主義システムは国民経済を媒介しないかぎり機能しない。つまり、均質化なシステムではなく、差異を持ち込むことによって初めて機能する。同時に、均質化は当然に、「われわれ」に対する「彼ら」が想定される。いま長さんが言われたように、内部の差異と外部の差異とは連動している。

それと、これは浩さんが指摘した、近代国家の初期における秩序形成の困難性という問題にもかかわるけれど、やはり本源的蓄積の問題があると思うんです。オールド・マルクス主義的だけど、国民を平等にするのは本源的蓄積を可能にするためだと言ってしまっていいのではないか（笑）。西川さんも言われるように、近代システムは資本主義と国民国家の複合で、その交点でしか国民国家も国民経済も成立しないわけですから。

今西　本源的蓄積は未開拓な原始的蓄積を含んで、そこに住める人びとに対する強力な囲い込みになったり、その土地を奪うことになります。そういう原理でいえば、資本主義が生み出した原理というのは植民地でもそうだし、ある意味で原蓄なんですよ。戦後の農業の破壊だって、原蓄なんですよね。だから、そういうものを生み出さなければ資本主義は成立しないというのは、それはそのとおりだと思います。

牧原　市場原理だけで説明をする必要はまったくない。

今西　当然、暴力も追放も必要だしね。市場の平等性というのは、とんでもないフィクションだと思います。市場の暴力性こそ議論されるべきでしょう。でも、天皇制のほうの議論は時間があまりないようですね……（笑）。

牧原　司会がしゃべりすぎてすみません。今までのところでなにか。

長　補足で国民国家論の受容の問題でいくと、高木さんがいわれるように、実証レベルでの親近性という点はやはり大きかったと思います。必読文献ではあった『大系・日本国家史』★34における国家類型と国家形態のズレという結論は、けれど、講座派系の天皇制理論が揺らいできている、という印象が強い。それと、私の実感から言えば、ただちに実証に移れる理屈をもらったことが大きかった。自分自身が論文を書き始めた時期だったので、『思想』誌上でのフランス革命シンポジウムやリン・ハントの政治文化論などで、ようやくナショナリズムや人権論をなにかうさんくさいものとして批判する前提から出発できる論文が書けるようになった、「本当のナショナリズム」を擁護しなくても課題設定ができるようになった、という点は非常に大きかった。人権概念の虚偽性を暴くということに力点があるというよりは、そうした概念をある程度うたがってかかる視点、天皇制教育につながる愛国心は特殊だけれど、市民レベルでのナショナリズムは日本の近代には不在だから必要だといったような前提に対して、「国民」であれ臣民であれ、「主権」が登場するプロセスが、女性や外国人という新しい差異の軸の形成、排除をもたらした、という近代国家の普遍的な歴史像

★34　★17参照。

を対置する出発点から、じゃあ何が見えてきて、どう歴史像が描けるのか、という次の作業に移れる魅力があったと今あらためて思います。それから、文明と文化という設定にかかわっても、とくに日本のナショナリズム的な言説の場合、個別の主題に即していくと、台湾をはじめ、帝国形成という現実と切り離せない。ナショナリズムが文化論としてその特殊性を強調するのは、維新期ではなくやはり、世紀転換期にずれ込むと思います。

それと、安田浩さんがまとめられた「国民国家の国家のバリエーションを決める要素として……国家間システムへの参加の歴史的時点という問題」という点ですが、これはあらためて大きい気がします。国家間インフラ導入にとって、技術的な制約の問題……問題が大きい点や、とくに、独立国として参与することで、モジュール導入にかなり自由がきいた。同時に大きな目でみれば場当たり的というか、西川さんは「モザイク」という用語を使っておられますが。植民地や戦後の日本の諸改革だと、モザイク的というのはありえないですよね。しかも東アジアの「近代」化として日本を考えた場合、「文明」の普遍性にのっとって、むしろ、中華システムからの逸脱、脱却という言説をとる、という事情がある。このことは、文化的影響力において圧倒的であった中国・中華文化圏からの離脱の仕方、という問題の領域を開いていて、ここに天皇制の創出も含めた、日本の「近代」になることを論じる際のポイントがあると思っています。

大門　国民国家論に対する印象は、すでに二回目のときに話したことのくりかえしになるのでやめにしますが、長さんとずい分受けとめ方が違うなという印象です。それはなんででしょう？　世代差でしょうか？　個人差でしょうか？　国民国家論は、当初、人権概念の問題性を基底還元論的に議論している、そのことへの違和感がありました。それは、ぼくが民衆運動を対象にしていたこともありますし、近代の評価の相違もありますが、大きかったのは国民国家論のなかに関係論的視点が希薄だったことです。農村社会における諸関係をどのように把握したらいいのか、戦後歴史学やそれまでのマルクス主義的な議論をどうにか拡張したいと思っていたのですが、国民国家論はそうしたぼくにとってはまた再びの還元論という印象がありました。長さんがいわれたように、「主権」の登場が新しい差異を形成するという平準化と差異化のプロセスはとても大事な議論ですが、ぼくの印象では国民国家論のなかでそのことに留意したのは牧原さんで、必ずしも当初から明瞭にあったわけではなかったように思います。

二項対立を越える

安田（常）　ぼくはどうも制度の議論はどちらかというと苦手なので、入り方がわからなくてすみません。いくつか感想がありますが、ひとつは、きょうの浩さんの報告の、とくに主権論と人権論についてです。さっきの矛盾のとらえ方の議論にかかわって、ここに書かれている国民国家の矛盾の二重構造ですが、公民としてふるまえる合理性をもった利己的個人の権利、それから人権を保障する権力としての主権。飛躍していえば、初期マルクスみたいな背中合わせの構造化というか、相互に入り組んでいる二重の構造化というか、その複合的な矛盾ですね。これはとてもよくわかるのですが、問題はこうした論理的次元の複合関係を具体的実証として、どのように展開できるかにあるような気がします。戦後の歴史学でも論理としてこういう風に矛盾をとらえていたにしても、具体的な実証のところでは、複合的あるいは弁証法的なとらえ方ではなく、もっと形式論理的になってしまう。それは極限化されると権力と対抗イデオロギーの二項対立みたいなわかりやすい形で説明してしまう傾向があったように思います。そういう意味では、この背中合わせというか入り組んだ矛盾関係を、具体的な社会や人びとの生活などを含めて、どのように具体的に実証していくかはなかなか簡単ではないな、これがひとつあります。

それから今のことにかかわっていえば、そういう二項対立的なイデオロギーということと、牧原さんが言われた内面化論というのがまったく相反する二つのことなのかどうか。つまり国民国家論からいえば、対抗イデオロギーになりうるということもある意味では欺瞞と見えるし、内面化といったときもトータルに一〇〇パーセント占拠されてしまうというのではなく、あるズレを含んだり、雑多なものを含んでいるわけですね。しかもミクロな領域になればなるほど、細かいいろいろなものを含んだ内面化になる。

そういう意味でいえば、これが果たして全体として国民国家に向き合うような対抗イデオロギーになるという形で問題を立てていいのかどうか。この二つはある意味で組み合わさっているわけだから、対抗イデオロギーそのものとしてトータルに国民国家に向き合うというより、むしろ内面化の延長というか、内面化のなかの反転というか、ある瞬間の対抗というか、その都度の対抗というか……。

安田(浩)　味方のなかに敵がいる、敵のなかに味方がいるみたいな。

安田(常)　……いるみたいなね。そういう点をちょっと感じました。それからもうひとつは、社会と国家の関係でいえば、国民国家によって社会関係が国家関係あるいは国民関係に転換するというのは理論的レベルとしてはわかりますが、そこでもいわば人間関係の形としての社会関係は、国民関係のなかに埋め込まれながら残っていると思うんです。もちろんこれも両義的なのですが。それからもうひとつは、たとえば広義の国家というような考え方がマルクスのなかにもありましたよね。つまり厳密に絞っていくと政治的国家になるのだけれども、それが社会のなかにばらまかれている側面もある。こういう議論と国民国家論はどのように違うのかなとちょっと考えていたんです。もちろんこのマルクス主義の議論は、階級論が媒介になっていますから、個別的階級意識の共同化、あるいは支配的階級意識の内面化という文脈の議論になるのですが。

長　安田浩さんのコメントをうかがっていて、矛盾とセットで国民国家の安定、完成という問いが出されていますが、西川さんの議論とのずれを考えてみました。安田浩さんの問題の立て方は、憲法学説など、作り手の側の意図も含め、主体の働きかけと解明に力点を置かれている点が特徴だと思います。西川さんの議論は、主語がないというか、どういう意図にせよ、装置としての再生産のしくみが問題となっている。その装置を考えた集団なり主体なりとは離れて、機能や効果に力点が置かれている。そこがかなり違うのではないのか、そういう気がしながら聞いていました。

それと最近の西川さんの論考は、いうところの機能や影響、効用を誰から見るのか、どこから誰から見るのか、という立場性が非常に強調されてきている点が変化している気がします。あと、イデオロギー装置は、誰を対象にしているのか、という点も非常に重要だと思っています。たとえば最近の教育勅語研究は、台湾での教育勅語案とか、英訳教育勅語論が必要とされた点を問題としています。そうした素材や動向をふまえてもう一度、教育勅語論やさらには天皇制国家論そのものにフィードバックできているかどうか、課題だと思いますが、少なくとも教育勅語の制定段階では異言語支配の問題、帝国の範囲すら想定されていなかった。安定したかどうかは対象の推移も大きく関係するだろうし、むしろ、一貫した支配装置であることのほうが希少なのではないか、という気がしますが。

それから、さっきのポジショニングですが、大きな議論でいくと日本型国民国家論という論点とたぶんかかわると思います。天皇制のところでまた議論があると思いますが、西川さんの書かれたものでアジア系の院生の人たちと一緒に読んで皆がいろいろ指摘しあっておもしろいのは、きょうの議論になっている『幕末・明治期の国民国家形成と文化変容』の序文と、先ほど出ていた、『二〇世紀をいかに越えるか』の序文の、西川さんの多文化主義の功罪を全面的に論じられた論考なんです。とくに後者は、比較の基盤としてのアジアという問題を提起されている。なぜアジア発の多文化主義論はないのかという、発想の逆転がされている。日本型といった場合、比較の基盤がどこに置かれてきたのか、私はそちらを考えています。

安田(常)　もうひとつ西川さんへの質問なんですが、さっき議論がでた「総力戦と国民国家」についてです。西川さんの総力戦概念は、ぼくがよく理解できていないからだと思うんですが、いわゆる第一次世界大戦を契機にする総動員体制というイメージとは違いますね。日清日露戦争を含む「世紀転換期」に「総力戦」などの「原型」がつくられたといわれていて、とくに日露戦争が「総力戦」に値する「国民戦争」とされています。さっき今西さんがいわれたように、国民国家の発展段階論みたいなものとは違うと思うんですが、ここでいう「総力戦」的な特徴、つまり「国民化」の徹底は、本来国民国家に内在していて戦争で全面化するという理解でいいのかどうか。

大門　ぼくは今、安田常雄さんと同じようなことを考えていたのですが。さっきの牧原さんの整理を聞いて、一瞬、「ああ、そうか。ぼくは国民国家論的な志向に自分が知らぬ間に変わってしまったのかな」と思いましたが(笑)、しかし、たぶん、そうではないと思います。

要するに、安田常雄さんが言われたように内面化をしたときにズレていく。そのズレたような領域は国家におおわれているように見えるが、必ずしもおおわれていないような領域があると考えている。そういう領域がたえずつくり出されていて、そういう点でいうと国家ともうひとつ別概念の領域といったらいいか、ぼくはとりあえず社会と言うけれども、そういうものを設定して問題を考えたほうがいいのではないかと思っている。そういう点でいうと、安田常雄さんが言われたとおりで、内面化論と対抗論というのは、さっきの牧原さんの整理はあまりにもきれいすぎて、現実にはもう少し違うのではないか。

もうひとつは、国民国家論とそれ以前の国家論の関係です。高木さんは、国民国家論が出てきたときに、それ以前から絶対主義的な明治維新論の否定があったので国民国家論をすんなり受け入れやすかったと言われましたが、ぼくの印象ではたとえばグラムシ流の広義の国家論と国民国家論は違っていたのではないかという気がしています。広義の国家論の場合には、国家と社会を二分するのではなく、社会のなかに国家のいろいろな装置が入り込んでいくという形で議論をしましたが、社会領域を一方で設定しながら議論をしていたわけです。問題の立て方の出発点として、広義の国家論は社会の側からどうにか議論を組み立てようとしていたのですが、西川さんの国民国家論は戦略としても国民に焦点をあわせて、国家イコール国民、それを全面化するという形で議論を展開していったわけです。そういう意味ではたしかに内面化論なんだろうけれども、さっき牧原さんが整理した国家というものをそもそもどう考えるかという点での変換があったのではないか。だから、接続するようでいて、国民国家論とそれ以前とでは断絶面があったのではないかという感じがします。

高木　社会のとらえ方をめぐって、一九八〇年代までの講座派の国家論と、その後の国民国家論では違うということはわかります。私のように明治維新史の研究をしているものにとっては、講座派の明治維新研究に対して、一九八〇年代に政治・社会・経済など広い範囲で、近世―近代の断絶的な見方や実証研究が出てきたことと、国民国家論の受容が、連関しているように思えます。

近代天皇制の伝統と断絶

牧原　国民国家論に関しては、基本的な論点と今後の方向性がそれなりに出されたと思うので、ここからは天皇制の問題に移りましょう。

　どこから入ればいいか、難しいのですが、浩さんの報告と高木さんのコメントはかなり共通しながらも、天皇制の核心を政治文化としてとらえるか、政治機構としてとらえるかで微妙に違うようですね。まずはお二人の違いみたいなところからお願いしましょうか。

今西　その前にちょっと質問していいですか。西川さんの議論は、最初のボナパルティズム理論[★35]からそうですが、いわゆる君主制と共和制というものが持っている、とくに日本人の共和制幻想ですね。君主制は専制的で共和制は自由であるような話がうそだ、ということをはっきりさせたわけです。だから、政治形態が共和制と君主制をとることよりも、ある意味では、全員投票するような形での独裁が最も危険な独裁になることがありうるわけで、その問題をひとつはっきりさせるべきだと思うんですね。

　私も、西川さんの日本型を使うことと、天皇制をひとつの市民宗教、国家宗教みたいなものとしてとらえていいかという議論についてまだわからないところがあって、さっきも高木さんから質問が出たのと同じように考えてみたいというのがひとつです。

　だから、日本の天皇制をどう考えるのか。きょうは、せっかく二人の専門家がいるのだからちょっと教えていただきたいのですが。先週、山口輝臣さんとちょっと議論していたんだけれども、彼は、七〇年生まれの新しい国家宗教の研究者まさにメタヒストリー論なんですよね。彼は半分ぐらいそうで、半分は実証史家だったと言っていたけれども。ある意味で、近代においてキリスト教は国家宗教にするのは無理であっても、仏教をやろうと思ったら国家の重要なイデオロギー装置としてつくれたのではないか。まさに国家神道なるものは、国家神道という「語り」によって近代に

★35　西川長夫『フランスの近代とボナパルティズム』（岩波書店、一九八四年）。

なってつくられてくるものであって、最初から、そんな国家神道なんていうものを中心に据えるということを考えなくてもよかったというのがひとつです。だから、幕末からずっとくるような神道の流れで近代において天皇制が成立するということをなにも必然的な道と見る必要はないのであって、そこにはいろいろな可能性がありえた。

また、日本の幕末史や近世思想史は神道とか民衆宗教というようなものを過大評価しすぎるのだとも言えます。そのときでも、山口君は「語りとしての宗教」という話をやっているのに、質問者から生き神信仰とはどういう関係があるのかとか、そういう質問がすぐ出てくるんです。生き神信仰なんて大したものじゃないんだ、政治的・公的な権力として天皇制をつくるのは、近代の文明化の論理で、そういうものとして天皇制をつくりあげてきたのであったとして、いままでの民衆史や宗教史に対するひとつの批判を含んでいるわけです。近代化のなかでまさに天皇制がつくられてくるのだという。高木さんは、そこら辺について両方の意見に対して片一方だけでは解けないということをきょうの報告でも強調されています。

だから、そういう伝統思想のなかで浮上してきた、幕末から出てくるような宗教運動とか、いろいろな生き神信仰だとか、そういうものから天皇制がすっとつながって出てくるというものに対する、彼なんかは批判派ですね。まさに、そこで近代が創り出す新しい伝統のひとつとして天皇制を考える。それもだいたい、メタヒストリー論として言説の問題としてとらえていくというやり方です。そういう点で、今までとずいぶん違うタイプの天皇制研究が出てきているし、今までの民衆思想とかそういうものに対する、安丸さんたちに対する批判を含んでいると思うんですね。

またついでに教えてほしいのですが、安丸さんが安田浩さんについて批判しているんですよね。『岩波講座　天皇と王権を考える』★36の天皇制批判の展開のなかで、二つ出ています。ひとつは、安

★36　第一巻、網野善彦ほか編、岩波書店、二〇〇二年。

丸さんは、安田浩さんと鈴木正幸さんがよく似ている。笠谷和比古さんの『主君「押込」の構造』[★37]を引用しながら、君主の意志の国家意志への従属の伝統の存在を重要な説明原理とするという。安田浩さんは、笠谷・鈴木説に従って近代の天皇制の「受動君主」としての性格を説明している。立憲制の展開も、こうした伝統的構造内部での変容だったと考えているらしいと、そこまで言っているわけです。これに対して、安田浩さんは当然反論があるというのがひとつです。

もうひとつの安田浩批判の力点は、安田浩説だと幕末維新期になぜ幼い天皇が権力の前面に出てきて、二〇年代以降また国家イデオロギー、国体イデオロギーが重要な意味を持つかはわからない。政治史の枠のなかだけで天皇制をとらえているから、天皇制というものを非常に狭い問題としてとらえている。だから、まさに安丸さんの言うように民衆のコスモロジーの世界まで含めての天皇制のとらえ方をしなかったら、天皇制というのはとらえられないのだということ。その点について、まず意見を聞かせてもらうとありがたいです。

高木　基本的に、近代に天皇制がつくり出されるというところに力点をおくということでは山口さんと変わらないと思います。「天皇制」という用語自身が、さきほども申したように連続的なものとして使われてきたわけですが、それを断絶的なものとして考えていくということです。

それと、じつは固有、「伝統」だと思われている国体に代表されるものが、じつは明治維新後の近代化のなかでつくりあげられていることを考えたい。そういうものの考え方ができるようになったのは、やはり君主制とは違う絶対主義論以来の天皇制論という議論と国民国家論、この二つの議論を受けつぐなかにおいてです。

ただ、明治維新期の研究をしている人間としては、これは安田浩さんも指摘していますが、まったく無のところから新しい「伝統」がつくられるわけではなくて、それ以前の社会のなかから何を

★37　笠谷和比古、平凡社、一九八八年。

取り出し、そのなかで質的な飛躍、断絶が出てくるのかということですね。まったくないところからハトが飛び出してくるわけではなくて、どう接合し断絶するかは、やはり歴史学として非常に重要なものだと思います。

安田（浩） 要するに、安丸さんの批判をどう考えているのかですね。ひとつは、笠谷和比古氏の、近世の藩において、藩というのは家中ですが、すでに主君というものがこの家中の名によって規制される、こういう構造があるのではないかという話。

それはぼくも、天皇制のというよりも日本近代の一種の政治運営のというか、組織運営の前提的な伝統の問題としてあるという気がします。それが明らかに近代の天皇制においてもある部分で機能していく、そういうことなんだと思います。

ただし、安丸さんには立憲制への移行もその枠のなかで考えているらしいと言われたけれども、あれはちょっと違うなという感じですね。逆に言うと、そういう前提があったから立憲制が明治憲法型のああいうものになってしまったという意味合いはあると思うけれども、その枠のなかで考えているというふうに言われるとちょっと違う。

つまり、君主個人というか天皇個人のとか、あるいは、政権担当者の個人的な恣意を押さえるというふうな形でしか立憲制が理解できないような形になってしまう。そういう意味でのつながりはあるが、君主個人の恣意性を、家中なら家中という組織のもとで押さえ込むという伝統そのものが、立憲制議会というものを非常に限定的なもの、法にもとづく支配という観念を限定的にした。ぼくの場合は、こういう理解ですね。

それから幕末、一九二〇年代のああいう状況をみると、政治史の枠でとらえられるか。あれは言われても困るというしかない（笑）。思想史の専門家ではないし、ああいうコスモロジーとか一番ぼくの苦手なというか、訳のわからない領域には手を出さないというのがぼくの原則で（笑）。なるべく、関連が明示的に示せる政治史のほうでやっているのにすぎないというのが正直なところだけれども。

その意味では、ぼくのやった仕事そのものは天皇の政治史そのもので、まさに権力の頂点的な部分。そこでの政治過程、そういう意味で限定しているという意識はあります。

今西　それは、そういう民衆思想とか、天皇制をそういうコスモロジーの世界から説いていくような議論に対して、あなたは批判的であるということですか。そういうものでは天皇制は解けないのだという意味を含めているわけですね。

安田（浩）　いや、そこまでは言わない（笑）。ただぼくは、近代の天皇制はやはり第一に君主制機構である、つまり、その意味では装置化されたものであってたんなるイデオロギーや社会意識ではない。これは、押さえておきたい。

その意味で、さっき牧原さんが「政治文化論で高木さんと違っている」というふうに言ったのかな。つまり、政治文化論としてとらえれば天皇制が解けるのだと言われると、おそらく批判的になるということだと思うんですよ。

つまり、それは市民宗教論なり、たんなる国家イデオロギー論として扱えばいいという話になるかというと、そうはいかなくてやはり国家装置論という領域が非常に重要な問題としてあるという見地がある。

だから、政治文化論のみに解消されるということだと、ぼくはそれには批判的にならざるをえない。ただ、じゃあ、国家装置の問題としてとらえればそれで解けるかというとそうはいかない。

文化と制度

牧原　少し話を進めましょうか。立憲主義と君主主権をはじめいろいろな面での二重構造を浩さんはつねに強調されています。この二重構造の関係をどう見るかが問題の核心だと思うのですが。

今西　だから、さっきの高木さんの質問でも、たとえば、最近の伊藤之雄さんの仕事のように、天皇制の非常に立憲君主制的な側面を強調して、イギリスなんかとも同じような君主制のひとつとしてとらえたいという議論と、対照的に永井和さんが引用されたわけです。永井さんはまさに天皇親裁論ですね。天皇独裁が成立することによって、天皇制が確立してくるという議論と、非常に対照的な二つの議論が最近の潮流として出てきているわけです。

　最近の君主制一般に解消できるという議論に対して、浩さんの場合はやはり天皇親裁の問題を非常に強く打ち出してきています。その点での、最近の君主制論とか王制論などに対する批判も含めて聞かせていただくとありがたいです。

安田（浩）　それも難しい問題で、どうしゃべったらいいのかわからないというか……。天皇制論の問題を考える場合に、『天皇の政治史』★38は、近代天皇制国家論としては非常にアンビバレントな書き方をしているつもりです。一方で、制度化された君主、制度で動いている君主だというこういう議論で、かなり制度化されているんだけれども、限定的な個人的決定がある。この両方でとらえなければだめだという議論をやっているわけですよ。

　その議論、ある意味では折衷論みたいな議論ですが、やはりそれが実態に合っていると思います。実態に合うという問題は、制度的にはどこまで戻ってくるかが問題ですが。ひとつは、明治憲法を国約憲法として決めなかった問題がものすごく大きいという意見です。伊藤博文たちはやりたくな

★38　★16参照。

かったからやらなかったわけだけれども、あとの状況を見ると、おそらく、国会にかけてもあの憲法の条文の大部分は通ったんじゃないかという気がする。そんなに大きく修正されなかったんじゃないかと思う。

だけれども、それをやらなかったわけでこれが大きな問題をはらむ。憲法が国民と君主のあいだの契約、契約関係としてついに成立しなかったということですね。欽定憲法である、つまり、法制で憲法を制定する権力は天皇にある形になっているわけです。

だからたえず明治以来、議会ができて以降、憲法停止論がでてくる。初期議会のもめているときにしょっちゅう出てくる。日清戦後も出てくるし、それから、一九三〇年代も出てきます。あれが、出てくるのは論理必然性がある。

天皇は法の下にいるのではなしに、法の上にいる。こういう構造を、ついに日本の近代は変えられていない。その問題にこだわっているから、やはり天皇親裁、親政という要素の落ちていないという問題を見落とすことはできないという議論なんですよ。

その辺では、河上肇の「国賦人権」という、さらに極端にいえば、天皇賦国権、天皇賦人権というこの構造の問題が憲法制定のところでできている。何でそういう形になったのか、これが必然的だったのかというと必ずしも必然的ではないと思っています。明治一四年の政変の前までは、国約型でできる可能性があったと思っています。むしろ、過剰に権力危機を感じて欽定型に走ったと考えたほうがいいのではないか。だから、その意味では幕末の状況から必然的に明治憲法にいったという考え方はとっていないのです。

その意味では、主権の絶対性みたいなもの、つまり、天皇主権論が出てくるような構造を持つような形のつくり方を、いわば近代国家のつくり方を通してしたという、こういう問題が非常に大きいと思います。

高木　安田浩さんの議論も、それから永井和さんのイメージも、国家装置としての君主制の問題でいえば、日常的には制度化された君主だけれども、ある局面において天皇親裁が行われることが保障されている。

政治のレベルでいえば、そういう議論に対して、伊藤之雄さんなんかは、イギリスの君主はアイルランド問題で調停をしたり、親裁するからイギリスと同じだという議論もするわけです。立憲君主のあり方については異なった評価があるわけです。しかし、国体イデオロギーの問題でいえば、特殊日本的なことはだれもが認めているところだと思います。それが重要なのは、やはり明治天皇で一二一代にもおよぶ「皇祖皇宗」や「万世一系」ということです。それが国体イデオロギーの核心になるわけですが。

その問題が、結局は近代につくり出されるということです。その辺と天皇主権の問題がかかわるのではないか。その問題と、国家装置としての政治的局面にあらわれる立憲君主の問題と、両方を兼ね合わせていく問題だと思います。

牧原　そういう意味では、高木さんは万世一系的なイデオロギーが天皇制的な国家システムをつくり出すうえでかなり大きな役割を果たしていると考えるわけですね。

高木　そうですね。二重構造のうちのなかのひとつでいえば、それが非常に大きな役割で、それも初めからあったわけではなくて、陵墓とか正倉院の問題の例でも、立憲制形成の時期に天皇主権的なものが出てきた。

牧原　高木さんはいろいろな論文で、「議会制度成立を前にして」ということを強調されていますね。民権運動との対抗を重視する、ということですか。これはある意味でオーソドックスな天皇制理解だと思いますが。

高木　私の論理からいえば、たとえば幕末から国体論が出てくるとき、日本の優越性というものは、中国を意識しながら、中国は王朝交代でありながら日本の場合は王朝交代がない、そういう皇統の連綿性が孝明天皇段階で朝廷内の公論になってくると思います。

それに対して、明治維新後、一八八〇年代になると、それが対ヨーロッパ、欧米に比較して、日本の天皇・天皇制が、「皇祖皇宗」というヨーロッパにはないものだ、という形で出てくる。一八八〇年代は、私の論理で言えば、伝統論や「旧慣」保存論のなかでそういう言説が重視されるという……。

今西　全部難しい問題で、たとえば、渡辺浩さんなんかが一九九九年の日本思想史学会のシンポ「丸山思想史学の地平」で語った言葉を借りれば、天皇家は所詮関西にあった三万石ぐらいの名門であったものが、たまたま、政治権力の抗争のなかで近代になってつくられたものである。そういうものを万世一系的に、古代からの起源があってずっと系譜的にとらえているのは歴史学者のほうのひとつの見方であって、バイアスである。こういうやり方でやるから、天皇制の歴史的権威を高めるだけになるのだという議論がありますよね。

それから、「伝統的」というのはいったい何を天皇制は基礎にしているか。これはまた、それ自身が大論争になるわけです。水戸学を基礎にしたああいう国体イデオロギーみたいなものから天皇制がつくられてくるのか。それとも、もっと違うものから天皇制はつくられてくるのかという問題がある。

それからもうひとつ、文明化の問題で言えば、文明化のなかでまさに外国と接することによって日本的特質みたいなものをつくり出さなければいけないという、他者との接触によってそのなかで日本社会、日本の伝統文化みたいなものをつくらなければいけないというのは、開国から文明化の論理のなかで、逆に伝統性が非常に強調されて浮かび上がってくるという問題が当然あります。また、明治一〇年代から西南戦争期とか、国家体制の問題が国家内部の分裂も含めた大きな危機の問題があります。その辺の危機の問題をどうとらえるのか。それぞれみんな、大問題です。いますべて答えられないのでしょうが（笑）。

高木　いまのことで思うのは、歴史学者も含めて、明治維新後の国家がつくってきた国体というものにとらわれていて、それを前近代に投影して天皇制を構築したり、国史学ができてきたということを、まずおさえる必要があると思う。

それから、国体論の原理論的な問題というのは、明治維新から明治一〇年代までのあいだに試行錯誤しながらできると思うんですが、それが、国民も含めて社会と全面的に接点を持ち出して動きだすのは、やはり憲法体制以降の問題ではないかと思います。

長　政治的な局面と政治文化を安田浩さんの場合はある程度分けて考えておられていることと重なるのですが、高木さんのものを読んでいて政治史の議論の押さえがきちんとできているという魅力の反面、では、天皇制の文化的側面を対象とした際、方法論として何か突出しないのか、という点をうかがってみたいような気がします。とくに気になるのは、時代区分を結論または導入部分にされている点です。天皇儀礼や古代の読み出しが論理として対欧米用である、というのはまったく同感なのですが、それと一八八〇年代という区切りが論理としてそれほど説明されていない。区切りそのものは、従来の政治史の説明を強調されているように聞こえますが、その辺はどうなのでしょうか。

高木　政治史ですね。一番先に政治史的な問題です。だから、今度でもそうですが、永井和さんの

「太政官文書にみる天皇万機親裁の成立」で議論されていますが、明治天皇が親裁をしだすのが明治一〇年行幸で彼がフリーになって半年間京都で政治的に自由に行動して、帰ってきてから東京で親裁をしだすわけです。文化財や皇室儀礼の復興がまさにこういう時期と重なっていくわけですが。そういう政治的契機と天皇制にかかわる文化の変化の問題を重ねていきたいというのが、どうしても強い問題意識ですね。

長　ただ、その場合、たとえば、天皇がある一定の儀礼をするのだとか、それから、天平期にはこんな顔をしていたのだとか、狭義の政治的動向とは別の動き、修復の技術の進展だとか、有職故実研究の進展だとか、あるいは寺社の宝物と地域社会との関係とか。それと、そういうものを抽象的なレベルにまでもっていって伝統と名づけるのは、もっと事後的な現象ですよね。

高木　そうです。それは二〇世紀の問題です。

今西　天皇の社会化とか、社会的君主としての天皇が本格的に展開するのは、鈴木正幸・安田浩説でもだいたい大正期になっている。

長　そうすると、伝統とか固有性とか文化といった場合の、この語彙の使い方、説明の仕方は当然違ってこないんですか。社会との接点を持つのは二〇世紀というのは私も同感です。なんていうか、伝統と文化と固有性というものの持つ意味の変容があるのではないか、と……。

高木　いまは国体論の話で……。ただ、一八八〇年代は、『近代天皇制の文化史的研究』★39で書いていますが、皇室にかかわりがあるような伝統文化ですよね。だから、陵墓とか名勝とか史跡とか、あるいは、畿内においてかつて朝廷がかかわりがあるような文化的要素だと思う。それとは違って、長さんがやっているような国語とか、国花としてのサクラとかは、日清・日露戦間期に出てくる。★40もっと広い国民文化にかかわるような伝統の創出として、一八八〇年代とは質的に違うものがある

★39　高木博志、校倉書房、一九九七年。

★40　高木博志「桜とナショナリズム」、長志珠絵「世紀転換期の『国語』の位相」（西川長夫ほか編『世紀転換期の国際秩序と国民文化の形成』柏書房、一九九九年）、長志珠絵『近代日本と国語ナショナリズム』（吉川弘文館、一九九八年）。

と思いますが。

長　これは高木さんだけに言う議論というより、文化論的なことをやってると自分に跳ね返ってくるんですが、最近気づいたのは、「伝統の創造」という方法の理解のされ方が、使う側も批判する側も先走りしてきたのかなと。事後的にはたしかに、「伝統」や「文化」という差異は強調されるんですが、すでに最初に導入された段階から同じ構造をもっていたかのような像も生みだす。方法として検討の余地があると思うんですが。とくにこれは初発の現象をまずたどる、発掘してくる、という歴史学の方法に深くかかわるような気がします。だけど、ホブズボウムの仕事は[★41]、バックグラウンドとしてはもっと大衆社会を想定しているし、時期的にも第一次大戦後が強調されている。つまり、ホブズボウムが使っている素材、伝統的なものの創出は、国家装置であるとともに、社会との関係によって変形したり、共有される段階が前提とされている。技術の進展や資本主義化、具体的なイメージとしては、地域の観光化といった問題も大きい。民俗学の研究はそういう視点をもっていますが。「伝統の創造」という文脈で歴史研究として使われる時、時期は明治前期が中心となることで、ホブズボウムの使っている素材やその前提がかなりズレているような、そして、それがまた規範研究の単純化・単線化をもたらしているような感じを私自身は受けています。

牧原　たしかに、ホブズボウムたちの議論は、「伝統」の創造を必要とする状況とそれを受容する基盤の形成が前提にされている。荒っぽく言えば、普通選挙制が現実化してくる状況ですね。高木さんは、いわばその端緒を論じているのだと思います。ところで、安田浩さんも「伝統主義的ナショナリズム」という言い方をしますね。

安田（浩）　ええ。欧化的なナショナリズムと……。はっきり言うと「伝統」的ナショナリズムという場合は国粋主義をだいたい念頭に置いているわけです。ただ、「国粋」という言葉自身も明治に

★41　エリック・ホブズボウム、T・レンジャー編『創られた伝統』（前川啓治、梶原景昭ほか訳、紀伊国屋書店、一九九二

なってつくり出されるわけです。しかし、儒教的な観念とか、あるいは国学的な観念とかいうのを軸にした、そういう文化論に立つナショナリズム。そういうのはいわば伝統主義的な、そういう意味で使ったんですね。伝統主義的なナショナリズム。

その意味で、近代の伝統と言われるものはだいたい創り出されるわけだけれども、素材は必ず昔にあるわけですよ。だから、そこが非常に取り扱いが難しいところだと思います。

今西 昔にあると言っても、かなり変形させられているし、昔にそういう原型があったかどうも怪しいと思います。

高木 私自身がすごく意識したのは、西川さんが昔書かれた論文のなかで、欧化と日本回帰の波が交互に入れかわる図があります[★42]。あれはわりに、従来の教科書のイメージなんかもそうだと思います。それに対する批判です。たとえば岡倉天心なんかの国粋主義の時代であり、それ以前の文明開化とかその後の大正デモクラシーは欧化の時代とされる。それに対して、私のオリジナルな論点は、岡倉天心は国粋主義ではなくて、欧化と国粋と、論理として両方セットとしてもつのだということです。一八八〇年代以降にそういう論理ができてくるということ、が新しく主張したかったことです。言いかえれば、欧米に対して、普遍的な欧化と、固有な「伝統」の顕彰とが、セットで立憲制の形成期にでてくるということです。

牧原 私も、欧化と国粋の「両方セット」というところがおもしろかった。これは二重性の議論で浩さんがいわれた、「実態としては折衷論だ」という指摘とも通じるもので、大事なのは二重性を二項対立的に対置するのではなく、どう内在的に関連させるかだと思うのです。

西川 欧化と回帰の問題は日本史研究者にはまだまともにとりあげてもらっていないのではないかと思います。ぼく自身はもう三〇年近くもこの問題にかかわっていて、いまようやくまとめること

★42 西川長夫『増補 国境の越え方』(平凡社ライブラリー、二〇〇一年)一三七頁。

ができそうな気がして近く本にするつもりです。あの欧化と回帰の図は、たいへん誤解されやすい図なのですが、「支配的イデオロギーとしての欧化主義と日本回帰」と題されていて、特定の個人の内的葛藤を示したものではありません。個人の問題に関して言うと、若い時は欧化で年をとると日本回帰することが多いのはなぜか、その説明もあまりうまくできていない。それから欧化と回帰は対抗イデオロギーですから、熱烈な欧化主義者が強い回帰願望を秘めており、国粋主義者が根本で欧化主義者であることは、むしろ当然だと思います。今日のテーマである天皇制に関して言うと、明治以降、個々の天皇をとっても、天皇制をとっても、欧化と回帰の矛盾・対立を吸収する装置としてじつに見事に機能している。天皇は欧化のシンボルであると同時に回帰のシンボルなんですね。

国民と臣民の二重性

牧原　あまり時間がなくなってきたので、「日本型」の問題に移りましょう。西川さんの「日本型国民国家」と、今までの議論とはどうかかわりますか。西川さんは「国民と臣民の二重性」ということも言われましたが。

西川　あれは『幕末・明治期の国民国家形成と文化変容』の序文（つまり「日本型国民国家の形成」ですが）を書く段になって、その本に収められた飛鳥井雅道さんの論文「明治天皇・『皇帝』と『天子』のあいだ」のなかに明治憲法のもとに国民は存在しない、あるのは臣民だけだといった趣旨の文章が出てくるので、それへの応答として書いたものです。飛鳥井さんはそれまで「国民文化の形成」といった論文を書いてきているので、この場合ちょっと唐突なんですが、憲法の条文をたてにとって、明治憲法下に国民はなく、国民の誕生は戦後であるという議論は案外多いんですね。だけど、実際に明治初期から見ていったら、「国民」という言葉はずいぶん早くから使われていて、福沢諭吉を出すまでもなく、岩倉使節団の『米欧回覧実記』なんか全部、「国民」が主語です。つまり、文明化された欧米の国民国家をめぐっていく場合に、そこの住民は臣民でなくて国民ですから「国民」を主語にしなければならないし、明治初期の国籍法とか戸籍とかでも国民になるし、ジャーナリズムの用語も国民だし……。

そういう「国民」の成立という実態を無視して臣民とは言えないのだという、そういう単純なことです。だから、どういう時点で誰が誰に対して「国民」というか「臣民」というか、その使い分けがずっと行われてきたわけですね。多分そんなことを念頭に置いていたんだと思います。だから、国民と臣民の二重性というテーマは重要だとは思ったけれど、そこではあまり展開されていません。もちろんそれは天皇制の中心的な問題ではあるし、展開できればおもしろかったのですが。臣民は英語やフランス語に直せば、subject, sujet で、従属する者であると同時に主体をも意味する。「国家のイデオロギー装置」におけるアルチュセールのイデオロギー論は、その sujet をめぐる考察が中心になっています。その問題をもう少しつっこんで考えると、また別の国民論が展開できるはずなのですが。

牧原 そういう意味では、特殊日本的な国民ではない、「臣民的な国民」という意味合いではない、ということですか。

西川 それを「臣民的な国民」と言うのか言わないのかですが。

今西 臣民という概念そのものが国民であるというふうに、むしろ言ったほうがいいわけでしょう。それを臣民というのは特殊で、日本国には国民が成立しないという議論のほうに批判があるわけですから。

牧原 さっき今西さんがいった「共和制信仰」とも関係しますね。そうすると、西川さんのいう

「日本的」は、近代天皇制と直接的にかかわるわけではないのですか。

答えをお聞きする前にちょっと話をさせてもらうと、フランス革命が君主制を廃止したという議論に私は疑問があって、一八七〇年代の第三共和政確立までのプロセスを無視できないと思うんです。これは、浩さんのいわれる近代初期の秩序形成の困難性とも関連します。

それから、浩さんが指摘された自由民権派の君民共治論と、先ほどの「主君押し込め」の論理とはつながっているという気がしました。民権派の憲法草案をきちんと分析したわけではないけれど、行政権は天皇を頂点とする官僚機構がもち、議会は法律と予算でそれをチェックする、という構図がほとんどですね。つまり、君主の権力行使権を前提にして議会はそれに歯止めをかけるという役回りで、要するに「押し込め」の発想です。でもこれは、特殊江戸時代的ではなくて、西洋の絶対王政期の議会も同じではないでしょうか。

いいかえれば、議院内閣制のような、議会の多数派が政府を組織して議会の少数派と論争する、という発想ではない。これは、専制的な「天皇の政府」をいかに制御するかという、一八八〇年代的な政治状況を考えれば当然であるともいえるけれど、同時に、「輿論」はひとつだ、という大前提がある。ただこれも、一八〇〇年代のフランス共和派の発想とそれほど違わないんじゃないか。西川さんに笑われるかもしれませんが……。しかし、日本では実際に議会が始まってみると、議会の多数派が行政の主導権をとれる構造になっていない、そこから紆余曲折が始まる。その意味では、浩さんが言われるように制度の問題は依然として残っていて、「臣民」と「国民」とのあいだにもズレがある。ただ、制度としての「臣民」がそのまま現実の姿だったわけではなく、むしろ「国民」とのズレが、政治的対立を拡大したり国体イデオロギーを活性化させたりしたのではないか、逆に、義務があって権利のない「臣民」とはいわば「二流国民」であって、西洋と基本的に変わらないとも言える、なんて漠然と考えてもいます。

西川さんの「日本型」から話をそらせてしまったかもしれませんが。

今西　民権派の君民共治論が、君主主権の枠を出なかった、という議論には賛成ですが、それが「主君押し込め」の論理と同じか、ということには疑問があります。そもそも「主君押し込め」が近世権力のなかで、どれほど一般的であったか疑問です。またヨーロッパ史でも身分制議会が立憲君主制に接続するのかどうかは大問題ですし、日本の場合、立憲君主制が外から持ち込まれた制度という性格が強いのですから。

牧原　やはり、ちょっと乱暴ですかね。浩さんには、主権と人権の矛盾構造という近代国家に共通する問題と、日本は天賦人権ならぬ国賦人権だという指摘との関係を聞きたいですね。

安田（浩）　主権の至高性・絶対性を言いながら、その役割は「人権の保障」にあると制約されることが建前になるのが近代国家だと思うのです。実質では、国民主権が謳われてもその国民標準から逸脱する人間の「人権」は、排除し抑圧するのが、主権の機能ですが、しかし制約されることで、初めて近代国家の政治的合理性が成立してくるのだと思います。河上肇の「日本独特の国家主義」は一九一一年に書かれたもので、「ブルジョア合理主義の観点に立つ国民主義」が河上の立脚点であると内田義彦さんは評価しています。[★43]河上がここで述べているのは、西洋と日本の対置ですが、西洋の「天賦人権、民賦国権」と日本の「天賦国権、国賦人権」と対置することで、明治国家の国家としての制約性と合理性の欠如を指摘していると私は読んでいます。ナショナリズムが日本語に翻訳される時に、「国民主義」と「国家主義」の二つの訳が使い分けられる問題で、近代天皇制国家のもとでは、国民が成立してくるのですが、国家の不可欠の基本的要素として、必ずしも考えられるようにはならない。第二次世界大戦の敗戦前後の、「一億玉砕」とか「一億総懺悔」とか、国

★43　内田義彦『近代思想大系18　河上肇集』解説（筑摩書房、一九七七年）。

民国家の観点からすると馬鹿げたスローガンがまかり通るという状況は、ナショナリズムという「市民宗教」に解消しえない問題が残っていることを示していると思います。

牧原　長さんは日の丸や君が代の問題を論じていますが、一般的な国民国家の国旗・国歌論との違いについて、どう考えていますか。

長　結論からいえば、その成り立ちも運用の方向性も暴力性も、一般的な国旗国歌のバリエーションだし、ことに、「伝統の創造」という方法論に最も適合的な素材だと思ってます。もっとも導入期はとくに新奇なものだから、運用のされ方や誤解のされ方には、独自性というか、異文化受容としてのバリエーションがあると把握してますが。ついでに、今日的な状況だと、日の丸・君が代を特殊なものと見てきた戦後の見方によって逆に、一般的な国旗・国歌にストンと納得できない、そういう社会的心性を日本の戦後社会の希少なメリットとして重視すべきだ、とも感じます。

もっとも高木さんが提起されているように日の丸や君が代を国旗・国歌に読み替えるメリットとデメリット、つまり天皇制を王権に読み替えた時のメリットとデメリットといったようなことを、意識しておかないといけない。が、この語彙は方法論が先行しているというよりは、史料の側の名乗りを重視した結果です。とくに一次史料の検索用語としては国旗・国歌がだんぜん有効です。このことはなぜ、近代国家が、一定の形式を持つ歌や旗を必要としたのか、という理由と深くかかわっていると思います。一方で、人びとのリアリティを叙述できないという批判は残るでしょうし、とくに軍隊文化としての側面をどう配置しなおしていくかが、ポイントでしょうね。

日の丸・君が代と社会との接点は一九三〇年代以降で、現代につながる問題としては、戦後の占領体験が大きな画期で、これは別に論じました[★44]。で、国民国家論の課題としては、植民地の問題もありますが、戦争とシンボル操作の問題として俎上にのせる必要があると感じています。天皇制

★44　長志珠絵「敗戦・占領とナショナル・シンボル」（ひろたまさき、キャロル・グラック編『歴史叙述の臨界』東京大学出版会、近刊予定）。

論・王権論と違う点は、暴力性を主題におくにせよ、今さら日の丸・君が代という日本の特殊性を強調する議論の枠組みを前提としたのでは、視点としても史料操作としても、一般的な国旗・国歌を救いあげるだけのような気がします。

安田（常） さきほどの「臣民と国民の二重性」論、これは研究史の流れのなかでは、それこそ「顕教と密教」論や竹山道雄さんの二・二六事件論[★45]など、ずっとつながっている議論ですよね。さっき休み時間に廊下でも話していたんですが、そういう二重の基本的特徴があるというところで説明が終っていて、もっと全体的パースペクティブのなかでどういう風に意味づけられるかという踏み込みはまだないんです。そこはとても難しい論点だと思うんです。きょう出していただいた「臣民と国民の二重性」論をふまえて、あるいは研究史も含めて、これを国民国家論の射程のなかで新しく説明するとどうなるのか。ここがひとつのポイントのように思うんです。これができれば、かなり重要な新しい論点になるだろうと思います。

たとえば思想史のほうでいえば、北一輝をもう一回、国民国家論でどう読み直すか、みたいなテーマです。北一輝論もある時期までは一生懸命やっていたんですが、その後みんなやめちゃった。北の国体論はいうまでもなく天皇＝国家ではない、ある種の機関説ですね。天皇より優位にたつ国家の概念もステーツではなく、ネイションとしての国家です。そしてそのネイションとしての国家の原型的イメージは、日露戦争で戦った「国民」が想定されています。それから改造法案段階でいえば、憲法停止論ですね。社会経済的な政策でいえば、人権、表現の自由、労働者農民の権利擁護など、戦後改革あるいは戦後民主主義の原型のようなものを考えているし、同時に対外的には、植民地再分割を要求する「正義の戦争」論となります。さらにいえば、天皇をかついだかに見える革命構想は、青年将校や農本主義者と違った独自な政治戦略があったという渡辺京二説[★46]に基本的に賛

★45 久野収・鶴見俊輔『現代日本の思想』（岩波新書、一九五六年）、竹山道雄『昭和の精神史』（新潮社、一九五五年）。

★46 渡辺京二『北一輝』（朝日新聞社、一九七五年）。

成なんですけど、そういったいくつかのファクターが組み合わさっていることはわかっているんです。でもそういうファクターをつなないで、トータルな像をつくるのは難しいんですね。「臣民と国民との二重性」論から、あるいは国民国家論の視点から、どういうふうに組み替えていけるのか、これはとてもおもしろいなと思っています。

最後にもうひとつ。天皇制の戦後についてですが、浩さんの象徴天皇制論は一九六〇年代形成、八〇年代確立ということでよろしいのでしょうか。それと例の二重性論は、戦後どうなるのでしょうか。もちろん昭和天皇が生きているときには、内奏という形で君主意識が存続しているのですが、その後は解消することになるのかどうか。そんなイメージをうかがえればと思います。

大門　きょうの安田浩さんの報告のタイトルが「日本型国民国家と近代天皇制」となっていたんですが、いま安田常雄さんが言われたような、この二つがどうやって結びついて議論が可能なのか。きょうの議論のなかからは見えたような見えないような。近代天皇制で議論をしてきたことが、たとえば、高木さんみたいな形で国民国家論と接続可能な局面をつくりながらも、政治史で近代天皇制でやってきた議論と国民国家論と少し離れて議論されていると言ったらいいですかね。そこを接続させるにはどうしたらいいのかというふうに話を聞きながらずっと思っていて、いま安田常雄さんが言われてそうかなと思ったのですが。そこのところはどうしたらいいのでしょうということを、安田浩さんに書き足してもらって（笑）。

安田（浩）　それは難しい問題で、私も明確な見通しがあって述べているのではないのです。国家装置論の領域で言えば、『天皇の政治史』★47で私がした作業は、近代天皇制支配における機構的権力と天皇の親政＝個人的権力の関係の問題ですが、これを近代国民国家のバリエーションのひとつと明確に位置づけるには、前提として、国民国家における機構的権力と個人的権力の関係が明確になっ

★47　★16参照。

ていなければならないが、それはまだ不十分でしょう。だから、前に高木さんが批判的に言及していた伊藤之雄氏のような見解も出されてくる。また、国家装置の編成や機能の仕方は、ナショナリズムや政治文化を規定すると同時に、逆にこれらに規定される。近代天皇制の特殊性は、このナショナリズムや政治文化に再規定されるところから出てくるところが大きいのではないか、という感じをもっていますが、これらの領域の問題については、高木さんや長さんの専門のところで、よろしくお願いしたいですね。

高木　私は最近、長さんに「変わった」と言われるんですが、国民国家を使わなくなったんです。それはなぜかというと、やはり日本型国民国家のバリエーションとして天皇制があると安田浩さんはおっしゃいましたが、そこにちょっと引っかかっているのは、自分でまだ整理できていないのですが、伊藤之雄さんみたいな動向に対して違和感があって、国体論のことを考え出したときに、なかなか日本型国民国家ということでは説明しにくいところがあります。社会を含み込んだ広義の国家を考えるときに、同じ国家のレベルでは、普遍的語感の強い国民国家よりは、近代天皇制国家を使うことに、シフトしてきたということでしょうか。

長　校倉書房から出されたご著書★48は九七年ですが、その後研究会などの報告では何度か、政治制度の次元ではなくてもっと地域史・社会との関係で説明する必要をいわれることが多くて。この間美術史と学際的な交流を持つことが多いのも関係があるのかな、と。そういうこともあってある意味では言説分析中心の方法論だというイメージの強い「国民国家」という用語を敢えて使わないのだろうと理解したんですが。

高木　私自身がやはり社会論をやっていない。「伝統」の制度のつくられ方にとどまっている。それは歴史学の弱いところなんだけど。だから、制度論というのはある意味で簡単で、それが社会か

★48　★39参照。

らフィードバックされる問題を形にするには、史料的にも工夫がいる。きょうの話でもそうですが、両義性の一方向である対抗イデオロギーの問題を形にするというのは非常に難しいところなんですね。常雄さんもおっしゃっていましたし。

そこのところは、さっきの創られた伝統の話でもそうですが、二〇世紀の社会状況のなかで明治維新後に制度として創られた伝統がどう社会と葛藤していくかは、じつはまったく取り組んでいないし。やはり、これからの問題だと思います。籠谷次郎さんの先駆的な小学校の実態の分析などに学ばなければならない★49。

牧原　私の場合は、国民国家というベースなしに天皇制は存在できなかった、というのが基本です。たとえば、前近代に民衆が国体イデオロギーを内面化するとは考えられない。また、生き神と現人神はまったく異質で、天皇の権威性も明治以後の政治過程で形成されたと思います。その時重視したいのは、林達夫さんが言っていた「何かからの防御のシステム」という面と同時に、北一輝のように「攻撃のシステム」でもあるということです。しかも、相対的な弱者や劣位の者が一発逆転をかけるときに天皇をもちだす。農本主義もそうだし、野党が「不敬」を口実に政府・与党を攻撃するのも同じです。

それから、浩さんは、「社会的利害の多元的主張を抑制し、国家装置間の主導的抗争によって社会的利害の表現が代位されるシステムは、政治的多元主義ではありえない」という指摘をしている★50。たしかにそのとおりだけれど、多元的主張を代位するというか、さまざまな主張が天皇と結びつきえたことは無視できないのであって、いわゆる「ブラックホール」が国民を統合していくうえで不可欠だとすれば、その機能を天皇が代位したことは間違いないと思うのです。これは国民国家としての弱さが逆に統合力を強大にしたという議論にもつながりますが、問題は、「攻撃のシステム」

★49　籠谷次郎『近代日本における教育と国家の思想』(阿吽社、一九九四年)。

★50　★1、一四五頁。

が多用・乱用されるにつれてタブーとしての力が強められていくわけで、そのプロセスを具体的に追うことがさしあたり必要だと私自身は考えています。

今西　安丸さんも言っているように、天皇主義＝悪では、神道ラディカリズムなど解けない問題がたくさんあります。しかし、北一輝の評価については、古屋哲夫さんの実証的評伝★51などを読むかぎり、常雄さんのような高い評価は与えられませんね。

象徴天皇制の位置づけ

牧原　最後に、常雄さんが出した象徴天皇制の問題を含めた時期区分について論点だけでも出しておきましょう。

これまでの話では、近代天皇制の時期区分としては、明治維新がもちろん一番大きくて、ついで、帝国憲法成立期、一九三〇年代のファシズム期、ということになりそうですが、それでいいですか。とくに、三〇年代を「天皇制ファシズム」とするか、「軍事（軍部）ファシズム」とするか、もちろん一方には、「総力戦体制」というヨーロッパと共通の枠組みでとらえれるべきだ、という議論もありますね。この点は国民国家論のところで常雄さんが出した問題ともからみますが、戦時期の子どものあり方をとりあげてきた大門さんあたりからお願いしましょうか。

大門　戦時期の子どもについて考えていたときに、印象的だったことは、戦時期の子どもの政治的主体性の強さは戦後になっても減少せず、いわゆる戦後民主主義のもとでも子どもの政治的主体性は非常に強かったことです。つまり、戦時期には皇国を支える少国民の意義が強調されますが、戦後になればたとえば模擬国会が小学校の教室で行われるなど、戦後民主国家を支える子どもの役割が強調されます。政治体制としては戦時から戦後にかけて変化があるとぼくは考えますが、しかし

★51　古屋哲夫「北一輝論」（『人文学報』第三六～四三号、一九七一～七九年）。

子どもの政治的主体性は戦後も非常に強いものがある。その点をどのように位置づけたらいいのか、気になっています。

戦後の象徴天皇制は、おそらく高度成長期に大衆天皇制として定着する過程を歩むのでしょうが、それ以前の占領期、あるいは一九五〇年代をどのように位置づけたらいいのか、そのことが今言った子どもの政治的主体性ともかかわって気になっています。

長 ずれた話を先にしておきたいと思いますが、最近、近代天皇制を考える際に、占領期を経た戦後というのが、非常に大きな意味をもっているのではないか、と漠然と感じています。象徴天皇制の構築のされ方が、近代以後の天皇制の時期区分論や研究課題に影響や前提をかなり与えてきたのではないか、といったような見方です。たとえば、リン・ハントの「家族ロマンス」論やホブズボウムが指摘する、イギリス皇室の表象のされ方（家族像が大きな意味を持つ）といったような現象を抽出する方法論が政治文化論として有効だとした場合、フランス革命と明治維新を対象とするよりは、時空間がねじれてしまうけれど、占領期のほうがよほど可能なのではないか。フランス革命の政治シンボルは、王を殺したことで兄弟が浮上するわけですが、戦後日本と天皇制の場合、処刑し損ねた社会であり、しかも占領軍および冷戦という外在的な政治力学によって残された社会ではどういう問題・構図が浮上するのか。それから、社会との関係という点でいえば、安田浩さんが言われるように、天皇もまた政治装置であり、彼らの代替わり、死をめぐる共感の共同体つくりが形成される時期などを転換点とみなす見方も可能ではないか、と思います。

今西 国民国家は初期から戦争機械としての性格を持っていますが、総力戦期のモジュール性はもっと考えなければならないと思います。ナチズムの東方帝国と大東亜共栄圏構想、民族的排外主義の問題、ソ連の計画経済など、もっと比較検討される必要があるのではないでしょうか。ただ、国民国家の段階性を考えるのは重要ですが、西川さんがボナパルティズム論でやったように、近代国家と現代国家の類似性の問題ももっと議論されるべきでしょう。

安田(浩)　戦後の象徴天皇制については、私は実証的な本格的分析をしていないのですが、「近代天皇制研究の現代的意義をめぐって」で、いちおうの見通しを述べました。それは、一九六〇年代に象徴天皇制が、国民の同質性・一体性を表象する「儀礼君主」を主要機能に定着＝確立するが、同時に副次的側面として、象徴天皇を国家の威厳性を体現する存在とし、大国ナショナリズム形成の不可欠の要素としてその権威化をはかろうとする動向も一貫して存在する、日本の大国化とともにこうした動向がくり返しあらわれている、そうした意味では、戦後の象徴天皇制も二重性を持つのではないか、というものです。こうした二重性のあらわれる基本要因は、現在の平和主義を原理とする憲法は、大国としての軍事的・政治的権力の行使の制約要因となるゆえに、通常の近代国家なら機能する憲法への忠誠による国民主義の動員が効かず、憲法以前的な国家と国家権威の存在の措定が必要とされることにあるのではないか、と考えています。

戦後の象徴天皇制は、天皇に権力中枢としての位置を期待していないという点では、近代天皇制とはまったく異なるものであると思います。しかし、国民の一体性と国家の権威性を天皇に表象させ、大国ナショナリズム形成の基本的要素となっているという点では、近代天皇制から共通する問題もあるといえるのではないか、というのが、今のところ私が言えることです。

高木　象徴天皇制を考えるうえで、第一次世界大戦後の世界の君主制の危機が大きいと思います。かつて日本が模範国とした、オーストリア・ロシア・プロシアといったヨーロッパの強大な君主制が倒れてゆく。そこでイギリスをはじめとするヨーロッパの君主制は生き残りをかけて、軍事的・神権的な性格から文化・社会事業・外交・儀礼などソフトな機能へとスライドさせていく。ところが、日本はひとり〈世界の君主制の孤児〉として、天皇親裁や軍事や国家神道との結びつきを強めていく。この一九二〇年代後半からの〈世界の君主制の孤児〉となっていく過程と構造の解明は、日本近代史の重要な課題です。

そして一九四五年の敗戦による象徴天皇制の成立によって、第一次世界大戦後の先進国の君主制のシステム（文化・社会事業・外交などにかかわる君主制）へ、天皇制も参入した。これが基本的な私の見方です。しかも第一次世界大戦後の民主主義の潮流により、現在、君主制のもとで生活している人口は世界の総人口のなかで一割にもみたず、一億人を超える大国は日本をおいてはなく、それに続くものでも、イギリスやタイといった数千万人の国しかない、という現状認識が必要です。圧倒的に君主制は少数で時代錯誤なのです。

日本の象徴天皇制は、先進国でありながら大国の君主制であり、しかもイギリスのスキャンダルのように、国民とのあいだに齟齬をきたしていない。この象徴天皇制の稀少性の秘密には、天皇制に戦前からの日本固有なものの連続がみられることがあるように思います。たとえば松尾尊兊氏が明らかにした、昭和天皇が敗戦後も、大臣に「内奏」を要求する体質の問題[★52]、外交文書で天皇には、主権を存するEmperorの語が今も用い続けられる点などがあります。また天皇陵や正倉院御物は、戦後改革のなかで、「国有財産のなかの皇室用財産」というカテゴリーになったにもかかわらず、いまだ戦前の私有財産と同じように天皇陵は非公開、正倉院は秋だけの一部限定公開といった、戦前と連続する管理がなされている。

さらに文化的な面で、世界の君主制のなかで今日の天皇制を考えてみます。たとえばヨーロッパ中世の王権で権威を高める機能を有した戴冠式やその前後の秘儀や、私有財産としてのプライベートコレクション（秘物）があるかといえば、基本的にこれらは一九世紀に解体し、公的なものに解

★52　松尾尊兊『戦後日本への出発』（岩波書店、二〇〇二年）。

消している。そもそも戴冠式があるヨーロッパの君主制は、現在、イギリスだけですし、ベネルクスの国々のように、君主制の議会への宣誓など、まったく国民にオープンなものになっています。塗油式のような秘儀はとっくに失われている。そういう意味では日本で大嘗祭を秘儀として一九九〇年に行ったのは、先進国では唯一であり、ほかではタイ王権の仏教儀礼と似ているぐらいでしょうか。「秘儀」の儀礼の象徴的機能を、近代国家で活用する日本は、今日、稀有の存在といえるでしょう。

正倉院の御物についても、現在、世界を見回しても、宗教的に特異なバチカンを除いては、秘物のありようは類似がない。歴史的にみると、フランス、ロシア、オーストリア、イギリスといった君主制が、一九世紀に王家の私宝を公的な博物館に移し国民に公開する、まさにその時期に、わずか一〇万石にも満たない貧乏な近世朝廷は、明治維新を経て、正倉院を東大寺からとりあげ、天皇陵を村々からとりあげ、その他さまざまな献納物を通じて御物や皇室財産を集積していくわけです。

明治維新後につくり出された、日本に固有な文化的諸要素が、今日、とくに昭和天皇から平成天皇への代替わり以降、装いも新たに重要になっていく。裕仁天皇の戦争責任問題が、天皇個人レベルでは切れた歴史段階に入ったことが、大きいかと思います。かつて第一次世界大戦後、先進国の君主制の雄であったイギリスは、もはやスキャンダルまみれとなり、日本は独自に「模範」をつくりだしていかねばならない。そういう意味では、一九八七年の皇太子時代に平成天皇が記者会見で、理想の皇室のあり方として、平安時代の貴族文化をあげている点は重要です。大陸とは切れたピュアな国風文化を、二一世紀皇室のあらまほしき像にしていこうとする指向（最も純粋な国風文化という、岡倉天心以来の言説も、最近の大津透の『道長と宮廷社会』[★53]で否定されていますけれど）。ともかく、古都京都という空間を国風文化というある時代のイメージに特化し、その時代の固有な

★53 大津透、講談社、二〇〇一年。

文化を、平和で高貴なものとして尊重し、現代の皇室儀式や文化に投影していく指向でしょう。大嘗祭や正倉院、あるいは古都奈良・京都の古社寺や名勝も、皇室とのつながりをもって文化戦略のなかで位置づいているように思います。世界遺産の指定も、古都とのかかわりで皇室のソフトなイメージづくりに運用されがちです。戦前以来の「国宝」に優位する「御物」の体系から、グローバル化の「世界遺産」に皇室の文化的財産をどう対応させるかが、一九九八年の正倉院正倉の世界遺産登録からは見え隠れします[★54]。また一九九八年の東京国立博物館での「皇室の名宝」展では、「秘匿されてきた」御物をバンバン公開しました。さらに民俗芸能や鎮守の森、棚田といったものを、「日本文化」として囲い込み、環境保全などと絡めながら支援していこうとする神道界や保守層の動きもでてきています[★55]。

全体として、戦前には日本固有なものとして、神権的に隔絶したものであった近代天皇制の文化的諸要素が、「平成」以降、ソフトな装いをもって大衆化し、高貴なブランドとして社会へ浸透していっている感じをもっています。

かつて一九九〇年代初頭に天皇制の授業をはじめたとき、批判的に語るのが当たり前という、講師と学生との暗黙の了解があったのが、いまや象徴天皇制をソフトで高貴な所与の存在、とする学生たちを前にして、「平成」の変動を感じます。

近代に文化的粉飾をこらして創り上げられた天皇制。近代の「身分制」としての天皇制のメカニズムをどう明らかにするかが、私の課題です。文化的構築物としての近代天皇制を考えるとき、松本治一郎の「貴族あれば賤族あり」という言葉は、大きな示唆を与えてくれるように思います。

今西　松尾尊兊さんも指摘しているように、戦後の「天皇の人間宣言」は、じつは「人間の天皇」だったと思います[★56]。戦前の体制をどうとらえるのか、については松尾さんと意見の違いがあるかも

★54　高木博志「世界文化遺産と日本の文化財保護史」（園田英弘編『流動化する日本の「文化」』日本経済評論社、二〇〇一年）。

★55　岩本通弥「『文化立国』論の憂鬱」（『神奈川大学評論』第四二号、二〇〇二年）。

★56　★52000参照。

しれませんが、戦前と戦後の連続性はあらためて考えてみたいと思います。

牧原　じつは、昭和天皇が重態になった時期に、二、三度、市民グループの「自粛」反対デモに参加したんですが、やはりかなり緊張しましたね。右翼にやられる予感もしました。ところが行ってみると人数は少ないし意気はあがらないし、おまけに右翼の姿も見えない。彼らも自粛してるんです（笑）。だけど、緊張はなかなか解けない。そのとき、「ああこれが天皇制というものか」と思いました。「安保反対」や「中曽根内閣打倒」なんていうのとは全然違うんです。この、とらわれの感触を忘れてはならないと思っています。

近代天皇制論と国民国家論の関係については論点を出していただくだけで終りましたが、おそらくこれは、時間切れというだけでなく、現在の研究水準とも関係しているでしょう。ただ、今後の議論の手がかりはいくつも出されたように思います。きょうはここまでにしておきましょう。

4　歴史学と「われわれ」

歴史学と「われわれ」　　安田常雄

1.〈西川長夫〉さんという場所

(1) 前提:〈図柄と地〉(同時代の意識と生活―学問)

「入門」と「入門以前」→そして「民間学」

(2) 西川氏の国民国家論の原基の場所(いくつもの国民国家論という視点)

A 「廃墟」の発見=象徴としての安吾の「白痴」の世界(『日本の戦後小説』)

B 高度成長期の無意識=もう一つの「廃墟」(深沢七郎『風流夢譚』)

「グロテスクなイメージと乾いた笑いの結合」「既成の権威と秩序に対する揶揄と嘲笑」そして天皇と民衆との「黙契」的構造

C 「廃墟」としての1968年=「被拘束」からの脱却

「ぼくらはいかに多くの権威を無意識に受け入れていたことか」

(3) 西川氏の国民国家論の内在的論理――論点整理と問題点

(4) 国民国家の両義性と「私文化」―いくつかのイメージ群(遠望する「非国民性」)

①「国民化された身体にいまだ残された自然」

②国民国家発生以前にもっていた二つの方向性

③「生活の必要」という文化の位相、「生存それ自体が孕んでいる絶対の孤独」(坂口「文学のふるさと」)

④クレオールへの期待、「現在のあるがままの自分たちの姿」へ向って

⑤メルッチへの共感、「定住民の移民性」「メタモルフォーゼ」「瞬間の共同体」、そして「私文化としての移民」

※身体に降り積もる歴史の重層性、「非国民」としての荷風(「深川の唄」)

2. 歴史学は未来を語りうるか?

(1) 集合名詞で歴史を語ること

①ジェンダー論――理論レベルと歴史実証レベルをどうつなぐか/関係史としてのジェンダー史と問題史としての女性史

②民衆論――多元的な「民衆」「主体」の内面化・規律化と「とらえ直し」/民衆(史)というイデオロギー/国民国家解体後の「民衆」/民衆史からの戦争・植民地論の脱落/私文化と民衆/「客分論」の構図

☆民衆像構成の基底にあるもの――〈生活者性〉と「知」の位相

(2) 歴史学に未来はあるか

①通史は可能か、全体史か、時代の歴史像か

②社会史・民衆史と国民国家論との接合は可能か

制度としての歴史学とさまざまな「歴史」へのかかわり方など

③国民史としての「戦後歴史学」をいかに越えるか

牧原　きょうは最終回です。これまで積み残してきた論点を含めて総括的な議論をしたいと思います。報告は安田常雄さん、コメントは今西一さんです。常雄さんからは、ご自分の最近の問題関心を簡潔に示した次の作品があらかじめ配られています。ではお願いします。

安田常雄「変容の軌跡と意味」★1
安田常雄「書評・鹿野政直『化生する歴史学――自明性の解体のなかで』」★2
安田常雄「方法についての断章」★3
安田常雄「解説・思想史の発想と方法」★4
安田常雄「聞き書きは自分をくり返し確かめる旅」★5
安田常雄「ヤポネシアと民間学」★6
安田常雄「現代史における自治と公共性にかんする覚書――横浜新貨物線反対運動の〈経験〉を通して」★7
安田常雄「大衆文化のなかの『逆コース』」★8

歴史学と「われわれ」

安田（常）　「歴史学と『われわれ』」というお題をいただいて、牧原さんからは、最後の総括的な報告をやれというご指示でした。とても「総括」などは無理ですが、今までの議論となるべく重複しないような形でお話したい。せっかく西川さんがみえられている研究会ですので、私もこの機会に

★1　『思想の科学総索引　一九四六―一九九六』解説（思想の科学社、一九九九年）。
★2　『歴史評論』第五九七号、二〇〇〇年一月。
★3　歴史学研究会編『戦後歴史学再考』（青木書店、二〇〇〇年）。
★4　『展望日本歴史24　思想史の発想と方法』（東京堂出版、二〇〇〇年）。
★5　『AERA　MOOK　日本史がわかる』（朝日新聞社、二〇〇〇年一二月）。
★6　『歴史書通信』第一三五号、二〇〇一年五月。
★7　『法学新報』第一〇九巻一・二号、二〇〇二年四月。
★8　『評論』第一三二号、（日本経済評論社、二〇〇二年八月）。

いくらかうかがいたいことを含めて、また今までのジェンダー論、民衆論などの基本的論点を整理するなかで、今までの積み残しを含めながら、この研究会として一応のまとまりの議論ができればと思います。そんな呼び水のようなお話になります。報告の柱は二つあって、ひとつは「〈西川長夫さん〉という場所」というテーマ、もうひとつはとてつもなく大きいのですが、「歴史学は未来を語りうるか」です。

〈西川長夫さん〉という場所

〈図柄と地〉

まず「いくつかの前提」とレジメに書きましたが、これは私が歴史とか歴史学をどういうふうに考えているかという前提なのです。それは一言でいえば〈図柄と地〉ということになります。これはそれぞれの時代の言説、思想、学問、もちろん歴史学もそうですが、そういう世界の根底には、いつも人びとの生活と意識そして行動といった「地」の部分があって、思想や学問の世界などはいわばその「地」の上に浮かんでいるひとつの島のようなものではないかと思っています。これは前に歴研の『戦後歴史学再考』にも書きましたが、歴史学をそのものとして問題にするというよりも、歴史学がその上に立っている同時代の歴史、人びとの行動と意識の総体のなかでどういう場所にあるのかを見ていくことに私はとても関心があるんですね。

それをいくらか敷衍すれば、「入門」と「入門以前」ということになります。お手元の参考文献にあるんですが、一九七〇年に『思想の科学』は「入門以前」という特集を二回やりました（五、六月号）。その「編集前記」にこんな文章があります。「東京が大きな焼跡になって、ぽつんぽつんと二本ずつ門がたっていた時のことを忘れることができない」、「門に近づいてゆく時の動機、その足どりが問題なのだ。その問題は、入門をとりやめにして門前をとおり過ぎてゆくにしても、入門するにしても、そのあとまで、自分の思想についてまわる」、「門を入らないでその学問に参入する道はありはしないか。門がまえだけあって、門のうしろには、まなぶに足る学問がないこともありはしないか。そう考えながら、門の前にたたずむ、あるいは、入門せずに道を歩いてゆくことを、まずしたい」。署名にTとあるのはたぶん鶴見俊輔さんだと思いますが、この文章を思い出したのは、西川さんが今度新しく出された『戦争の世紀を越えて』の「あとがき」で「超高層建築としての学問」というとても面白い問題提起をされていて、それに触発されたからです。[★9]

そのイメージは、焼跡のなかに門だけ二本立っている風景にまっすぐつながって見えるんですね。それは戦後の学問の出発の場所。そこに建物ができ、人が住み、制度やルールができ、システムができていくわけです。戦後の復興から高度成長にかけて、建物は高層化し、学問も超高層建築になっていくなかで、果たして原点にあった「入門以前」という問題がそのなかにどのような形で残っているのかという問題だと思うんです。それが私の場合でいえば、民間学という言葉で考えようとしてきたことの中身でもあります。

あわせてレジメに書いた「はじめに言葉ありき」と「ことば以前」も同じ意味です。石牟礼道子さんは水俣病の記録を書き継いで、「ことば使い」に上昇していく自分の背後に、いつとはなく捨て去ってきた「ことば以前」の世界の喪失をくり返し語っています。[★10]いいかえれば「はじめに学問ありき」から超高層建築としての学問への道のなかで、何が捨て去られてきたかという問題だと思います。民間学についてついでに一言コメントすれば、鹿野政直さんが「民間学」という言葉をつくられ、すぐれた問題提起をされたのですが、[★11]私のイメージとの違いはおそらく「学」というものへのウエイトの置き方にあるのではないかと思っています。鹿野さんは周知のようにかなり有名な

★9　西川長夫、平凡社、二〇〇二年。

★10　石牟礼道子『陽のかなしみ』(朝日文庫、一九九一年)。

★11　鹿野政道『近代日本の民間学』(岩波新書、一九八三年)。

在野民間学者を対象に民間学の系譜をつくっていこうとされていますが、私はどちらかというと、もちろん当然その系譜の重要性を認めるのですが、その外側に広がっている、普通の人びとが自分の暮らしのなかでモノを考えてきて立ち止まる場所、そこに力点を置きたいと考えてきたのだろうと思います。★12 在野学としての民間学もそういう世界に支えられていると考えるわけです。

〈いくつもの国民国家論〉

さてそんな前提をおいて、そこから西川さんの国民国家論を考えると、どういう風に見えてくるか、それがここでの中心になります。視点としては二つあります。それは西川国民国家論の「入口」と「出口」そしてその「中身」です。すでにこれまでの議論において、「中身」(内在的論理)については広範な論点が提起され、今回も継続の議論がでるでしょうが、ここでは前回に安田浩さんが四点にまとめられた整理を三点にしぼり、①抑圧性を軸にした近代論、②モジュール性=比較の視点、③「国民化」を通した近代批判の政治文化論としておきたいと思います。とくに西川国民国家論が大きな意味をもった核心は、これは以前大門さんが議論され、私も異論はないのですが、文明と文化の位置づけと国民化というものをどれだけ自覚的に歴史学は問題にしてきたかという問いかけ(「国民化」とイデオロギー装置)であったと思います。それをこの研究会のある意味での共通理解としたうえで、①国民国家の矛盾とはなにか、②国民国家の変容の段階区分は可能か、③国民国家の日本型とはなにか(天皇制)などの問題点が議論されてきたと思います。

ただ私の場合、国民国家論を考えるとき留意したいのは、かたまりとして国民国家論を考えたくないという点です。いくつもの国民国家論がある。これはおそらく国民国家論に限らず、戦後歴史学もそうだと思いますし、マルクス主義もそうだと思います。いくつもの戦後歴史学、そしていく

★12　たとえば、安田常雄「民間学の意味するもの——鹿野政直『近代日本の民間学』を読んで」(安田常雄『暮らしの社会思想』勁草書房、一九八七年)。

つものマルクス主義という視界。これはさきほど申し上げた〈図柄と地〉という問題とからむのですが、一人ひとりの国民国家論、一人ひとりの戦後歴史学と見ていったとき、それは一様な単色の模様として見えるのではなく、いわば凹凸をもったダンダラ模様として見えてくるはずだと思うんですね。

そう考えてくれば、西川さんの国民国家論には西川さん固有の思想と気分があって、そこにインパクトの源泉がある。その場所に分け入ることなく、かたまりとしての国民国家論に賛成反対といっても「中間総括」にならないでしょう。歴研のシンポジウムの時も新しい歴史学的方法の「中間総括」の必要を言っていたのですが、かたまりレベルではうまくいかないのではないでしょうか。だいたい、私には「全称肯定命題」も「全称否定命題」もないんですよね。その意味で、ここでは〈入口〉と〈出口〉ということを考えてみたいと思います。

〈「廃墟」という原基の場所〉

西川国民国家論の〈入口〉とはなにかというと、たぶん「廃墟」というキーワード。そして〈出口〉とは「私文化」というキーワードに象徴される感じがするんですね。これが西川さんの国民国家論の骨組みかな？　つまり私の関心の焦点なんですけど。

まず「入口」としての「廃墟」でいいますと、西川さんにとって「廃墟」はいつ発見されたか。これは興味深い問題なのですが、第一はいうまでもなく戦後直後の「廃墟」でしょう。西川さんの『日本の戦後小説』[★13]はとても好きな本ですが、そのなかで言われている想像力の自由、つまり理想的社会やユートピアを想像する自由、ほの白い期待の自由という表現が使われています。なかでも最もシンボリックには、坂口安吾の「白痴」の有名なラストシーン[★14]。よく知られている場面ですが、

★13　西川長夫『日本の戦後小説——廃墟の光』（岩波書店、一九八八年）。

★14　『坂口安吾全集』第四巻（ちくま文庫、一九九〇年）。

少し引いてみます。「夜が白んできたら、女を起して焼跡の方には見向きもせず、ともかくねぐらを探して、なるべく遠い停車場をめざして歩きだすことにしようと伊沢は考えていた。電車や汽車は動くだろうか。停車場の周囲の枕木の垣根にもたれて休んでいるとき、今朝は果して空が晴れて、俺と俺の隣に並んだ豚の背中に太陽の光がそそぐだろうかと伊沢は考えていた。あまり今朝は寒すぎるからであった」。壮絶な空襲のあった翌朝の「廃墟」の街をどこへ向っていくかわからないけれども、とにかく歩き出してみようという思想のスタンス。それは戦後社会に向う「廃墟」からの方向感覚ですね。よけいな話をしますと、坂口安吾が『白痴』を書いた町は、私が育った町の隣あたりなんです。今のJR蒲田駅から私鉄に乗ってひとつ目の矢口渡という駅の周辺があの小説の舞台となっています。子どものころから自転車にのってうろうろしていたこともあって、そこには都心ではない東京の場末の町の気分が濃密にあり、その貧しい都市住民のうえに激しい空襲がやってくるわけですね。また西川さんは、同じ本のなかで「夜の闇と星空の美しさ」(田村泰次郎『肉体の門』[★15])、「地平線の発見」(これは小沢信男さんの名作「徽章と靴」[★16]を思いだします)を見出し、こうした「廃墟」の風景のなかの「不条理ゆえの連帯」を確認しています。このイメージは西川さんの国民国家論の底にあるように思うんです。

第二に「廃墟」は高度成長期にもあるんですね。その象徴のひとつは深沢七郎の『風流夢譚』でしょう[★17]。これは右翼からも左翼からも怒りの声が上がり、中央公論社事件に発展したきっかけになった小説ですが、この小説のおもしろさの核心は「革命」の蜂起や「天皇」の首がころがった所にあるのではなく、昭憲皇太后と主人公のプロレスまがいの大格闘シーンにあります。あの世界はほとんど村祭り、屋台が出て楽隊が「キサスキサス」を演奏しながら練り歩いています。西川さんの評価によれば「グロテスクなイメージと乾いた笑いの結合」、「既成の権威と秩序に対する揶揄と

★15　田村泰次郎、風雪社、一九四七年。
★16　小沢信男『東京の人に送る恋文』(晶文社、一九七五年)、所収。
★17　『中央公論』一九六〇年一二月号。

嘲笑」ということになります。そしてそのなかで演じられる大格闘は、戦後民衆の天皇コンプレックスが暴かれ、天皇と民衆との「黙契」の構造が明るみに出される。[★18]逆にいえば、ここに描かれているのは、社会の表層の底に埋まっている高度成長の無意識ともいうべきものではないでしょうか。「廃墟」とはここでも、既成の権威や価値が空無化する場所であり、そこからどこかに向けて歩き出す方向感覚をともなった場所でしょう。

第三の「廃墟」は、一九六八年。フランスの五月革命。この時の西川さんの経験は『フランスの解体?』[★19]に詳しく書かれているのですが、パリの壁などに書かれたさまざまな言葉ですね。少し引いてみます。「国家権力が突然機能を停止して、台風の只中の無風の青空のように現出した奇妙な時間と空間。それまでよそよそしく顔をそむけあっていたさまざまな集団や階層や国籍の壁が突如崩壊して、街頭や広場や教室や劇場などにくりだす群衆のあいだにひろがる共感、はてしない真面目なお喋りと笑い。あらゆる壁をうめつくした落書きとビラ。自分自身が内奥から変りはじめて、あらゆる可能性が目前に開けていくような快い感覚」。そしてその時書かれた「ぼくらはいかに多くの権威を無意識に受け入れていたことか」という象徴的な一句。西川さんは、一九六八年パリをふりかえりながら、次のようにとらえ直しています。「国家とはわれわれ一人一人のこと。この数年、私が懸命に主張している国民国家論や国民化の問題は、すでにこうした一句に集約されてしまっていたのではないだろうか。いま読みかえしてみてそんな印象が強い。またフランス革命の『自由・平等・友愛』が国民国家の誕生を告げるスローガンであったとすれば、次の言葉はポスト国民国家の時代の到来を告げるスローガンであったかもしれない。自発性。創造性。生」。[★20]ここには国民国家論とつながる、あるいはそれを支える六八年「廃墟」の経験があるのではないでしょうか。

★18　安田常雄「象徴天皇制と民衆意識」(『歴史学研究』第六二一号、一九九一年七月)。

★19　西川長夫『フランスの解体?』(人文書院、一九九九年)、八四頁。

★20　★19、八六〜八七頁。

それではこの「廃墟」はいまはなくなったか。おそらくなくなっていないでしょう。既存の権威が最も軋みをともなって動揺し、同時にどこへ行くかはわからないけれども、ある方向感覚としてしか「未来」が提示されない場所。おそらく社会の底部にあるポストバブルの「廃墟」の感覚は、印象主義的にいえば、車谷長吉さんの小説『赤目四十八瀧心中未遂方』★21や青山真治さんの映画『EUREKA　ユリイカ』★22などに歴然と描かれているように思います。

はじめにもどれば、焼跡に二本の門だけが立っていた「廃墟」の世界、そこから見れば、超高層建築の学問の権威が大きく振動し、そこからある方向感覚を頼りに歩き始めるという場所、私たちはそんな所に立っているという気がします。

〈「私文化」と国民国家の両義性〉

それでは次に「出口」とは何か。それは「私文化」というイメージだと思うんですね。これはもちろん「国民文化」の対極に、あるいはそのなかに埋め込まれながら生きている世界ともいえるでしょう。私の感想をいえば、「私文化」論の提起によって、西川さんの国民国家論はとても見晴らしが良くなったという感じがしています。ここには「両義性」が鮮明にあらわれています。今度の研究会で、私にとって重要なことのひとつは「両義性」の確認という点ですね。西川さんは、最近「両義性」という言葉をよく使うので、議論が複雑になってわかりにくくなったという感想を聞くようになったと話されていました。たとえば『増補　国境の越え方』★23の「補論」の言葉を借りれば、「国民国家のなかで形成された諸概念はつねに両義性をもち、私たちはその両義性のなかで生きている」ということです。これまでの議論のなかでも、この論点に関しては、①矛盾と両義性は同じなのか、あるいは②両義性が生まれてくる根拠はなにかといった論点が出されていて、こうした論

★21　車谷長吉、文藝春秋社、一九九八年。
★22　『EUREKA』J. WORKS、二〇〇一年。
★23　西川長夫、平凡社、二〇〇一年。

点の掘り下げは議論のなかで具体的に展開されると思いますので、ここでは「両義性」の確認を前提にして先に進みます。

西川さんの「私文化」論はまだ全面的に展開されているわけではないんですが、いくつものヒントはさまざまな形でちりばめられていて、私はとてもおもしろいと思います。ここではランダムに五つほどのイメージを拾いましたが、それは「遠望される『非国民性』」とでもいうべきイメージ群です。

第一は次の文章です。「『非国民の回路』を準備するのは、国民化された身体にいまだ残された自然であり、国民国家における相矛盾し相対立する価値の存在である」[★24]。第二は国民国家発生以前にもっていた「文化」と「文明」の含意と方向性ということ。「個人の決断やライフ・スタイルとしての文化と、世界に共通する普遍的な部分を拡大していった文化（したがって文明）。そしてそのとき、おそらく文化と文明がその語と概念の発生期に、すなわち国民国家の確立以前の世界市民主義の時代にもっていた二つの方向性と含意があらためてかえりみられるということが起こるかもしれない」[★25]。第三は、岩田慶治さんの「日本文化と自分文化」と坂口安吾の「日本文化私観」を参照しながら、引かれている文章です。たとえば坂口安吾は次のようにいいます。「俗なる人は俗に、小なる人は小に、俗なるまま小なるままの各々の悲願を、まっとうに生きる姿がなつかしい」。「竜安寺の石庭で休息したいとは思わないが、嵐山劇場のインチキ・レビューを眺めながら物思いに耽りたいとは時に思う」[★26]。ここには「文化」を「生活の必要」という位相からとらえ、一人ひとりの生きかたとつなげて考える発想があるといえるでしょう。そしてその世界の根底にはほかに還元不可能な「生存それ自体が孕んでいる絶対の孤独」（坂口安吾）があるととらえられています。第四は最近のクレオール論での問題提起としていわれていることですが、クレオールが少数民族のルーツ

★24 西川長夫『国民国家論の射程』（柏書房、一九九八年）、四五頁。

★25 ★23、二一三〜二一四頁。

★26 ★23、二六七〜二六八頁。

探しをくぐりぬけて、「現在のあるがままの自分たちの姿に真の価値を見出すことになるだろう」★27という期待と可能性です。そして第五は、メルッチへの共感として語られている「移民性」という「私文化」です。それは絶え間ないアイデンティティの「メタモルフォーゼ」（変容ないし変身性）とそのなかに創られる「瞬間の共同体」というイメージとして表象されています。そして西川さんは「私は二一世紀の『私文化』を表象するのは広義の『移民』であると思う」★28と書いています。

キーワードだけもう一度拾いますと、「身体にいまだ残された自然」、「国民国家発生以前」、「生活の必要」あるいは「生存それ自体が孕んでいる絶対の孤独」、また「あるがままの自分たちの姿」、「移民性と変容と「瞬間の共同体」ということです。ここから、たとえば「身体にいまだ残された自然」という言葉からは、かつて仁木悦子さんが『もう一つの太平洋戦争』で書いた障害者の問題★29や、捕虜虐殺の現場に出るが殺さないと決めて、上官からは「犬にも劣る奴」といわれて軍靴をくわえて雪のなかを歩かされた兵隊のイメージが浮かんできますし、「自分文化」からの連想でいえば、鶴見俊輔さんの『限界芸術論』やジョージ・オーウェルの大衆文化論などが浮かびます。★30またクレオールや移民については、辻信一さんの『ヒア・アンド・ゼア』の「からだの転向」論が浮かびます。★31いずれにしても問題は、国民国家に囚われているわれわれが、その強固な壁を内側からめくり返すように、大事なものを抱えて、きわどくそれをすり抜けていくことができるかという問題、社会学者の栗原彬さんの言葉をかりれば、★32いわば「両義性」からのインサイド・アウトはいかに可能かという問題、これが「私文化」論の大事な点だろうと思います。

ここで二、三の感想を付け加えますと、ひとつは身体に降り積もる歴史の重層性をどう考えたらいいかという点です。これは西川さんのいわれる「国民国家発生以前」という問題ともかかわるかもしれないのですが、たとえば一人の人間の身体に歴史のさまざまな層が重層化して積み重なって

★27　★23、四〇四〜四〇五頁。

★28　★23、四三六頁。

★29　仁木悦子、立風書房、一九八一年。

★30　たとえば鶴見俊輔『思想の落し穴』（岩波書店、一九八九年）、同『限界芸術論』（勁草書房、一九六七年）、ジョージ・オーウェル『ライオンと一角獣』（オーウェル評論集4、平凡社ライブラリー、一九九五年）。

★31　辻信一、思想の科学社、一九八八年。

★32　栗原彬・小森陽一・佐藤学・吉見俊哉『内破する知』（東京大学出版会、二〇〇〇年）。

いるという考え方がありますよね。柳田民俗学とかね。表層で支配的なのはいうまでもなく近代ですけど、その底には近世もあるし、中世も古代も原始もあるかもしれない。そういった重層性がポストバブルのわれわれ一人ひとりのなかにもあって、さまざまな層が沈殿しているとすれば、それは国民国家を相対化する根拠になるのかどうかという問題なんです。

二つ目は以前の、成田龍一さんに対する大門さんの批判にかかわるんですが、国民国家の「両義性」からのインサイド・アウトは強い個人だけに可能なのかという論点です。たとえば、夢野久作、永井荷風、坂口安吾などはある意味で「強い個人」だとも思いますが、私の関心で言うと、もちろん「弱い個人」の抵抗力の形という論点は重要なのですが、他方で「強い個人」という時の元になっているものは何か。それはある固有の「複雑さ」のような気がするのですが、その構造にとても興味があるんですね。その「複雑さ」と国民国家の相対化とがどう関係しているのかは、まさに思想史研究者がちゃんとやらなければいけないのですが、夢野久作でいえば、もともと杉山茂丸の息子で玄洋社系の右翼思想の系譜にいますが、戦争中の夢野久作の秘書であった紫村七重は共産党員なんですね。この混じりあい方の複雑さは興味あるんです。[★33] また永井荷風については、荷風日記に象徴されるようにれっきとした「非国民」なんですが、ただ先日必要があって「深川の唄」を読み直したんです。これは明治四一年、荷風が日本に帰ってきた直後に書いた小説です。荷風は市電に乗って深川にいくのですが、その市電のなかの日本人の姿を克明に描いています。それは一言で言えば、醜悪な日本人、いかに東洋の島国に奇怪な生き物がいるのかというトーンで書かれています。これは作家の古井由吉さんによると、いわば新帰朝者としての荷風が、ひとまず追い込まれた境地といっていますが、このイメージは荷風のなかにその後も残っていったようにも思えます。荷風は民衆派じゃないんですよね。もちろん東京の下町が好きでずうっと通うことになるのですが、

★33　さしあたり鶴見俊輔『夢野久作』（リブロポート、一九八九年）。

野口冨士男さん流にいうと、荷風にとって下町は異国なんですね。このまなざしは最近のポストコロニアル論者からみると、オリエンタリストに見えるかもしれない。この「複雑さ」のうえに「強い」「非国民」としての荷風がいるとどうなるか、これは私にはとても興味深い問題です。★34

これまでお話してきたように、西川さんの立っている場所、それは「廃墟」という「入口」と「私文化」という「出口」をはさんで、西川さん固有の国民国家論の特徴と骨格ができているのではないかと思われます。

歴史学は未来を語りうるか

さて次は二番目の柱である「歴史学は未来を語りうるか」ですが、これまでの論点を反復しながら、駆け足である程度の整理を考えたいと思います。

〈集合名詞で歴史を語ること〉

ジェンダー論についてはさまざまな論点が出されていますが、たぶん積み残しの論点と思われるのは、理論レベルと実証レベルをどのようにつなぐかという問題ではないかと思います。これは大門さんや今西さんから出され、長さんからは、最近「良妻賢母主義」や「自由主義史観」から新たな性差別を再生産する女性史が登場していることへの危機感が述べられ、基本的にはジェンダー史は関係史を切り拓く可能性があることが強調されています。

ただジェンダー史が通史として成立するかについては、留保をつけられています。また「主体」としての女性という問題については、アプリオリに女性という「主体」が決められているわけではなく、「男性／女性」の線引きそのものを問題化するのがジェンダー論であり、これは民衆史にも

★34　永井荷風「深川の唄」（『永井荷風全集』第六巻、岩波書店、一九九二年所収）、古井由吉「『深川の唄』に添って」（同『永井荷風全集』第六巻・月報所収）、野口冨士男『わが荷風』（講談社文芸文庫、二〇〇二年）。

あてはまるのではないかと問題提起されています。ただ他方で、現在でも「女性（史）」に関しては圧倒的に情報が不足していて、それを埋めるための積極的な意味としては、拡散し多元化するさまざまな集合性として「女性」の「主体」化を考えることは有効ではないかといわれ、その場合も「女性」にかかわる史料をどのような観点から読むかは別に問われなければならないと述べられています。

二つ目の継続的論点としては、こうした理論と実証の関係の問題にからんで、「ジェンダー史はどのような意味で歴史学か」という大きな問題が提起され、これまでの議論ではいくつものイメージが出されているように思います。西川長夫さんは女性史が成り立つのになぜジェンダー史が成り立たないのかという表現で述べられ、より積極的にはジェンダー史は女性史否定の関係史として成立することを主張されています。他方で、大門さんは「女性」の「主体」化にこだわるというスタンスから、女性史＝ジェンダー史は近代批判として重要であり、とくに規範のとらえ返しのプロセスを強調されています。また女性史は領域史ではなく、問題史ではないかというのが、安田浩さんの観点です。私もあまり積極的に展開することはできないのですが、女性史的なものを組み込んだ関係史というイメージはあります。こうしたところが、これまでの議論で提出された論点ではないかと思います。

第二は「民衆論」です。まず大門さんの問題提起があります。そこでは、人民史観的な硬直性を超えた多元的な「民衆」、その多元的な「主体」の把握方法として「民衆論」を立てるといわれ、その「主体」化はつきつめれば、国民国家による内面化・規律化のとらえ返しという点に焦点を結ぶといわれます。これに対して、西川さんからは第一に「民衆」、「民衆史」というのもひとつのイデオロギーではないかと問題提起され、「主体」となった「民衆」とは「国民」のことであり、社会史の「主体」も「国民」のことではないかと言われています。西川さんの「民衆」像は「非国民を包囲する民衆」というイメージが強く、これが以前の議論でいわれていた「民衆アレルギー」とかかわっているのかもしれません。また第二に、西川さんは「葛藤をかかえこむこと」を思考が始まる場所として設定し、ここが自分の国民国家論の最も重要な場所であるといわれています。これは言いかえれば、人間個人の根源的欲求と「国民」としてやらなければならないことの矛盾があらわれ、拮抗する場所のことでしょう。ここで西川さんがいわれる「根源的欲求」はおそらく前に述べた「私文化」性と密接にかかわっていると思いますが、私には次のような西川さんの文章が興味深く思われます。「民衆という概念を作り直して、それに期待するとすれば、それは国民国家が解体した後のどういう存在が構想できるかというときに、民衆の概念が生きてくるのではないか」。これはどのレベルで「民衆」という概念を使うかということですが、国民国家解体後に「民衆」概念が再生するというとらえ方と、その「民衆」性は国民国家に包囲されている人びとのなかにも弱々しくはあれ潜在しているというとらえ方の違いともいえるでしょう。これも重要な論点です。また具体的なことですが、現在の「民衆史」研究では戦争や植民地の問題がとらえられていないという批判が、西川さんや今西さんからくり返し提出されていて、最近「兵士」研究などで「民衆史」への接近がみられますが、この批判はそのとおりだろうと思います。

また「民衆論」については前々回に詳しく議論された牧原さんの「民衆論」（＝「客分論」）があります。それは牧原さんの表現では、逃げる主体であると同時に自発的に突っ込むこともあるオブジェクト的主体です。牧原さんはあまり民衆の定義をしたくないと言われつつ、歴史を決定する主体ではなく、むしろ権力や政治的中間層から呼びかけられる対象として、オブジェクトであるような被治者である生活者が想定され、同時に他方では異議申し立てをする存在、言いかえれば現状否定というかぎりでは歴史の転換を生み出すエネルギーを秘めている存在として「民衆」がイメージされています。

それではこれらの「民衆論」について二、三の感想を述べれば、まずそれぞれの人の「民衆論」が基底にどういう民衆像を置いているのかに関心があるんです。その場合もかたまりとしての民衆ではなく、一人ひとりの民衆のあり方というのが大事なポイントです。

私の民衆像はある意味で牧原さんに近い所もあるのですが、ひとつは生活者としての原型というイメージがあります。民衆＝生活者というとあたりまえのイメージみたいですが、この原型としての生活者は、もしそういう言葉を使えば知識人のなかにも存在しているし、権力者のなかにもあります。そのレベルはいわば暮らしていくことの大切さ、あまり言葉は良くないのですが、暮らしの至上性という位相です。そこからみれば知識や政治、そして学問もどちらかというと、余計なものです。この位相が民衆を考える時のベースではないか。その意味でいうと、安丸さんのいう民衆とは生活の専門家という定義にはちょっと違和感があるんですね。生活は素人とか専門家というより、生活者性のようなもの、抜き差しならないものとして通底している。それはおそらく政治が消え、権力が消滅しても、暮らしていくこと自体は存続して残るというイメージです。客分としてではなく特定の歴史的状況のなかではこの原型に足をおいて行動することになるわけで、本来右であるか左であるかは関係ない。あるいは右にも左にも過激に行動する。どちらにも大きく揺れるんですね。他方で「知識人」は通底する生活者性をもちながら、その本質として余計なことを考える存在ですから、思想や首尾一貫性が重要な基準になります。だからかつてあったように、「研究者」＝「知識人」の基準に適合するものだけを「主体的民衆」と呼ぶことになったりするんです。この存在と知の位相のズレをどう考えるかが「民衆論」のひとつの論点のような気がします。安田浩さんがいった「歴史家のもつ序列化という権力作用に自覚的であること」という言葉はここでも重要だと思います。

国民国家論の国民か非国民かという問題でいえば、人びと（民衆だけでなく）はそう簡単に非国民になれないわけです。特定の状況のなかで国民という形を強いられています。ですから「民衆史」は必ずナショナルのものをいかにくぐるかが問われることになると思います。

〈歴史学に未来はあるのか〉

さて最後は「歴史学に未来はあるか」ですが、これまで議論されたことをまとめると三点ぐらいになると思います。第一は通史は可能かという問題です。またここでいう通史とは「全体史」か「時代の歴史像」かという論点も出されていました。ここで「時代の歴史像」とはそれぞれの時代ごとのまとまりとしての時代像が、たとえばスキマをもちながらつながっているというイメージでしょうか。一方には、今までの発展段階論に立脚して、全体を体系的、統合的にとらえていく「グランド・セオリー」から「通史」を考える立場もあるわけで、そこが残されている論点だと思います。

第二は前々回でしたでしょうか、大門さんが出されて私も関心があった論点ですが、社会史・民衆史と国民国家論は接合が可能かという点です。たとえば牧原さんも、国民国家論は国民になることが生活レベルでいかに大きな変容をもたらすかという視点を持ち込んだわけですが、ただ日常生活のレベルで国民化を考えるという意味では、社会史を継承しているといわれています。またたしかに西川さんのいわれるように、歴史学が国民国家の制度としてつくられてきたことはそのとおりだとしても、歴史への向き合い方はおそらく多様で、歴史学に一元化されることはないでしょう。

つまり制度としての歴史学はなくなっても、歴史研究あるいは歴史への欲求は残るのであり、そこでは社会史や民衆史的な見方は残っていくのではないでしょうか。

第三は、国民史としての「戦後歴史学」をいかに越えるかという論点です。「戦後歴史学」が「国民史」として形成されてきたという点に関しては、大方の合意があるだろうと思います。ただいつごろ、どのような契機で「国民史」として形成されたかなど具体的な内容については、まだまだ不明な点がたくさんあります。私の印象としていえば、「国民史」の形成と「戦後革命」の挫折とがだぶって見えるときがあるのですが、これもかたまりではなく一人ひとりの担い手に即し、具体的に見ていくことが必要でしょう。残された大問題ということで提出しておきたいと思います。

牧原　いかにも常雄さんらしい切り口と表現の報告でしたが、初めての本格的な「西川長夫論の誕生」に立ち会ってしまいましたね。後半の、これまでの討論の整理もみごとだと思いましたが……。

西川　タイトルの、「われわれ」の括弧書きは、そこになにか込められた意味があるんだろうと思って聞いてきました。

牧原　最初に相談した時のことはよく覚えていませんが、「われわれ」という範疇自体への留保を意識しつつ、この研究会のメンバーの一人ひとりが歴史学とどう向き合うか、という程度のことだったと思います。

今西　われわれという概念を使うと、われわれと彼らという対立的な問題になりませんか。

西川　はじめは歴史記述の主体としてのわれわれという、「われわれ論」が想定されているのかと思ったりもして。

大門　今ので言えば、安田常雄さんは、いかにも安田常雄さんらしく、われわれというタイトルをいくつものというふうに分解して議論を組み立て直したというのがきょうの報告です。だから、いくつもの歴史学というようなのが、このタイトルの裏側にあるのかなと、聞いていて、そんな感じがしました。

牧原　今の解釈も大門さんらしいですね。いずれにしても、「われわれ」には括弧がついているわけです。では今西さん、コメントをお願いします。

コメント

今西　一昨日ヨーロッパから帰国して時差ぼけが取れない状態で聞いてたんですけれども、安田常雄さんの明快な整理にちょっといくつかの感想を言いたいんです。西川さんが、のちに全体的な反論をされると思いますが、私も廃墟の発見は非常に大きな問題のひとつだと思っています。私の研究のほうに引きつけて議論をしていくと、私は研究の出発点で、たとえば六〇年代の広末保氏の「悪所論」に大きな影響を受けています。[★35] まさに辺境の悪所として広末保が提起した問題、そういう悪所のなかの自由という問題を考えていたわけです。これはもちろん近世の悪所からずっと続くわけです。たとえば浅草という場所をとっても、そこから明治末、大正にかけて出てくるような、添田唖蝉坊から辻潤まで、いろんな連中の集まる世界です。そのなかではユートピアを創造する自由な世界があったわけです。そういうものが近代的な盛り場という形で、どういうふうに変貌していくのかという問題を考えてみたいというのが、問題関心のひとつであって、そういう悪所論を追求していきたいというのがあります。

そういう廃墟のなかの自由とか、悪所の自由の問題、もちろん網野善彦さんの言われるアジール

★35　広末保『新編　悪場所の発想』（ちくま学芸文庫、二〇〇二年）、ほか。

論とか、いろいろな議論が出てきたわけですけれども、そういう問題をどう考えていくのかという点がひとつ、あったわけです。

安田常雄さんとの共通点の問題では辻潤の評価でもそうですけれども、アナーキズムの再評価が非常に大きな問題としてあると思います。その点は思想史的な問題でもあるので、ぜひもう一回、アナーキズムの歴史的な再評価の問題を考え直してみたい。

二番目に国民国家の問題、とくに両義性と私文化の問題です。西川さんの問題の立て方のひとつに、国民国家論の持つ両義性の問題をかなり注意しておられる。西川長夫さんが退職の講演会で言っておられた、たとえば自分は憲法第九条を評価する。それは国民国家を内側から形骸化したり空洞化する可能性を持っている問題として提起していきたいという言い方をされました。また酒井直樹さんも、ほかの座談会などで、憲法第九条を私は評価しているんだとはっきりと発言しています[★36]。

これはおそらく西川さんや酒井さんたちの議論は、その点でかつての全共闘運動とか新左翼の議論とは違う点だと思います。私は、西川＝全共闘論を間違いだと思っているんですけれども、かなり両義性の意味を西川さんにせよ、酒井さんにせよ、意識されている。もちろん新左翼運動や全共闘運動、それ自体についての評価はいろいろあるとしても、そういうものと少し違うのではないかという点があると思います。

次に西川さんの私文化論は大きな問題だと思います。この点でも上野千鶴子さんが反論されているように、かつての新左翼運動、全共闘運動をやった人たちから見れば、憲法第九条の評価や私文化論はきわめて甘いものと映るかもしれないけれども、安田常雄さん自身が言っておられるように、たとえば生き方の問題があります。安田常雄さんのくださった「現代史における自治と公共性に関

★36　西川長夫「最終講義　フランスの解体」(『立命館国際研究』第一二巻三号、二〇〇〇年)、酒井直樹ほか「〈帝国〉批判の視座」(『情況　第Ⅱ期』第八巻一〇号、一九九七年)。

する覚え書」を読んだんですけれども、そこで言っておられるようなジョージ・オーウェルの思想です。オーウェルが持っていたイギリス人の生活主義、この問題と重なってくるように思います。イギリスから帰ってきた直後ですから、ものすごくイギリスの生活に共鳴するところがありますが（笑）。私が使っている杖を探してくれたイギリス人は、ケンブリッジ数学科の優等生ですが、コンピュータ会社から誘いがいっぱいあっても、社員になるのを断って、契約社員のような形でしか生きていくのはいやだと言っています。組織のなかに組み込まれて、自分の時間もないような生活をするのはいやだということから、別の生き方を選択するという人です。

言い方を変えれば、それはエリートだからできるんだという言い方が成り立つのかもしれないですけれども、そうではなくて、けっこう、安田常雄さんが言うような、パブやフットボールの試合、裏庭の野菜畑にしろ、自由な生活を守りながら、自分たちが国民国家のなかに組み込まれていくことをある程度、拒否できるような自分たちの私文化、私生活をつくっていると思います。そういう私文化の持つ意味、これも甘いという評価を受けるかもしれませんが、そういう点で私文化というものの持つ意味、その抵抗の原理、そういう問題を提起されていると思います。これについては、もう少し西川さんの意見も含めて議論したほうがいいのではないかと思います。

次に安田常雄さんへ、二、三の疑問を出しておきます。ひとつは安田常雄さんの使っている「民間学」をどう評価したらいいのかというのが引っかかるんです。安田常雄さんは、鹿野政直さんの仕事の影響を受けて、思想の科学研究会で、のちに民間学の辞典を編纂される仕事をされて、それ自体、われわれは大きな刺激を受けた仕事です[★37]。鹿野さんがここでとりあげられているような民間学者たち、喜田貞吉などを、果たして民間学者と呼べるのか、民間学の範囲がどういうものなのか、などの疑問があります。喜田の思想を見ていても、もちろん喜田の部落問題を含めた先駆的な業績

★37　鹿野政直ほか『民間学事典』（三省堂、一九九七年）。

は高く評価しているわけですけれども、でも、彼は「日鮮同化」論を唱え、「朝鮮人」などの日本社会への強烈な同化論者です。そういう側面を強く持っています。

今の歴史学のなかでも、若い人たちがマルキシズムに絶望して、実証主義の方向性に行くといわれているけれども、実証主義者たちが持っていた強烈なイデオロギー性に対する無批判というものはありますし、喜田たちの民間学といわれるものの持っていたイデオロギー性に対する無批判という問題があると思います。その辺は非常に大きな問題だと言えます。どの範囲を民間学というのか、安田常雄さんの場合は、民衆の生活世界の問題を含めた、新しい学問の問題という形で出しておられるので、非常に大きな問題だと思います。

安田常雄さんの二つ目の問題は、ここではオーウェルたちのパトリオティズム（郷土主義）というものを大変高く評価されています。その郷土主義というものから生まれてくるナショナリズムの問題を考えなくていいのかという疑問があります。そういう点をどう考えたらいいのか、その辺についてはもう少し、安田常雄さんの説明を聞かせていただきたい。

三つ目は、『歴史書通信』の一二五号で書いておられる島尾敏雄のヤポネシアと民間学の歴史を読んで、それからきょうの報告を聞いて、なるほどと思ったんです。身体に降り積もる歴史の重層性の問題、歴史のなかに貫徹する、ある種の重層性の問題を提起されています。

私はこのヤポネシア論が大変おもしろくて、私も昨年対馬へ行ったときの体験から、国境とか、そういう形で分断する以前の人間の自由な行動とか、対馬にとっての朝鮮と日本との関係、そういうものは近代社会とは全然違う、伝統社会の持っていた関係がありうるし、そういうものの可能性も評価し直すべきだと強く体験でも感じたんですけれど、歴史の重層性という問題をどう考えたらいいのか、非常に迷います。

国民国家を相対化するためにも重層性の問題を考えていくべきだという議論ですが、たとえば、私はかつて国民史として丸山真男を批判したときに、★38 松沢弘陽さんから、お手紙をいただいて、松沢さんは、丸山さんは国民国家を相対化しようとしたんだ、だから歴史意識の古層論みたいなところへ行き着いたのであって、丸山さんの国民国家論は、戦後初期の段階とあとの段階では変わっている。もう少し区別して議論していただきたいと、強く反論されました。

ただ、私は丸山さんの歴史意識の古層論でも本当に歴史学として、こういうことは実証できるのか。弥生時代から持っていた人間の古層みたいなのを、くり返しくり返し、人間の歴史のなかにあらわれてくるんだという形で言われていますが、そういうことが本当に実証できるのかどうか疑問です。

私の関心は、むしろ高木博志さんと一緒で、伝統的と言われているものが近代につくり出されたものではないかという視点からの批判をやってきているわけです。「創られた伝統論」であるという形で。古層論と少しそこが違うわけで、その辺のかみ合わせの問題は非常に気になります。あと、ジェンダーとか主体性の問題、民衆論とか、いろんな問題がありますけれども、長くなりますので、後半の問題を議論するときに、もう一度議論したいと思います。そういう点について、今、安田常雄さんの言われたことの前半部について疑問を感じるわけです。

矛盾と両義性

牧原　ありがとうございました。まず、西川さんから一言。

西川　たいへんていねいに読んでいただいて感激しています。それにいろいろな問題点をじつに的

★38　今西一『近代日本の差別と性文化』(雄山閣、一九九八年)。

確に指摘いただきました。本人が自覚していること、いないこと、本人よりもみごとに述べていただけたと思います。やはり自分のことは自分ではよく見えていないということを痛感しました。「入口」としての「廃墟」と「出口」としての「私文化」という指摘はまったくそのとおりだと思いますが、自分ではこれほど明晰に自覚していなかったと思います。とくに廃墟のところで、「高度成長期の無意識」として深沢七郎を出していただいて、うれしかった。『日本の戦後小説』では「風流夢譚」をやたらに長く引用しているんです。あれはああいう形で出版できなくなったから、可能なかぎり長く引用して読んでもらおうと思って。そしたら、最近になって学生が教室であれを取り出してきて議論をしてくれてうれしかったです。そういう思いがこもっているところです。

『風流夢譚』と『政治少年死す』は、当時、手作りの海賊版が出まわっていたけど、いまだに再録・出版されていませんね。深沢七郎にもうひとつ、ものすごい天皇制批判があって、それはこれの前、『文学界』だったか『群像』だったか……。

安田(常) 『群像』[★39]です。「これがおいらの祖国だナ日記」。

西川 天皇家が近親結婚をくり返していくうちに、だんだん退化してって、天皇は最後には、ガラスのケースに入ったぶよぶよとした芋虫みたいな存在になる。それを眺めているという。あれは、もう一度、読みたいと思って、最近の深沢七郎の作品集ですか、あれにはもちろん入ってないですね。もう一度調べて読み返してみようと思います。ただ近親結婚の云々の予想は破れるわけです。庶民から血を入れるということで。だけどあの強烈なイメージは忘れられない。

それを高度成長期の無意識というふうに出していただいて、ああ、そうなんだなと話を聞いて思いました。それから廃墟としての六八年も、ぼくははっきり意識してなかったことをみごとに言ってもらえたと思います。

★39　講談社、一九五九年一〇月号。

大きな問題としては国民国家の両義性と私文化のところですが、前回のときに国民国家の矛盾の問題があって、正直言うと、ぼくはどうして矛盾の問題が出てきたか、とっさによくわからなかったんです。それはどういうことかというと、あまりにも自明の前提と言いますか、つまり戦後マルクス主義は、弁証法と矛盾の問題が中心なわけだから。あまりにもまともというか、あるいはどうして今、こういう問題が出てきたんだろうというところで、一瞬ぽかんとしていたところがあります。

ただ、それと両義性の問題が組み合わさって出てくる、そこは非常におもしろいと思います。戦後のマルクス主義では両義性ということは出てこなかった。じゃ、両義性はどこから出てくるかという問題があって、そこで矛盾と両義性というテーマを出してもらったのは、ぼくにとって大変ありがたいというか、刺激的なことでありました。

ちょっと質問ですが、前回矛盾の問題を出されたときに、安田浩さんはたとえば毛沢東の「矛盾論」、「実践論」を念頭においていたのかどうか。

安田(浩)　おいてないでしょうね。

西川　ぼくが国民国家の矛盾について書いたときには毛沢東が念頭にありました。アルチュセールが新しいマルクス主義の解釈として「重層的決定」という概念を出した時には毛沢東の矛盾論が念頭にありました(「矛盾と重層的決定」)。どういうことかというと、マルクスの弁証法はこれまで言われてきたようなヘーゲル的弁証法をそのまま継承したようなものではないという議論のなかで、つまり矛盾の問題の後期マルクスに即した解決というのが「重層的決定」です。

重層的決定の概念は矛盾の概念が両義性につながるひとつのステップではなかったかとぼくは考えています。両義性の問題を今、一番はっきり出しているのは、『文化と帝国主義』★40(一九九三年)

★40　上・下、エドワード・サイード/大橋洋一訳、みすず書房、一九九八、二〇〇一年。

以後のサイードといわゆるポストコロニアル批評の人たちだと思います。サイードは『オリエンタリズム』[★41]（一九七八年）で帝国主義的な言説を構成している二項対立（西洋と東洋、白人と黒人、「われわれ」と「彼ら」等々）をみごとに描きだしたけれど、それを強調するだけでは、宗主国と植民地の相互依存関係や独立後にも残る植民地的状況の問題が解けないわけですね。

久しぶりに毛沢東の矛盾論を読み直してみたら、大変おもしろかったので持ってきました。その短い文章を読んでみますと、「事物の発展の根本原因は、事物の外部にあるのではなく、事物の内部にあり、事物の内部の矛盾性にある。どのような事物の内部にもこうした矛盾性があり、それによって、事物の運動と発展が引き起こされる。事物の内部の矛盾性は、事物の発展の根本原因であり、ある事物と他の事物が相互に連係し、影響し合うことは、事物の発展の第二義的な原因である。」つまり、内部にある矛盾が、発展の第一の要因であって、その他は第二義的というような議論の立て方です。

矛盾の問題がわかりやすい形で出てくるのは、生産関係と生産力の矛盾。それが革命の原因である、といった議論でした。アルチュセールがこの矛盾論を組み替えたときには、レーニンの不均等発展論とか、フロイトの夢の理論（多元的決定――重層的決定と同じ言葉です）、それからソシュールの言語理論などが入ってくる。

そういうものを使いながら、多元的、重層的にさまざまなところから、さまざまな形で形成される矛盾がどういうふうに対立・統合されて歴史が展開していくのかを見てゆくのが歴史、あるいは歴史理論ということになるのでしょうか。これはアルチュセールの「歴史は《主体も目的もない一過程》である」というテーゼが出てくる理論的コンテクストでもあると思います。もっとも誤解のないようにつけ加えますと、これはもちろん歴史のなかにおける個々人の主体的な活動を否定して

★41　上・下、エドワード・サイード／今沢紀子訳、平凡社、一九九三年。

いるのではなく、この文章のあとに次のような言葉が続いています。「それによって与えられた諸状況は――そこでは《人間》が社会的諸関係の決定の下に諸主体として活動する――階級闘争の産物である」。このテーゼは当時批判の集中砲火を浴びたけど、最近のポストコロニアル理論はこれに近いし、アイデンティティ論やジェンダー論の主体の考え方もこれに近くなっている。つまり主体というのはすでに存在しているのではなくて、どんどん変化し、形成されていく未決定で相互的な過程なんだという。

きょうの報告の資料としていただいた安田常雄さんの、「方法についての断章」のところで、最後に花田清輝の「楕円的思考」がとりあげられているのは、非常に印象的でした。「なぜなら楕円的思考とは、自分の内に抱えた矛盾をゼロにしない両義的思考のことであり、『弁証法』とは、安易な「止揚」や「統一」を急ぐことではなく、両義的な矛盾を極限にまで歩くこと以外のものではないからである」。これはぼくの考えてた両義性とつながるというか、そういうものとして考えてきたような気がします。

それから両義性と私文化を結びつけてくださって、ぼくにとっては大変ありがたい指摘でした。まとめていただいたことはこれから私文化論を書くうえで貴重な指針になります。いまようやく私文化論をまとめる時期にきたなというような気がしています。ひとつは、それはアイデンティティ論がずいぶん進んだというか、深められたということと、もうひとつは、公領域、私領域ということにかかわって、公共性論がかなり大きな展開をしてきて、その両方が交わるようなところであらためて場所を設定して、私文化論の理論的な構築ができるのではないかと思っています。

ただ、最後にちょっと安田常雄さんがコメントされた、「身体に降り積もる歴史の重層性」の問題は、今西さんもおっしゃったけど、かなり大きな問題ではないでしょうか。これで思い出したのは、丸山真男の古層論で、あの古層が出たときに、自分がどんな大きな衝撃を受けたかということを思い出しました。歴史の重層性ということは桑原武夫先生がわりあい早くから言い出していて、それを梅原猛さんが受け継いで、それが日文研のイデオロギーになったと思います。安田常雄さんのおっしゃったことはわかるし、自分の身体の問題としても思い当たるところがあるのですが、それは下手をすれば天皇制につながるし、日本文化論、日本人論は、ほとんどすべてこの議論をふまえてというか、それをよりどころとして成立しているところがあると思います。

もうひとつ付け加えると、重層性と言ったときに、断絶がどういうふうになっているか、全体的な構造がどうなっているか、そこのところをきちっと押さえて理論化しないと、伝統主義的なものに重なってしまうのではないかと思います。

牧原　それでは、まずは、矛盾と両義性をめぐる問題から入りましょうか。

西川　矛盾と両義性論は、安田常雄さんのレジメにも出てるけれども、牧原さんの客分論はまさにそういうものとしてぼくは理解しています。

牧原　矛盾と両義性の関係についてあまり意識したことはなかったんですが、ぼくのイメージでは、AとBが対立するというとき、たとえば民権と国権でもいいですが、まずはAとB自体がそれぞれ両義的なものであり、かつAとBは対立しながら相互浸透するような関係にあり、しかもAとBの対立がじつは統合を進めるという側面をもつ、対立自体が両義的である、それが矛盾ということかなと考えてきたように思います。

それから、矛盾のないところに運動・生命はないわけで、矛盾が完全に解決し解消することはありえない。矛盾・対立のないユートピアは死の世界であって、絶対的管理の世界、どうしようもない世界だという思いがぼくのなかにはあります。そういう意味では、私文化も純然たる私文化が存在するとか、国民国家がなくなったときにユートピアがくるとは考えられない。なにか新たな矛盾が出てくるだろうし、矛盾がなければおもしろくもないだろうというと変な言い方ですが、生命そのものが終わってしまうんじゃないかというイメージはあります。

西川　でも、終わらないでしょう。終わるというのは、そういうことが考えられるというだけで、国民国家は終わったって、それは、その後、なにもなくなるということはないわけですから。それがどういうふうに形を変えてどうなるかというそのなかでの問題ですよね。

牧原　そうですね。

今西　前半の理論的な問題に戻りますけれども、私もアルチュセールの西川さんの翻訳[★42]を最初に読んだとき、非常に興味を持ったのは、アルチュセールの議論は、国家イデオロギー装置論であると同時に、一番最後に、「国家イデオロギー装置の逆転」ということを言います。だから国家イデオロギー装置が拡大して貫徹していく過程は、同時に矛盾が非常に拡大する過程でもあるという、アルチュセールの議論がある。それが重層的決定論につながるんです。

西川さんの議論を受けとるときに、私が誤解されていると思うのは、西川さんの議論は統合論じゃないんです。それは最近、ミシェル・フーコーがはやって、フーコー流の議論と非常に混同されているところがある。民衆が統合されていく一元的な過程として、国民国家に全部統合される議論だという簡単な読み方をされたり、そういう使われ方をされていることが結構あります。

若い人たちに統合とか管理という問題がはやっているのは、それは現実的なリアリティを持っているからだと思います。だけど、西川さんはそれだけを言っているわけじゃない。そこが矛盾であったり、両義性の議論であると思います。西川さんにとっての。そこのところが誤解されているんじゃないか。

★42　ルイ・アルチュセール／西川長夫訳『国家とイデオロギー』（福村出版、一九七五年）。

阪上孝さんが『近代統治の誕生』[★43]を書いたときに、西川さんがそれを厳しく批判しています。[★44]阪上さんがフーコー流の統合論だけを強調していて、そこにある重層的な決定や矛盾の展開という問題が解けてないからです。西川国民国家論を一面的に受け止めている傾向が非常に強い。だから、言われたように矛盾とか両義性の問題をもう少しきちんと国民国家論のなかで考える必要があるというのは、まったく賛成です。

それから今の言い方で牧原さんの議論にかなり賛成だけど、ユートピアになったら終わりだと、管理社会だから終焉だと言いますが、ユートピアという理想そのものは重要であって、当然牧原さんは、そう思ってると思うけど、ユートピアは全部だめだというんだったら、千年王国運動もだめだという話になってくるわけです。それはユートピアがつくり出す社会がそういう危険性を持っているけれども、ユートピアをめざして動く人びとの動きのなかには、そういうものと違う願いや希望が込められているわけでしょう。その問題は非常に重要なものとして考える必要があると思います。

西川　矛盾の段階でとどまってたらユートピア論に入ってしまうけれども、両義性というところまで引いてくると、それは矛盾が終わらないというか、だから、ある意味ではユートピア否定の理屈になるんだろうと思います。さっき安田常雄さんの楕円的思考のところ、じつはプルードンの弁証法がこういう形です。つまりヘーゲル－マルクス的な弁証法との対立があって、矛盾の統一性、正－反－合というかそういうことはありえないというんです。

つねに矛盾があって、二つの極があって、対立関係がずうっと持続していく。そういう独自の弁証法を出してて、これを読んだときにプルードンだと一方では思ったんです。

安田(常)　プルードンはあまり自覚してなかったのですが、もうひとつはフランクフルト学派、た

★43　阪上孝、岩波書店、一九九九年。
★44　『図書新聞』(第一四四四号、一九七九年)。

とえばアドルノの「否定の弁証法」でしょうか。その「自己同一性」を否定し、むしろ対立の極限で反転する可能性を描き出すという論理です。さっきの矛盾の話でいうと、大昔に読んではっきり覚えていないのですが、非敵対的矛盾という概念がありました。さきほどの西川さんのお話でいうと、非敵対的矛盾とのつながりはどうなるのでしょうか。あれは消えずに残るんですよね。

西川　毛沢東の矛盾論にはそういうことが書いてありますね。

今西　「人民内部の矛盾について」です。そのなかに敵対的な矛盾が消えても、非敵対的矛盾が残るという考え方を持っていますね。

西川　国民国家の矛盾というふうには毛沢東はいかないわけです。むしろ革命運動を進めていく間の矛盾と実践という。

安田(常)　そうですね。

歴史叙述の難しさ

高木　歴史学で、今まで書かれてきたいろんな作品を考えてみたときに、さきほど牧原さんの仕事が出ましたけれども、矛盾や両義性の問題を実際に形にする作業は大変難しい。そこにどのようにアプローチしていくのかが重要です。史料の問題とか民衆の扱い方の方法に、いろいろな工夫が必要だと思います。西川さんの仕事に関して、文学の研究、スタンダールや戦後小説の仕事は、矛盾に満ちた人が描かれているのに、国民国家論になるとわりに統合的なイメージがあると、私は感じます。

ともかく国民国家論のなかで、今、両義性の問題が指摘されましたけれども、歴史学のなかでも今までの作品のなかでも、矛盾に満ちたものとか、両義性をどう形にするか、成功した営みは少ないように思います。

今西　高木さんの言う批判は、西川批判としてよくあるひとつです。西川さんは日本の近代について、具体的なことは書いてないと言われたら、西川さんにそこまで要求するのかという、疑問が私にはあるわけです。フランス近代についてはあれだけみごとに叙述をやられたけど、そういった統合論でなくて、矛盾を前提とした日本近代のとらえ方を具体的な仕事としてやるんだったら、われわれのほうの仕事であって、そこまで西川さんに全部要求して、やってもらわなければ、歴史家はできないかというと情けないことにならないのか。それを受け止めてどう歴史叙述をやったらいいのか、われわれが少し考えなければならないと、逆に思います。

大門　高木さんが言われたことも、今西さんの言われたこともよくわかる。矛盾や両義性の問題を歴史研究で考えたときに、高木さんの言われた史料とともに、ぼくは言葉がすごく気になる。きょうの安田常雄さんの報告のなかでは、「くぐる」、「まくりなおす」といった言葉が使われていて、すごい言葉だと思いましたが、感覚としてはよくわかる。具体的な研究についていえば、牧原さんの場合には、「せめぎ合い」という言葉が一番大事なキーワードとしてある。だけど「せめぎ合い」ということだと、下手をすると二項対立、単純な対抗関係になってしまう危険性があり、牧原さんは他方で「背中合わせ」という言葉をよく使う。この二つの言葉は、今説明された矛盾や両義性を歴史のプロセスのなかで理解するために必要なものなのだと思います。

史料や言葉を含めて、歴史のプロセスのなかで矛盾や両義性を、それこそ歴史研究者が西川さんに要求するのではなく、いかに具体的に描いていくのか、そこが問われている。では作品としてどういうものがあるのかというと、それは残念ながら必ずしも多くない。安丸さんの作品が浮かんだりする。そこは歴史研究者に問われているのではないか。

さっきの牧原さんの話を聞いていると、ぼくなどは矛盾や両義性の片方の側から、民衆、人びとの側に軸心を置いて問題を考えるくせがある。牧原さんの話でいえば、対立の両方に両義性があるということになるが、ぼくの発想の軸には規定された人びとがとらえ返す、そこを軸にして問題をとらえたいという感じがある。

長　今、言われたことは、資料や素材といういわば道具立ての問題だと思うんですが、国民国家論の誤解のされ方というレベルでいえば、今西さんがいわれたような、アルチュセールが指摘した国家装置の持っている脆弱性の問題が重要だと思います。イデオロギー装置が強固になっていく過程のとらえ方が違う。最も安定を欠く状況だから次々戦略を変えていかないと、装置として成り立たない。こうした見方はサバルタン研究が提起した論点のひとつで、むしろ国家の側の脆弱性がみえてくる。民衆史と国民国家論はそのあたりでつながりを持つのではないんでしょうか。それから、安田常雄さんが最後のほうで指摘されていたように、両義性という概念を具体的にたどる作品の対象ですが、これは必ずしも民衆史である必要はなくて、エリート者の側の多重性や、そもそも脱落者や敗北者を生み出す構造であってもいい。このことを思い出したのは、山口昌男さんの『敗者の精神史』[★45]は、そういうのが切り口として非常におもしろいというか、エリート層と思われている、歴史学で言うと民衆ではない人たちのさまざまな多様性や求められるアイデンティティと、個々のブレや葛藤が、しかも群れとして描かれる。彼らはもちろん国家イデオロギーをきちんと持ってるわけですけれども、それがゆえに、その主体化が一筋縄ではいかない。近現代歴史研究のなかでは、民衆史は分厚い、いろんな蓄積を持っているから、逆にそういう国家装置に近い人たちの議論はなかなかないんじゃないかという気がします。

加藤陽子さんのお仕事、軍隊をどうつくっていくかということについても、管理構想のレベルの

★45　山口昌男、岩波書店、一九九九年。

段階で一枚岩ではない、結論への道筋がひとつという像ではない。そういうふうに読み直していけば、そういう議論がかなりあるんじゃないのかなという気がしています。

それと私も、最初に論文を書いたころいつも、あなたのやってるのは統合論で、でも民衆はそれほど簡単に統合されないんだよ、とよく諭された覚えがあって、でもじつはなにを言われているのか、私は統合と抵抗という二項対立を立てたわけでもないし、よくわからなかったんですが、今日の話をうかがっていていろいろ思い出しました。民衆史の蓄積をふまえることが逆に誤解をうんでいるというか。政治史としての歴史学に対する異議申し立てとして浸透することで、民衆は受動的な存在ではないんだから、国家統合装置を議論するのは、民衆の自主性を阻害したり、評価しない動きだと短絡的に結びつけられて、それが国民国家論批判と心情的にはかなり結びついていた部分があったのではないか、という気がします。

今の議論で言えば、史料と言葉だけじゃなくて、両義性というときに対象化されてくる素材を自明のものにしない、なぜすぐに「民衆の側」という立て方が前提になってきているのか、問われる段階にきていると思います。

大門　長さんの言われた批判を受けとめたうえで、ぼくが言いたかったことは、「思考の始まる場所[★46]」というようなことだったのです。一方では、長さんの言うように「民衆の側」という問題の立て方の前提を問い直す、しかし他方では、どこから思考を始めるのか、そのことにぼくは自覚的でいたいと思っています。それは、もちろん「民衆の側」、「人びとの側」でなくてもかまわないわけです。それはその人の選択の問題ですから。ぼく自身は、「思考の始まる場所」というときに、三つぐらいのことを考えているように思う。ひとつは、「思考の始まる場所」自体を持っていたいこと、ただし、「思考の始まる場所」を設定することは、その場所がどこであるにせよ、なん

★46　市村弘正『小さなものの諸形態』（筑摩書房、一九九四年）、所収。

らかの前提（制約）をともなうものです。そのことにも自覚的でいたい。そのうえで、ぼくはどこから思考を始めるかといえば、問いを受けとめるには人びとの生きた切れ端が残った場所から考えたい、という市村弘正さんの言葉を受けとめたいと思っている。さきほどぼくが言いたかったのは、このようなことです。

牧原　浩さんは前回の議論で、天皇制がもっているいろいろな二重性を指摘していました。あれは矛盾とも重層性とも言えるだろうけれど、天皇制の弱点かというと必ずしもそうではない。むしろ欧化と国粋の二つがあることで、天皇制は非常に柔軟かつ強固になるわけです。逆に天皇大権が天皇制の動揺を呼び込むこともある。そういうことが議論され始めているわけで、抵抗論か統合論かという二分法も、もう無意味でしょうね。

安田（浩）　矛盾と両義性のことで、ぼくも一言、言いたいんですが、西川さんは毛沢東の矛盾論を引っ張ってきて、言われたけれど、大昔に読んだあの矛盾論だと、さっきも引用されていましたけれど、正‐反‐合で問題は結局解決する、解消するというのが基本の考え方。それと前回から議論している矛盾と両義性という議論の場合は、背中合わせのと言われたけれど、矛盾しているものそのものが、存在することによって事物が成り立っている、こういう構造を問題にしているということだと思います。

ただ、歴史学としてやると問題になってくるのは、さっき牧原さんは、矛盾は解決しえないと言われたが、その解決しえないものということだと、基本的に発展というか、段階的な変容がないということになりかねないわけです。つまり矛盾そのものはなくならなくても、矛盾のありようというか、それが変容するという問題としておそらく段階の問題はとらえられるということだと思います。解消してしまうような矛盾、ある時点で解消してしまうような矛盾もあるんだろうと思います。

だけれども、すべての矛盾が解消するような形の展開は、おそらく実際の事物のありようはそういう形ではない。その辺で、西川さんが言われたように、戦後の歴史学の前提になった矛盾のとらえ方というか、その辺から検討し直すという課題は残っているということだと思います。

戦後歴史学というか、あるいはその方法の問題としてもう一回、見直すべき問題があるということと、矛盾は解決しえないということをあまりストレートに受けとると、歴史学の方法にならないというところをどう考えるかというのも掘り下げなければいけない問題かと考えます。

天皇制の問題で言うと、欧化と国粋、これも考えてみると、国粋という概念そのものが欧化するから出てくる。その意味では、じつは不可分なんです。相互浸透というか、相手があって初めて成り立ってくる概念です。そういう意味では対立物というよりも、不可分の形で存在している。だからこそ非常に使い分けられる。使い分けたときには、いわば支配の戦略として機能するという構造を持っている。それ自身が実際に日本の近代の国家を作るときの基本的な条件という形になっているから、相当有効な統合の論理を持っていると思います。

戦後歴史学と「戦後」認識

今西　毛沢東の矛盾論の使い方の問題ですけど、戦後歴史学に大きな影響を与えたと思います。われわれが六〇年代に勉強を始めたころは、ものすごく大きな影響力を持っていました。だけど今考えるといくつか問題があって、毛沢東は基本的矛盾と副次的矛盾という分け方をするわけです。歴史学でも、なにが基本的矛盾で、なにが副次的矛盾かという分け方で歴史を見ていくわけです。農民闘争史で、ここでは豪農と半プロレタリアの対立が問題なのか、全封建領主対農民の対立が基本矛盾なのかという矛盾論の論争をしていたわけです。そういう分け方でやると、そこから外れてくるものはたくさんあるというのが私の批判のひとつです。周辺にいる半プロとか、ルンプロとか呼ばれている階層の多様な形態はつかめない。すべて農民全体と領主階級との矛盾という形で歴史が展開されてしまう。そういうやり方で矛盾が展開していいのかという批判があります。

これは階級闘争史観の持ってる問題です。階級闘争史観でなにが基本的な階級かを一生懸命探していくやり方で、社会の矛盾を全部、それを中心に叙述するというやり方になっていくというとらえ方、周縁民衆史と階級闘争史と称しているとらえ方とのあいだにはズレがあるし、階級という形で全部、それがとらえられるのかという問題があります。階級はひとつのフィクションですから、そういう側面を持っている。毛沢東の場合は、階級的矛盾が主要か、民族的矛盾が主要か、そういう分け方で統一戦線のあり方というものが議論されていくわけです。それも民族というひとつの、階級というひとつのフィクション、その両者の矛盾論を中心におくというやり方をとっていって、そういう毛沢東流の矛盾論の影響は、六〇年代に歴史学を始めた人間はわりと受け入れています。そこからどういうふうに脱出していったらいいのか、そういう形の毛沢東理論の拘束みたいな問題が、私はずいぶんあったと思います。戦後歴史学のなかでも。

安田（浩）　ぼくが議論して欲しいのは、これも両義性の問題になるかもしれないけれど、私文化論と歴史学の全体性とのかかわりをどう考えるかという問題を論点として、議論してほしい。

西川さんの突破方向を私文化、出口と安田常雄さんが言われたけれども、つまり気になっているのは歴史学のありようの問題です。鹿野さんの『化生する歴史学』への書評で、安田常雄さんが書かれていた体と心の提起による生の主題化という社会史などで出てきた方向、この問題が新しい領域を切り拓きつつも、他方で自分の関心からしか歴史をみない歴史の断片化、最近のしかも一番最悪の形になると、歴史の理解を、あるいは歴史の研究を、自分に最も快適な心地よい問題を引き出すための記憶の装置として歴史を使う、というところまできているという問題を提起されていました。

この辺をいったいどう考えたらいいのかというのが、歴史学の今後のありようという点から非常に大きな問題だと思います。これもほぼ両義性に近い問題かもしれないけれども、その辺をいったいどういうふうにしていくのかが歴史学の今後のありようとしては大きな問題だと思っています。

西川　テーマとしては歴史学は未来を語りうるかじゃないですか。今の安田浩さんの話を聞いていたら、歴史学はわりあいちゃんとしたイメージがあって、それにのっとって話しておられる。また違う歴史学を構想したときに、私文化の位置づけも変わってくるのではないでしょうか。

牧原　「歴史学は未来を語りうるか」という問題につながってきましたが、できれば、女性とか民衆といった「集合名詞で歴史を語ること」の問題も念頭において、いかがでしょうか。

今西　安田常雄さんが言われたことで、ちょっとわからないのですが、戦後革命の挫折として国民史の方向へ行ったという言い方をされた、もう少し詳しく説明していただけますか。

安田（常）　本当はきちんと考えないといけないのですが、戦後革命の挫折から国民史の方向へというのは、たとえば石母田正『歴史と民族の発見』★47のように、一九五〇年代に入ってからの「民族」や「国民」という言葉の浮上を念頭においています。でも戦後直後の左翼的歴史学は「民族」や「国民」というより、戦前以来の伝統を引いて、三二年テーゼの延長線上に「労農同盟論」を柱にした戦略を考えていたように思うんです。それが二・一スト禁止、占領政策の転換、コミンフォルム批判のなかで「民族」や「国民」が浮上することになる。いまからふり返れば、この「民族」や「国民」もある独特のニュアンスをもっているわけですね。基本的には米ソ冷戦構図を前提にした反米民族主義という国民主義みたいな形をしていて、その「民族」のなかに在日朝鮮人が入ってい

★47　正・続、石母田正、東京大学出版会、一九五二、五三年。

るのかという問題とかあるでしょう。そしておそらく「国民運動としての戦後民主主義」、あるいは「戦後国民革新運動」もほぼ同じ時期にスタートするのではないでしょうか。ただ問題はいろいろあって、たとえば三二年テーゼによる戦後革命の再スタートに際して、戦前の総括がきちんと行われたのかどうかという問題がありますね。つまり戦前歴史学の「インターナショナリズム」も一度ナショナリズムに敗北しているわけでしょう。社会主義思想史の文脈でいえば、一度目の敗北は、頭で乗り越えたはずの「民族」に背後から襲われたというか、第二の敗北は戦中用語としての「民族」や「国民」のなかに「抵抗」を読み込んでいこうとしてからめとられたことですね。最近よくいわれる戦中戦後の連続説でいえば、丸山真男さんや大塚久雄さんも戦中期に「国民」へシフトしたといわれるわけですが、こうした問題群が戦前戦後の歴史学として、具体的に一人ひとりの歴史家について明らかにされることは大事だと思うんです。ぼくは史学史という形でやる気はあまりないのですが、言葉と実態をにらみながら、微視的にやってもらいたいですね。

牧原　その場合の戦後革命論は階級闘争論ですか。

安田（常）　基本的には階級闘争論だと思います。

高木　日本共産党の党員のなかに朝鮮人も含まれる段階から、日本国籍の国民だけが党員になって、国民主義的に変わってきます。五〇年代の、そういう問題と戦後歴史学の問題はかかわるのですか。

今西　歴史的には、コミンフォルム（国際共産主義組織）のほうからの一国一共産党という批判があったりしました。次に朝鮮戦争の問題が出てきます。国民的歴史学運動の台頭、国民文学運動もそうだけれども、そういうものが台頭してくる時期です。そこで集合名詞として、国民というものがはっきり浮上してくるわけです。それまでは左翼運動では人民であったり、階級闘争論が主要な概念であったと思います。

朝鮮戦争をはさんで、大きくそこが転換期になって、それはマルクス主義者だけではなくて、たとえば竹内好などいろいろな人たちが国民文学というようなことを提唱した。国が滅びるとき、文学者はただ亡国の歌を歌えばいいのかという竹内氏の文章なんか、昔は感動して読んだものです。そういう主張が一気に浮上してくる。その転換の問題がもちろんある。歴史学のほうもそれを受け止めて、国民史の問題が語られたり、民族的英雄の問題が語られたり、英雄時代論争があると思います。

おそらく共産党の影響ももちろん大きいと思います。そこで共産党が民族主義的になったこともある。それが党員資格云々に逆に大きな影響を与え、反作用する部分もたくさん持ってたと思います。

長　ちょっと話が脱線するんですが、西川さん、二宮さんが報告された例の歴研大会、私も聴衆の一人だったんですが、興味深く思ったのは、たくさん聴衆が入っていて盛況なんだけれど、いろいろ質問される方がだいたい大家で質問の内容が歴史家的というよりは、あのときこうだった、という体験に即した話が多くて、それで五〇年代、六〇年代、七〇年代、八〇年代の戦後の歴史学をたどっていく。半分聞きとりをしているようなおもしろさもあるわけですが、そういう人たちの使う「戦後歴史学」と、その場で聞いてる人とどこまで共通理解があるのか。「戦後歴史学」という言い方ひとつでも、一九九五年の戦後五〇年企画の時には同じ歴研大会の席上で、板垣雄三さんが、日本での「戦後」という語彙の問題点を歴史認識として論じられていたことが印象的だったのですが。研究史も当然、ある段階での過去の研究史に対する再審ですよね。その場合、誰に、とかなにを、が問題になってくる。

今、「国民史」に至る過程の話をされていてもっとうかがいたい話なんですけど、安田常雄さんのいわれる、ひとつのまとまりとして前提にしない、とか「微細に」というのはまったくそのとおりだと思うのですが、一方で、たとえば朝鮮戦争前後ということでいっても、今の段階で明らかになっている議論としては、日本の共産党員の運動よりも朝鮮人の運動のほうが先進性があった、むしろそちらに学んだという議論が、事実も含めて、冷戦期を見直す運動史のなかの聞きとりでわかってきている。★48 当然、研究者のグランドセオリーが変わるし、とくに朝鮮戦争認識が空白に近いといったような現状は、日本の戦後認識と大きく関係していると思います。いずれにせよ「研究史」によって、議論の参加の仕方の前提が強固につくられて、〈われわれ〉を形成してきた。もっともこれは自分に返ってくる話で、西川先生が言われるような、外から見てておもしろい、という感想は私にはないという自覚はあります。

ある尊敬する中堅の近世史家が、近世史は従来の歴史研究の従来の教育方法――古文書をきちんと読み、史料操作を訓練するということですが――に最も危機感を感じていない、といわれたことがあるんですが、とくに近現代史に関しては、家族論やジェンダー論もそうですが、学際的な研究に触発された新たな領域といった場合、研究史をたどるというやり方は難しいし、共有できない。たぶん、その辺の、われわれというときには、それは女性史やジェンダー論や民衆史だけではなくて、歴史を対象とした研究全体が揺さぶられている、そういう気がしています。

研究史と「われわれ」

今西　後半の部分の問題から言うと、研究史をたどるというやり方というのは、弟子化の世界、きわめてギルド的な世界、閉塞的な世界になってきて、ほかの人たちが議論をはさみにくい。歴史学自身が歴史を持っているわけですから、当然なんでしょうけど。たとえば今度、ヨーロッパ旅行を

★48　たとえば、東アジアの冷戦と国家テロリズム・国際シンポジウム日本事務局編『東アジアの平和と人権・国際シンポジウム《冷戦・国家暴力と日本》(二〇〇二年二月シンポジウム集)』。

し複雑系や進化経済学の人たちと、むこうで会ったりしたんだけど、彼らは経済学だけではなくて、やっているのは、工学であり、理学であり、いろいろな分野の人たちです。もちろん日本だけを問わないで、ヨーロッパやアメリカの学者とか、いろいろな人たちと議論しながら学問を進めようとしているわけです。そういうやり方と、日本史という世界にこだわって、きわめてギルド的に技術を伝達して、研究しようとしていたら、歴史の世界はものすごい特殊な人しか参加できない、討論できない世界になってしまうんじゃないでしょうか。

だから横から、酒井直樹さんなど、外国育ちの研究者たちが入ってきて、日本史について批判されたときに、それに対して日本史の研究者がまともに対応できない問題が出てくるわけです。ジェンダー研究では、やっている人たちの層も、学問としての若さがあるから、西川祐子さんのように工学の人たちと一緒に建築の研究をやったり、どんどん他流試合をやっていくことによって、研究領域を開いていくということになってきます。それに比べると、つくづく日本史は狭い世界、特殊な世界のなかで学問をやっているところがあります。ただ、それと研究史を無視して、全部新しいというやり方でやれるかどうかは、別問題です。そこには、日本史の研究を脱構築しないとまずい面がたくさんあると思います。

長　研究史は、つまりなにをどんなやり方で論証するかというような技術的な話よりも、問題関心の継承と発展ですよね。

今西　私にはあまり抵抗がないんです。農学部で教育を受けたから農学部の農史の場合、安田常雄さんがよく言うように、冨山一郎さんがいて、坂根嘉弘さんがいて、野田公夫さんがいて、私がいて、どんなゼミをやってたんですかと聞かれるけど、農業史なら農業史という対象があって、社会学の人もいれば、近代経済学の人もいれば、マルクス経済学の人もいる。いろいろな人がいて議論する。もちろん自然科学の人たちもいる、生物科学の四手井綱英さんなど、ものすごいいことを言ってくれるわけです。いろいろな分野と最初から議論するという習慣がある。ぼく自身が非常にボーダーレスな人間だからといわれることもあるけど、そういう議論にはあまり抵抗がない。

また地方大学へ行って一人になって、日本史の研究者にはみじめな人がいます。その分野でしか議論ができない。ほかに友達がいなかったら、ほとんど閉鎖的に研究するしかない。だけど私は呼び出されて、政治学の研究会に行こうと、経済学の研究会に行こうと、どこででもしゃべってます。抵抗感がないわけです。

だから今の縦割りの教育とか縦割りの研究制度、そういうやり方でやっていたら、閉塞すると思うし、なにより外国の研究者と討論できない。私はもちろん技術的なことはしっかり訓練する必要はあるけど、日本史という世界が閉じ込もった世界になっているという、その危険性はもっと考えないといけないと思います。

安田(常)　今西さんはある時代のかなり特殊な環境だったと思いますよ。でも私も似ているところがあって、歴史学プロパーじゃないんです。一応経済史だったのですが、あのころ東大の経済学部は、講座派マルクス主義と宇野理論、そして大塚史学と三本の柱があって、先輩にどれを選ぶかなんて聞かれたりするわけです。私はみんなそれぞれおもしろいんだけど、どれかひとつを選べといわれるといやなんですね。そして自主ゼミが大変盛んだったので、ヘーゲルの『法哲学』を読んだり国家論をやったりしてました。また同時に「嵐山のインチキ・レビュー」じゃないですけど、町のなかをうろうろすることが好きだったから、制度としての歴史学の外側との接触を通して、モノを考えてきたということがあります。

長　でも歴史学ということでいえば対象や問題関心を共有しながら、いろいろな方法論で、祐子さんの言葉でいえば他者と出会っていくという研究の状況、共同研究の機会は増えてこれらの対応が求められているのでは、という気がします。それと、今西さんは全体史は手放せないと言われる。そういえば、今西さんの、全体史とか通史に対するお考えはあまり聞いたことはないですが。一回目に私には、あなたはジェンダー史か、女性史か、どちらかの立場なんだ、と迫られましたが……。

今西　私が学んだ教育でも、明治ぐらいしかやらない、そういう学問ではだめなので、ともかく古代史であれ、中世史であれ、いろいろな分野についても、発言できる知識を持たないとできないし、日本史をやるんだったら、近代史についても、一時代の一時期のことしかできないという研究はだめだということを徹底的に叩き込まれたわけです。

それは、私が習った大学では、朝尾直弘さん、中村哲さん、そういう人たちから、そういう教育を受けたわけです。ドイツ史の三好正喜さんに指導されたこともあるのです。近世史の朝尾さんだって、中世に関する主要な資料は全部読んで、そのうえで、近世のイメージをつくってるんだということをいつも言われたわけです。それぐらいの意気込みでやれという教育を受けたわけです。それは西川さんが言っている通史とは違うと思います。そういうふうに非常に鳥瞰的な視野を持ってものを考えていくことができる能力を持てということです。

通史といった場合は、日本社会というものが存在していて、それも歴史的にずっと起源があって、さかのぼっていけるような歴史があって、そこに日本人、日本社会が形成されているという見方を補強するような、まさに国民史としての通史、それがだめだと批判しているわけです。鳥瞰的な視点を持つ、グローバルな視点を持つことを西川さんだって批判しているわけではないと思うし、違うレベルの問題だと思います。

だけど、今の日本史の研究者はもちろん問題があって、そういった自分の前の時代である、近代の前の時代である近世史についてさえ議論しないしさせない。近世史の研究者は近代史の研究論文をほとんど読まない。お互いにあまり討論をしない。断絶が強くて、そこで議論さえ十分にできないし、そんなときに無理矢理出版社の要請で通史をつくって、その通史ができるのかどうかというのは非常に疑問です。前の東京大学出版会で日本史の通史をつくるときでも、日本史研究会の若い研究委員は、それに反対したわけです。

私なんか、日本史研究会の偉い先生方からめちゃくちゃ怒られたわけです。そういう批判さえできないようななかで、無理矢理通史をつくっていって、ばらばらなイメージを拡大させていくやり方がいいのかということがある。本当に安田常雄さんが強調されたような、グランドセオリー自体が根本的な再検討を迫られているなかで、無理矢理なグランドセオリーによって日本史というイメージをつくれるかどうかということです。そういう批判は当然、私はあると思います。

歴史的思考の可能性

高木　歴史学の未来を語れるかということで、前にも言ったのですが、西川先生には失礼な言い方ですけれども、西川先生の学問がすごいなと思うのは、九・一一の問題とか、グローバル化の問題とか、現状にすごくピントが合っている。それに対して歴史学者の現状をみる目は、かなり生命力を失っているように思います。かつての六〇年代、七〇年代には現実とのかかわりあい、あるいは運動のなかで歴史学はあったと思います。両安田さん、今西さんの世代もそうだと思います。歴史学が孤立しないで、いろいろなものと学際的に共同作業ができるような条件があったのではないでしょうか。私なんかは西川さんの、現状に対して九・一一の問題をこれだけ真剣に受け止められる感性が、自分も含めて弱っているのを非常に感じます。学問としての生命力の問題です。

大門　きょうは、今まで以上に心情告白大会みたいな、四回も議論すると、あとは自分の生身をさらけ出して、そこで勝負するしかないというか、すでにぼくなどは二回目に生身を半分ぐらいさらけ出した感じがしているので、だんだんさらけ出すものがなくなっているような感じがします（笑）。ぼくは歴史を研究していますが、歴史以外の本は読まないかといえば、そんなことはもちろんない。ないけれど、一九九〇年代の国民国家論をめぐる議論の過程で、あらためてなぜ歴史研究をしようとしているのか、現状に対しても関心をもっているが、最終的にはなぜ歴史というところで考えたいのかということが問われたわけです。言語論的な転回に関する議論のなかで、歴史学も文学もかわりないのだという議論が出てきたときに、それでもあえて歴史研究に固有なものはあるのかを考えました。そのとき、ぼくは規範の問題も最終的にはいったん規範のレベルで考えるのではなくて、非常に単純な議論だけれども、歴史的なプロセスのレベルで考える。そこで説明し直す。迂回的だが、人びとの経験に戻ることによって、規範的な議論をあらためて組み立て直したり、別のところから照射したりするということができるのではないか。そこに歴史研究に踏みとどまる場所があるのではないかと思うようになりました。

そういう点からすると、別にどういう方法でもいいのですが、たとえばジェンダーや社会学の論文では、ある時代をあつかうときにどういう議論の組み立てをしているのか、そのことがすごく気になるようになりました。先験的に演繹的に議論が組み立てられているのか、そうではなくて、安田常雄さんの言葉でいえば、一回、当時の人びとの経験——経験を対象化することは難しいわけですが——をくぐらせようとしているのか、ということがものすごく気になります。そこで自分にとって、おもしろい、おもしろくないという判断がはたらくことがあります。あるいは歴史的に考えることへの関心の度合いがあるのかないのか、そのアンテナが動くことがあります。それは歴史学の論文でも同じことですし、なによりも九〇年代のなかでぼく自身に問われたことなのです。

別に歴史学を守りたいと思わないけど、ぼくは歴史的に考えるということには——安田常雄さんの言い方と同じようですが——固有の意味があるのではないかと思っているし、そういう点でいえば、歴史的に考えることには、まだ未来が、逆にいえば、歴史的に戻って考えることには未来があるのではないかと考えたい。

今西　だけど、歴史学のなかでも、いわゆるメタヒストリーな議論が出てくるわけです。歴史的な事実というものは、本当に押さえられないのであって、まさにそこに語りとして出てくるものが歴史である。そういう言い方の議論が出てきて、そういうことに基づいて、歴史をやろうとしている若い人が出てきているわけです。

そうすると、今までの歴史の起源をさぐって、歴史的な背景からものを考えるというやり方と真っ向から対立する議論になるし、そういうフーコー流の理論にしても、メタヒストリー理論にしても、そういう流れが欧米でものすごく出てきているわけです。

そのときに、歴史家が今までのようなやり方で、そういう人たちと議論したり、対話が可能なのかという問題がある。それが出てくるのは、今までの歴史学の発想そのものに対する根底的な批判を含んでいるわけでしょう。そこでどういう他者との対話が可能になってくるのかという問題に、もう一回、歴史家は迫られている。それは非常に厳しいと思います。歴史家にとって。それほど、過去の知識を持たない現状分析、過去を分析しない現状分析はダメだから、過去の問題は重要だという今までの説明の仕方からだけで、本当にメタヒストリーの人たちと議論していけるかというと、そこはなかなか厳しいのでは、というのが私の実感です。

大門　単純に、過去に戻れば未来がわかると言うつもりはなくて、そういう議論が出ているのももちろん了解しているが、でもどうなんだろうか。本当に純然たるメタヒストリー、純然というのも変だが、徹底したメタヒストリーというのはありえるのだろうか。少し上の世代だが、ぼくはキャロル・グラック[★49]とか、アンドリュー・ゴードン編の『歴史としての戦後日本』[★50]の「序論」とか、一方でメタヒストリーを受けとめながらも、メタヒストリーだけに限らない、そういう議論はわかるけど、自分にとっての足場をまったくなくして歴史を語るということができるのだろうか。

今西　付け加えると、グラックさんたちの議論は、まさにアメリカで議論していると、あれがハーバード史学そのものなのです。彼女たちの仕事はある意味でアメリカの今の白人優勢の中産階級から上流階級を中心とした人たちのアメリカ社会のとらえ方の歴史学の枠を出ていない。それを破るのが、次の、ポストモダンを掲げている若い三〇代のアメリカの歴史学者たちのひとつの課題になってきているわけです。

そういうやり方を批判しているのは、酒井直樹さんたちのグループです。あの人たちの批判は、グラックさんたちの議論もまさに既成の歴史学の枠組みであって、それを打破しようとしている。アメリカ社会のなかではハイソサエティの社会を維持してきた、今のアメリカシステムに対する批判なんだという意識で歴史学をやっている世代が増えてきています。日本でグラックさんたちの議論が受け止められているのと、アメリカではかなり意識が違ってきているわけです。

もちろんグラックさんを全否定するつもりはないわけですけれども、そういった安丸民衆思想史やキャロル・グラックさんでさえ、戦後歴史学の枠組みであるという批判をしている若い世代が次の世代として出てきているということです。

牧原　でも、それはそんなに珍しいことじゃないという気もするんです。最近は史学史的段階だとよくいわれるけれど、史学史的な批判自体は歴史研究が成立してからつねに存在している。明治時

★49　キャロル・グラック「戦後史学のメタヒストリー」（『岩波講座　日本通史』別巻1、岩波書店、一九九五年）。

★50　上・下、アンドリュー・ゴードン編／中村政則訳、みすず書房、二〇〇一年。

代の帝国大学的な実証主義史学だって、それ以前の物語的な歴史叙述に対する根本的批判だったし、やがてマルクス主義的歴史観や皇国史観が出てきてそれを批判する。今は国民史とかハイソサエティ的なものを相対化させていく。もちろん、認識論・言語論を含めて今までの歴史研究が無自覚的だった方法的なバイアスを明らかにしていくという意味では、決定的に違うけれども、ではそれで歴史研究が終わるかというと、そんなことはない。現在の史学史的な批判でも、国民史が見落としたり隠蔽してきた具体的な「事実」といったものに必ず言及されていく。辺境とか越境とかの具体的な姿を描くわけでしょう。歴史的な素材をもとにした研究に結局は戻るわけです。つまり、歴史像を再構成するということであって、歴史研究そのものの否定とは違うんじゃないか。そういう意味では歴史研究は永遠ですなんて馬鹿なことは言わないけど（一同爆笑）、批判と実証の構図そのものはそれほど変わってないんじゃないか。ちょっと乱暴ですが、敢えて言ってしまいます（笑）。

大門　今西さん自身はどうなのでしょうか。メタヒストリーを徹底していくべきだと思っているのでしょうか。

今西　私はメタヒストリーが正しいと言っているのではないのです。ただ、私たちが扱っている史料が「表象」であることを意識しなければならない、と言っているのです。もちろん戦後歴史学が積み重ねてきた「実証」成果を、どう使えるのかという問題を考えるべきです。

西川　ぼくは歴史学否定みたいだけど、ある意味ではもっと熱烈な歴史主義者です。つまりこれはウォーラステインが言ってるんですけれども、彼は経済学を否定するんです。経済学なんてそんなものはない、経済史が存在するだけだという言い方です。つまり歴史学だというわけです、経済学は。それはもっと拡大したら、人文科学、社会学全部含めて、これは全部歴史学だという。これは別に珍しい考え方ではなくて、かってマルクス主義が言ってた唯物史観は、そういうことでしょう。ウォーラステインがそれを主張するのは、インターディシプリナリー、つまり学際研究はいんちきだということですね。ディシプリン間の関係とか全然できてないし、大学の学部の成立過程をずっと見ていたって、厳密な意味でそういうものを合わせてひとつの学際的研究ができるというような性質のものではない。だから、新しい社会科学というものを形成するとしたら、さまざまなディシプリンを寄せ集めてできるものではなくて、初めから統合的なひとつの社会科学しかない、という主張ですね。それはウォーラステイン流の唯物史観の言い換えだと思う。

でもぼくはむしろそれに賛成なわけ。そういうふうにして再編成された場合に、全部を歴史学とみて、そのなかでの位置づけというか、どういう関連でそれぞれがつなぎ合わされ、組み合わされていくかという意味で、ぼくはむしろ歴史学、大歴史学というか、そういうものを考えていって、そういう理想的なモデルに合わせて、現在の歴史学は成立しうるかという問題の立て方をしているわけです。そのことはできれば通史の問題になったときにもう少し具体的に言いたいと思います。

だから、先の大門さんの発言をぼくは応援したい一面がある。立命館大学ではよく社会科学の人たちと一緒に仕事をしたりする。それでいつも感心するのは、社系の人の多くは本当に歴史認識がないんです。せいぜい最近の十数年しか視野にない。大きなスパンで歴史的に考えようとしない。そういうところではぼくはいささか反動的になって、いつも歴史的に考えようと言う。ある研究会で、言ってることは矛盾してないかと言われたんです。歴史学に否定的なはずなのに、歴史的に考えようというのはおかしいではないか、と。

大門さんの発言に対して、ぼくがぜひ聞きたいのは、今現在、大門さんが考えている歴史に固有の問題というか、特性というのはなんなのか、これだ、これは譲れないと言えるものはなにかということを聞きたい、それをはっきりさせてほしい。

大門　固有かどうかは自信がないのですが、さっきの矛盾とか両義性を本当に考えようと思ったら、動態的に考えないといけない。動態的に考えられるとすれば、ひとつの有効な場は歴史過程にあるということです。

西川　ぼくもそう思います。

大門　そこにぼくは、歴史の固有の意味があるのではないかと思っています。

牧原　今だから過程が見える……。

大門　見えるように思える。

長　それは方法として、歴史学は独占してきたわけではないし、批判の前提としてわかりにくいのは、規範研究に対して事実・実態としてみたり、映像を狭義の表象にして文字を対置させる、とか。

大門　歴史過程を見るということを歴史学が独占しているというつもりはまったくない。だが問題は、事柄のなかに含まれている矛盾をどのようにとらえるかということです。矛盾は過程のなかでこそよく見える。過程を扱いやすいのは、時間軸を対象に含んでいる歴史学なのではないかということです。

高木　かつては、世界を説明し総合的にみるのは哲学だった。汎哲学の時代というんでしょうか。その次に近代に生成する連続的・直線的に流れる時間意識をうけて、歴史学がすべてを説明する時代がやってきたということでしょうか。

大門　ただその場合に、さっきの重層性とか発展段階論の関係でいえば、安田常雄さんは発展段階論を積み重なるという見方で説明されたけど、発展段階論の場合には積み重なるという説明と同時に、進化していく、時間が発展の方向へ流れていくということがある。戦後の歴史学では、時間軸の変化が単純化される傾向があったけど、ぼくは矛盾を動態的にみていくなかで、最終的には時代像を描けるんじゃないかと思っている。なんらかの段階的認識というものが必要、あるいは可能ではないかと考えている。時代が変わっていく、段階を経ていくという場合に、その変化は非常に重層的で複雑なはずです。

そんなことをいえば、どうやって説明できるのだと思うかもしれないが、かつての発展段階論が陥った問題を克服しながら、それでもなお時間はなんらかの形でつながっている。直線的じゃないにしても。重層的な関係のなかで、歴史を動態的にとらえながら時代像とその変化を描くことはできるのではないかと思う。

歴史像あるいは「立場」ということ

西川　時代像を描くとおっしゃったけど、そうすると誰にとっての時代像かということがあります。ということは歴史がどういう立場でそれを描きうるかと。それからほかのいろんな領域でも時代像を描くわけですから、歴史に固有の時代像の描き方は何だと。

大門　歴史学に固有の？

今西　誰にとってのというのが、まだよくわからない。大門さんは、それに答えないと。

大門　誰にとってのというのはまだよくわからない。

西川　国民史なら、答えは簡単ですね。

大門　西川さんが質問の背後に想定していることは、少しずつわかってきているので、今は、さっき言われたような、今の歴史学が壊れたあとに出現しうる歴史研究というか、そういうものをどこかで西川さんが考えようとされていて、そのことと関係あるのかなと思いながら。

安田(浩)　誰にとってのという言い方をするんだと、私にとってのとしか、言いようがないんじゃないかと思います。

大門　ぼくもそう思うが、西川さんの聞きたいことは、たぶん違うのではないか。

安田(浩)　ぼくは心情告白をするつもりはないんだけれど、経験的に語ると九〇年代の歴史研究の状況について、『人民の歴史学』で発言したら、阿部安成さんに歴史学の番人だと書かれてそう見えるのかと思いつつ、ぼくはせいぜい門番程度だから、歴研の会場入り口で棒を持って立ってるかと言っているのだけど(笑)。

歴史学をどう考えるかということでは、いくつか分けて考えなきゃいけないと思います。ひとつは、誰にとっての時代像を描くかという話になると、結局、それは私にとってのということに最後は帰着すると言ったんです。その考え方は、歴史像を描く、あるいは歴史像を描くという作業そのものは、逆に言うと、問題史としてとらえることに帰着するというのが、ぼくの意見だからです。

つまりある人間が必ず解きたいと思う問題があって、その問題を立てたところで問題に合う形での分析方法を考えて、対象を選んで分析する。そういう形でしか研究は成り立ってないというのがぼくの基本的な考え方です。その意味では、発展段階論も一種の仮説で、明らかにしたいという問題を立てたときに、いったいどういうふうな形で整理する、段階区分すると、問題が一番よく見えてくるかということでなされるものだから、問題が立って、発展段階論があるという構造になっているというのが、ぼくの基本的理解です。

ただし、なぜ一九九〇年代の研究状況に対し批判的コメントをしたかというと、さっきの断片化の問題です。問題史として立てるとしても、問題が立つということは分野史ということではないだろうと思います。つまり歴史学はひとつにすぎないとしてもひとつの世界了解の方法だ。そういうふうに考えたときに、実際に取り扱う対象そのものは非常に小さな、あるいは限定された知識の問題であっても、なんらかの形での世界の全体性の理解のためにやっているんだろう。さっきの安田常雄さんの言い方の、生活者性の話だと、余分なことを知識人がやってることになると思うけれども、歴史学をやるというのは、そういう意味では直接的な生活の問題をさらに広い全体性のなかでどう理解できるかという作業をやっていると思います。

その意味で全体性につながらないような問題の立て方に非常に不満です。それは心の問題とか、体の問題とかを、当然やってもいい。建物の問題でもなんでもいい。社会史的なテーマでも、それ自身が人間の生の構造みたいなもの自身の理解につながるような論文は非常におもしろい。だけどたくさん見てると、これはいったい何の理解につながるのか、ただ自分の趣味の話でしかないというのを読まされると、ぼくは時間の無駄をしたという感じがしてしまう。その辺の問題がかなり深刻にあるんじゃないかというのが気になっていることです。

それが一番極端にいくと、安田常雄さんが指摘した、例の「つくる会」の教科書の受容基盤の問題として、歴史を自分の一番快適な記憶を引き出して、不愉快なのはできるだけ見ないようにする、そういう歴史理解がひろがっているという問題につながっている。そういうことを危惧しています。

そういう意味では歴史学は考えてみると、さっき西川さんが言われたように、経済学や社会学や政治学、いろいろな社会科学があるのではなく、存在するのはただひとつ、歴史科学でしかないという意味でぼくも歴史は理解する。そういうことだと思う。

歴史学というのはそういうものだと思いますが、ただ制度としての歴史学は、現実にまだ国民国家がなくならない以上、おそらく自国史と世界史という枠組みは残るのではないかというのがぼくの意見です。国民国家ができる以前の歴史を直ちに国民国家以降の歴史とつなげて理解するということには問題がある。これは、この間、ずっとたどってきてはっきりしてきたものだと思います。しかし、現実に自分自身が所属しているひとつの国家があるときに、それについての自国史というか、それをどう説明するかという課題は残る。その意味では通史というものをどうとり扱うかというのは非常に難しい問題ですけれども、それを記述するという課題は残るだろうというのが、ぼくの基本的な制度としての歴史についての考え方です。

もちろん国民国家という単位の機能がだんだん小さくなってくると思います。その意味が非常に小さくなってくれば、自国史・世界史という枠組みそのものは崩れていくだろうという見通しは持ってます。ただ、当分はなくならないのではないか。ぼくはだいたいそう考えてました。

西川　国民国家は当分なくならないだろうと思います。ただそれを言うときの立場に非常にはっきりした違いがあって、国民国家はなくさなきゃいけないという立場から、しかし、当分なくならないだろうという場合と、国民国家はどうしても維持しなければならない、あるいはずっと維持されてもかまわないという立場から言うのとでは、声の響きも、見えてくるものも、次にやろうとすることも、非常に違うんじゃないかと思います。

残された時間が少ないので通史の問題に入りたいのですが、その前にひとつだけ、誰のための時代像かという問いに答えて、私のためのとおっしゃったのは、やはりそれは正確ではないと思います。その「私」とは何かという重要問題は別として、歴史家も含めて仕事は結局は自分のためにやっているのかもしれないけれど、書かれたもの、つまり歴史叙述の立場性というのは必ずあって、それを免れることはできない。語りかける対象としてどの読者を設定するかという違いもありますね。あまりわかりきったことを言うので恐縮ですが、宗主国の立場で書くのか、移民の立場で書くのか、先住民の立場で書くのかで、アメリカやオーストラリアの歴史はまったく変ってしまう。とくに通史の形をとった場合にその違いは非常にはっきりする。日本の場合でも同じだと思います。安田浩さんの『天皇の政治史』★51は名著だけれど、やはりアイヌや沖縄人や韓国人のための歴史ではない。さっきおっしゃったように、現に国民国家がなくならない以上、国民史がなくならない。それは国民のための歴史だけれど、その国民には誰が入っているのか。そしてその国民は他の国民からどう見えるか、どういう関係にあるのかという問題がずっとあるわけですね。戦後歴史学はその問題を「国民のための歴史学」とか「人民のための歴史学」とか、いろいろやってきたけど結局、国民の枠組みははずせなかった。

通史の問題で言うと、通史は不可能じゃないかということを言ったわけですが、そのとき念頭にあったことのひとつは誰のための歴史かということでした。国民という枠組みがはずれたとき、歴史という概念を支えるものは何だろう。名古屋でしゃべったときは、網野さんの仕事のことを出されて、それについて、あのあともいろいろ考えてみました。網野さんは通史について理論的なちゃんとしたものを書いているのだろうか、誰か教えてくださいと言ったんですが、誰も教えてくれなかった。たぶん、ないんじゃないかと思います。『日本社会の歴史』★52の「むすびにかえて」には、自分の書いたのは通史でないという断り書きがある。それから『岩波講座　日本通史』の第一巻★53の総論にも、通史とは何かについて全然触れていない。最近の『日本の歴史』の第01巻★54も同じですね。それで網野さんは『日本論の視座』★55以来、通史の脱構築をしているのだと思っていたら、宮田登さんとの対談のときに、通史がいかに必要かとしゃべってるんです。歴史をやるすべての人に通史を書くように自分は勧めると★56。通史とはなにかということを問わずに、通史は必要だという。ぼくでもそういうことを言いたくなる気持ちはあるわけです。

ぼくは今まで通史について、歴史でもいいんですが、ずっと質問し続けてきて、ちゃんと解答し

★51　安田浩、青木書店、一九九八年。

★52　上・中・下、網野善彦、岩波新書、一九九七年。

★53　第一巻・日本列島と人類社会、一九九九年。

★54　岡村道雄、第01巻・縄文の生活誌、講談社、二〇〇二年。

★55　網野善彦、小学館、一九九〇年。

★56　網野善彦・宮田登『歴史の中で語られてこなかったこと』（洋泉社、二〇〇一年）。

てもらえないのは、歴史学あるいは通史というものを構成する概念とか理論とは何なんだということです。通史を構成するためには歴史的主体ということが今までは必要であった。その歴史的主体を守れるのか、理論的に今、維持できるのか。たぶんできないだろうと思います。民族とかネイションは、通史の主体の問題にかかわる。あるいはアイデンティティなら、ナショナル・アイデンティティを前提としてきたわけです。そういう概念が維持できるのか、やっぱり維持できないとこ ろにきてると思います。それから、進歩史観というか、進歩の概念が維持できるのか、やっぱり維持できないし、それとともに発展段階ということも、理論的に維持できないという結論が出ているのではないか。それから唯一のよりどころとして実証ということがある。言語論的転回は別としても実証の背後になっている事実とは何か、そのこと自体について疑問が出されていて、ちゃんとした答えが出てない。

通史なり、歴史なりを構成する主要な概念はほとんど全滅している。そうするとなにを頼りにして歴史は生き残っているのか。結局残ったのは歴史学会という制度、そういう組織とそのなかで歴史を書く、そういう一種のギルド的なことではないか。ぜひとも反論してほしいから言ってるんですよ。

その一方で、歴史教科書でもなんでもいいんですけど、歴史は国民国家を維持するための機能を果たしている。そういう状況のなかで、ただ歴史は重要であるとか、歴史的に見ることは大事だと言っても通用しない。そうした廃墟のなかに残された通史とはいったい何なんだろうという話です。

今西 私も、差別の問題をとりあげたときに、最近、秋定嘉和さんに言われたんですけど、横井清さんがもっと若い時代に、部落問題、たぶん中世の問題で鈴木良一さんに抜き刷りを送った。鈴木さんから手紙を貰って、君みたいに有能な人がなぜこんなくだらない問題をやるんだという返事をもらって、大変ショックを受けたという話をしてました。そういった問題をとりあげること自身が、戦後歴史学のある時期には、歴史の進歩とか発展という問題をとらえるのが重要なのに、なんでこんなことをやってるんだというのがあったわけです。

アメリカに行って、自由だったのは、アメリカの若い人たちが差別の問題に興味を持って聞いてくれるわけです。黒人の問題とか、それ以外の、今だったらヒスパニッシュの問題がものすごく重要ですし、男女差別の問題にも関心がある。日本の差別はどうなっているか、ものすごく聞いてくれるわけです。歴史学になにか王道があって、それ以外は副次的な問題である、どうでもいい問題だというとらえ方をしていない。そこに非常に自由さを感じる。

それから今の段階では、本当に一国史というものが成り立つのか、根本的な疑問があって、それは崩れてきてると思います。東アジア全体をみなければ、日本のことはわからないし、日本の近代はアジア全体をみなければわからない。世界史全体でもそうだけれども、今までのような一国史的な発想のやり方で、本当に国民史が成り立っているのかどうかというと、歴史学の世界でも無理だということをかなり自覚されてきてるんじゃないか。

もちろんそうでない層が圧倒的に多いと思います。いつも安丸さんと議論するんだけど、安丸さんが指摘するように、既存の歴史学を擁護する派が、歴研とか日本史研究会の圧倒的多数で、若い人たちがマイノリティの問題とか、今までの歴史学の枠組みではとらえられない問題の側からとらえたいといってきても、そういうのは、学会がまともにはとりあげていない。今の大学の歴史研究機関もそういうことにまともに応えられないという状況が続いているというほうが真実だと思う。だから、若い人たちが、社会学部に行ったり、いろいろな分野に行くことによって、違うやり方でできるのではないかと、模索しているのではないか。そういう人たちがこれから増えていくだろうと思います。

長さんのさっきの質問にも関連して、女性史は、上野千鶴子さんが言うように、女性解放史的なとらえ方が、井上清さん以来のやり方であったと思うし、それとジェンダー論というのは、かなり違うと思う。性の問題、身体の問題をとりあげるというやり方で、女性のとらえ方の転換は当然起こってきてるわけです。今までの日本史のなかでとらえられてきた女性史というものとジェンダー論はかなり違うと思う。むしろ、ある意味でそれを解体させようという意味でもあるわけです。

ただ安丸さんも言っているように、民衆史やジェンダー論でさえ国民国家を支えているという自覚を持たなければならない段階にきている。★57 既存の学問に変わってきてるんだということを自覚してやらないとだめだという話をしているわけです。そうでなければ、「民衆史」もまた滅亡していくでしょう。

だから、ひとつの「知」というものが生まれて、そういうものが体制のなかに組み込まれていって、ひとつの体制をつくり上げていったら、それを打破していくのはものすごく難しい。だから、安田浩さんの言う「パンくずの歴史学」、かつてヨーロッパで社会史の批判として言われた「パンくずの歴史」学のなかにも、今までの既存の歴史学の方法でとらえられなかった問題をとらえていこうという芽がどれだけあるかに興味があります。

私の場合は、戦後歴史学は脱構築しなきゃだめだ、崩さないと、全然歴史学は他分野との対応ができない分野になっていくのではないか、その危機意識のほうが強い。その危機感の持ち方の違いが根底にあるように思います。

長　さっき、女性史かジェンダー史かと迫られて苦痛だったと言ったのは、今西さんのなかでは女性史という蓄積があって、その次の研究段階、発展段階としてジェンダー史があるというとらえ方。

★57　安丸良夫「二〇世紀——日本の経験」（加藤哲郎ほか『二〇世紀の夢と現実』彩流社、二〇〇二年）。

そういう研究史のたどり方を私に強要されてる気がして、私はまずジェンダー論から入ったところがあって、これは勉強を始めた時代、時差でしかないと思うんですが。もちろん研究史を勉強しろ、先行研究をかき集めろ、といつも学生に言うので否定しているわけでは全然ないんです。ただそれは誰のための歴史像かということにも、たぶんかかわってくるだろうし、大門さんと安田浩さんが、それは私だとぱっと言われて、私たちと言われるのかと思っていたので、意外だったんです。

大門　私たちじゃなかったのが、意外だった？

長　意外でした。

大門　前回、本書の題名の話をしたけど？

長　覚えてるけれど、言われている内容的なことで言えば、私たちですよね。

今西　集合体ですね。

長　私が最初に、院生のころに読んだ論文は、「われわれは」叙述ですね、民衆史はとくにそうです。目的論を前提にした集合の動きを抽出するんだから、当然、主語は全部「われわれは」になっていて、それに、疑問をなげかける向きも当然あったけど、「国民」の歴史学運動、啓蒙する対象を「国民」に想定し、歴史学はなにを還元できるか、といった歴史と社会のかかわり、という議論が前提でした。さっき今西さんが言われたような、一国史だけではだめだというときに、それは誰のための歴史像か、私は、むしろそういう文脈で考えたし、女性史かジェンダー史かわかりませんけれども、私領域の意味内容そのものを確認してきたという、女性史はそういう流れがあると思います。

安田（浩）　今、言われたことは、さっきの西川さんの言った歴史学を構成する概念の基礎があるのかどうかという問題とつながってくる。ぼくは誰のための歴史像をつくっているのかといったら、私がつくってるんだから、私自身の問題意識、問題関心のひとつでつくる。ただ、それを活字にして発表するときには、明らかに誰かに働きかけるためにあるわけです。そこでは一種の歴史的主体を自分なりに想定してます。そういうものが存在すると想定している。そういう歴史的主体をどういうふうに構成しようかという働きかけの作業として、いわば歴史の論文を書いているということだと思います。

そういうわけで、つまり集合名詞の歴史が意味がないとは思ってない。どういう歴史的主体の形成をはかるのかという意味で、これまでの民衆史なら民衆史の蓄積はそれなりに意味があると考えている。

さっきも自国史まで書く必要があるだろうと言ってるのも、現実に現在の国民国家をどういうふうに構成していくのか、変容をめざした形での構成の仕方自身が課題になっているという意識があるからです。その意味では国民を歴史的主体と想定しているのではないかと言われれば、たしかにそうだと思います。それは私の問題関心であると同時に、なんらかの集団的な歴史的主体を想定して、歴史を書いてるということだと思います。

発展段階のとらえ方

高木　私は歴史学を成り立たせるものが全部崩れているのではないか、という西川さんの意見には違和感があります。私自身もそうですけれども、なぜ天皇制を研究するのか。やっぱり近代の「身分」として、天皇がいる矛盾をどう考えるか、が問題意識です。

それから民衆の問題を牧原さんもそうでしょうけれども、「民衆」という課題を選びとるとき、やはり主体を意識していると思います。実証の問題でいえば、大勢の人間が検証可能な知はあると思います。さらに発展段階の問題でも、近世から近代をくぐることによって、次にどういう未来をつくっていくか、という指標を自分で選びとることができる、知やものの考え方が形成された。だから歴史学の構成要素が崩れている、という意見に違和感があります。

西川　近代の歴史を構成している要素はこれだけではないと思いますけれども、そういう主要な要素について、崩れかけているのは、それは事実だと思います。それをどうするのか。どう考えるのかということを、個々の概念について、きちっと答えを出して、そのうえでどういう歴史が、たぶん非常に違うものになると思いますけれども、可能であるのか、不可能であるのか、そこら辺の検証がなされなくて、漠然と歴史が支持されてたり、通史が支持されていたりするのが現状だと思います。それは歴史学者にとってものすごい危機なのに、なんでそんなにのんびりしておられるかという興味がぼくにはあって。

牧原　ただ、既成の概念が通用しないことは、ある意味ではほとんどの歴史研究者が意識しているのではないでしょうか。そして、新たな枠組みがどういう形でつくられるかと考えたときに、たぶん外側からもう一度枠を持ち込むのは無理だ、広い意味での「実証」に戻ろうという選択肢がひとつはあるだろうと思っています。だから歴史研究者はダメなんだといわれるのはわかっていますが、たとえば天皇制＝絶対主義という枠組みが崩れたからといって、ブルジョア君主制でいいと、すぐにはならない、というのが前回の議論だった。同じように、進歩史観の破綻は明らかだけれども、歴史の段階を措定することと進歩史観とは別だということもはっきりしているのではないか。近世と近代の重層という場合も、近世と近代の質の違いをみているわけだから、段階論なんです。ただ、なんで区切れるかといえば、グランドセオリーで一発で区切れるんじゃなくて、それぞれの領域ごとに具体的に見ていかなければならない、モザイクの複合としてしか時代は区切れないという気がします。

もちろん、どのような事実も段階の措定も「意味づけ」ですから、浩さんも言うように研究者の認識の問題ですし、当然にその認識を支えている枠組みがある。それが「立場」でしょうが、ぼくなんかは、「どういう立場に立っているのか」といつも問いつめられてきたいやな記憶があるので（笑）、できればもう少し違う概念というか、「立場」という言葉を迂回した形で、自分の視座を模索したい、という気分です。

大門　段階が変わることがすぐさまイコール進歩じゃないというのは、そのとおりだと思うけど、そのときに前の段階で人びとが経験したことが次の段階に受け継がれるわけです。そこに経験の蓄積ないし、変化があって、それを進歩とは言わないにしても、人びとの経験はなんらかの形で蓄積化されていく。それは、行きつ戻りつというか、ともかくも時間軸のなかでの変化であるわけです。

進歩についていては西川さんの言われるとおりだが、最終的に時間軸を相手にしている歴史学の場合には、経験を軸に時間の流れを整理して、そこにある段階性をみることはできるだろう、そう思っています。

長さんはさっき意外だと思ったようだけど、ぼくがすぐ「私」と言ったのは、自覚の問題、つまりそれは私が考えた歴史以外ではない、すぐさま客観性を持つものではないということについて、研究する側として自覚を持っていたいという表現として「私」ということを言った。

牧原　常雄さんも、通史ではなくて時代像をと言っていましたね。そして、集合名詞よりは一人ひとりということを常雄さんはいつも強調されますが。

安田（常）　歴史に固有な特性はと、さっきから考えていました。制度としての歴史学は措いて、たとえば普通の人が自分史を書いてみようというのがあります。それは別に歴史学者になるわけでもなく、自分の生きてきた時代との関連のなかで自分を確かめることですね。いつの時代もそうだと思いますが、自分の生きた同時代ほどよく知っているように思ってもあいまいな時代はないようにも思います。そのあいまいさのなかに自分なりの線を引き直してみること。歴史に固有な特性とは、いろいろいえるかもしれませんが、素朴にいってはじめがあって終わりがあるということでしょう。結局、消えていくということです。生活者個人についていえば、一生、自分が生きてきて、自分史を書いて、死ねば死にきりだ、私はそういうふうに生きた。そういう確認の仕方もあるだろうし、さっき大門さんがいった、死んでも伝わっていくもの、あるいは伝わってほしいもの、経験の伝承とか継承という形もあると思うんです。

そういう意味では、歴史というものを自分の暮らしのあり方や意味として考える、そういう世界は消えないだろうと思います。それは制度としての歴史学があろうとなかろうと、残るんです。そういう場所が根底にあって、さらにもう一歩いえば、自分で自分のことを語るとか書くとかいう表出のなかにすごくいろいろな、さまざまなスタイルがあったんじゃないかと思います。メディアの発展などによって、これからますます多様になっていくでしょう。図像と音楽だけの自分史とか。

たとえばこれまでも柳田国男の『明治大正史世相篇』[★58]にある固有名詞を一切使わない書き方、近代を「村の人びとの目つきが険しくなること」と定義するような書き方とか、鶴見俊輔さんが『高野長英』[★59]でちょっと試みた人の噂や評判や批評だけで人物を描いてみることとか、また私にとって究極のイメージのひとつなんですが、ヴァルター・ベンヤミンが構想した全文引用だけの歴史[★60]。研究者主体はコラージュのなかにだんだん消えていくような歴史なんですね。そのようなさまざまな語り方が、個人一人ひとりが歴史を書いていくときにあっただろう、そこから歴史学は学ぶべきだろうと思うんですね。社会史といわれているコルバンの『記録を残さなかった男の歴史』[★61]なんかも

★58　柳田国男、平凡社、一九七九年。

★59　鶴見俊輔、朝日新聞社、一九七五年。

★60　さしあたり、ヴァルター・ベンヤミン『パサージュ論　パリの原風景』I（岩波書店、一九九三年）に所収された、今村仁司「解説」を参照。

★61　アラン・コルバン／渡辺響子訳、藤原書店、一九九九年。

すごい本だと思いますが、あの日本語版序文でこれは「人間の複雑さへの歩み」といっていますが、ひとつのキーワードのように響くんです。

こうした断面で切りとられてきた歴史は、部分的といえばそうなんですが、当事者にとってはその切実性においてトータルなんですね。そちらのほうに私は重きを置きたいと考えるんです。そして制度としての歴史学はそれに対してどう応答するかというふうに問題を立てて考えたいと思っています。

さっき今西さんから出された発展段階の重層化の問題とからむんですが、むかし大塚久雄さんが「横倒しにされた世界史」という問題提起をしましたよね。あれは大塚さんがアジア論に入っていくときの基本視点だったのですが、鶴見良行さんの東南アジア論ではこの視点がリアリティをもって描かれています。たとえばある島では、労働者五千人を雇う大合板工場のすぐ隣に、槍みたいなものをもった山の民や海の民の家族が暮らしているんです。問題なのは、発展段階の重層化というのは、共存したり、まじり合って混在しているということにあるように思います。だから丸山真男さんの「古層」論が、一方で今西さんがいったようにそんなこと実証できるのかという論点はあるのですが、同時に「古層」とピンで止めて本質主義的にその一貫性をいうとき、やはり違和感があるんですね。それはもちろん批判的文脈でいわれているのですが、いわば「日本文化論」のちょうど裏返しになってしまうわけです。

それでもう一度発展段階論に帰ってくれば、さきほど牧原さんが言われていたこと、ほとんど賛成なんです。単純な進歩はもちろん想定できないけど、歴史の段階を区分して措定する意味は別にある。牧原さんはその区切り方を、「モザイクの複合」と表現されたけど、区切り方自体が複数あるということになるかもしれない。たとえば経済の領域、生産力と生産関係でもいいんですが、このレベルではある程度数量化可能ということも含んで大きな発展段階の図式はつくられやすい。またダニエル・ベルみたいに技術史観の立場から、農業社会―工業社会―情報社会という単純な図式もありますよね。だけど他方で、さっきの一人ひとりの人生みたいな場所にもどせば、どこまでが近世でどこから近代か、なかなか難しいですね。また思想史でも、ギリシャと今とどっちが進歩か、そんなのわからないです。その意味で牧原さんのいう「モザイクの複合」を含んだ時代像の連鎖みたいなイメージはあります。

今西　安田常雄さんの議論は非常によくわかるんです。ある意味で学問的に近いところがあると思います。戦後歴史学はたしかに啓蒙としての歴史学で、上からわれわれが民衆を啓蒙しているんだという意識があった。それに対して民衆史を提唱する側は、そんなことはない。民衆世界は独自的で、知識人がわかるものでなくて、もっと多様なものであるということを検証してきたと思います。

ただ私は、もう次の段階に来ていると言っているわけです。私のやったわずかな研究でも、たとえば「新政反対一揆」のなかで新政反対に立ちあがった百姓たちが、エタや非人たちを抑圧するときに、「御百姓」意識を使って、お前たちは俺たちに逆らうのかという形でやっているし、自由民権運動での強烈なナショナリズムでは、他民族に対する抑圧の問題があります。それから水平運動にしても、「男らしい産業的殉教者」という男権主義によって、その主体を立ち上げる問題があるのです。民衆が形成されてくる主体の側に、そういう他者の抑圧の問題を含んでいる。民衆史を美化して語る段階は、私は終焉してきていると考えています。歴史学がそういう主体に対して持ってきた期待も、もうちょっと考え直さないといけない。

これは、全然主体がいらないと言っているのではない。他者とか複合的なものを含んだ主体とか、「雑種的な主体」をどういうふうに組み立てられるかということをもう一回、再検討しながらやらなければ、かつてのような「われわれ」という形でのやり方はできない。

長さんが言ったように、公領域を重視し公領域の歴史こそが本当の歴史だ、私領域は歴史ではないのだという見方への批判を、ジェンダーのほうからあらためて提起してくれた。私も周縁民衆史をやってきたなかで、それを強く思っているわけです。だから社会史の成果をとりいれながら、どういうふうに組み立てられるか、そこをもう一回、考え直さなければいけない段階にきている。

そしてさっきから言っているように、まさに進歩史観、発展史観が持っていた弊害です。そこから外れていく問題、外していくような歴史のやり方に対する批判は、相当出てきていると思ってるんだけれども、安丸さんらに言わせると、まだまだ自覚してない人が圧倒的に多いようです。

だから西川さんたちがそういう批判をやっても、歴研の席上であまりまともに受けとめられている状況とはとても言えないという問題が出てくる。そこで、こういう研究会をもつことに意味があるという、最後の一言でした（笑）。

通史と教科書

西川　安田常雄さんの今のお話、たいへん共感を持って聞いていたのですが、そういう歴史を通史とどう関係づけられていらっしゃるのですか。

安田（常）　それは難しいので、うまくお答えできませんが、思想史は本来、通史は不可能というのが定説（?）ですね。丸山真男さんも元来は、思想史は問題史としてしか成り立たない、しかも断絶を含んだ連鎖と考えていたように思うんです。ひとつは問題自体が歴史の底に沈んで見えなくなるときがある。そしてまた別の時代に別の文脈で浮上する。そのくり返しがあります。また同時代のなかでも思想のリアリティは単なる言説の論理的首尾一貫性ではなく、どのような形で人びとに届いていくかにあるわけで、ここでもジグザグなんですね。ただ個人的な思いとしていえば、歴史を考えるモノサシとしての通史はあるといいなという感じはあるんです。たとえば経済と生活の変化の通史とか。ただそれが「唯一絶対の真理」としての「全体性」を独占するのではなく、ひとつの目安のようなものとしてね。いわばこの通史には余白がいっぱいあって、そこに一人ひとりが自由に生き方の記録を書き込んでいけるようなもの。国家公認の通史はもちろんそんなものを望んでいないでしょうが。

西川　さっき歴史を構成する、通史を構成する諸概念があると言ったけど、それが崩れていくことはわかっている。そのほかにもう少し強い意味があって、そういう概念を維持し続けていたら、それは現実の世界でどういう意味を持ってくるかということです。前回も少し言ったけれども、国民国家論をやって、戦争の問題が抜け落ちていると思います。戦争機械としての国民国家とそれを支える歴史、それに植民地の問題が落ちてしまったのは残念な気がします。

長　私は通史は難しいと思っていて、とくに、日本文化論やナショナリズムを増幅するイデオロギーと通底しない通史はそう簡単ではない。逆に、通史を積極的に維持しようとする教科書のシステムそのものは、一国単位のシステムがほころびている今だからこそ重視されると思ってます。私自身は、想定できる時代的まとまりのなかで人びとはどう経験を持って移動するか、人びとの移動に即してそれぞれの時代につくられる共時的な空間や経験の世界を考えたい。そういう生きられた空間や経験の場そのものも読み返すような、山室信一さんが「思想連鎖」という魅力的な概念を使っておられますが★62、もちろん近代国家だから、国境や国家システムという枠は前提だけれども、そのなかで、一方的な影響関係でなく、「知」や「装置」の受容の一方でその意味内容がどんどんずれて自己転回していく。しかもそうした軌跡そのものは、多くの場合、ある程度安定した段階や

★62　最近の著作としては、山室信一『思想課題としてのアジア――基軸・連鎖・投企』(岩波書店、二〇〇一年)。

過去をふりかえる仕方によって忘却されていく。復元ということではないですが、そういうかつてのまとまりや時間的な流れみたいなものを想定したい。

もうひとつ、戦争の話でいくと、西川さんの国民国家論は、一番最初に私が接した頃、たぶん『国境の越え方』を執筆中のころだと記憶していますが、その時期には近代市民社会批判が強くて、人権概念も含め、排他性を強調されていた。とくに原理としても歴史過程としても女と外国人を排除するという議論が、私には魅力だったんです。ところが最近は、「戦争機械」という語を戦略的に用いられたり、言葉や「国民化」をいう際も、国民軍隊の持つ重要性を強調されるようになってきている。強調されるポイントが非常に変わってきてるんじゃないかと思います。こういう変化が西川国民国家論そのものにどういう変化を与えているのか、本当は読み直してみないといけないんですが……。

高木　西川さんが通史を書くときに、国民国家を自分が解体しようと意図しているのか、自分の将来への問題意識も重要だとおっしゃった、そのこともわかります。それと議論の位相が安田浩さんがおっしゃるように、国民国家のなかで自国史を近代を引きうけて書くという問題とでは、位相が違うと思います。そのことと、網野さんの通史が近世で終わっていることとかかわると思います。

たぶん教科書を書くことにかかわって、安田浩さんの議論と国民国家のなかで自国史を書く営為は重なります。ある意味で、教科書の日本史を書くというのは、体操の規定演技みたいなところがある。自由演技じゃなくて。そういう作業を歴史家として大門さんはされましたけれども、今まで私は逃げていたところがあるので、今後は取り組みたいと思う。

長　定義としての歴史学がないとやはり通史は書けないのでは、と感じます。でも、現実に私なんか、高木さんよりも「通史」をしゃべってきた原罪を負っている自覚はあるんですが、ただ歴史学という問題と、歴史の叙述というか、ちょっと位相が違う気が……。

高木　今の教科書でいえば、たとえば、東アジアのなかでどう日本があるかは叙述に出ていないし、時間的なスパンの問題でも、どう一人の研究者が近世や中世のものを含みながら時代叙述をしていくかも、どういう教科書をつくるのかというところで考えるべきと思います。

長　よりよい教科書をつくるというのは賛成ですけれども、それと、教科書はどうあるべきか、そもそも教科書とはなにかという問いは、分けて考えるしかないと思います。あんな破格の教科書が検定を通る時代なんだから、従来の教科書を前提にすることが必ずしも現実的とも思えない。それと現行の通史スタイルの教科書そのものは一九世紀の人文科学を受け継いでいる印象があって、歴史の時代というのは、起点は、文字の存在。縄文時代は必ず歴史教科書に記載されていますが、項目はいつも「歴史」前、「あけぼの」っていう表現ですよね。それでもやっぱり、「日本列島」の歴史から始めている。それこそ家永さんの『くにのあゆみ』[★63]以来、戦後の長きにわたって継承されてきたスタイルだと思います。ただ、教科書はどの時代を中心に書いてきたか、という点でいうと、「つくる会」は、中学校の教科書なのに占領期の叙述も含めて、現代史の比重が非常に高い。これはかなり大きな変更点なんだと感じます。

大門　通史あるいは全体史を書くことができるかということは大きな問題だが、ぼくはきわめて難しいけど、その努力はされるべきだと思っている。それは、さっき議論した矛盾と関係している。矛盾というのは、いうまでもなく関係のなかからあらわれるものです。つまり、歴史のなかのさまざまな事柄にはなんらかの関係があり、そこに矛盾が発生するのだとしたら、事柄の諸関係を知りたくなるし、その総和としてのある時代像を知りたくなる。歴史過程を矛盾の視点からとらえようとすれば、きわめて困難だが、時代像、さらには通史を描くことを求められているとぼくは思って

★63　『くにのあゆみ』は戦後初の国定日本史教科書で占領下の一九四六年九月に上巻が刊行された。家永三郎氏は編纂委員の一人。神代教材を排除した。井上清らの批判でも知られる（たとえば岡田章雄ほか共同討論「『くにのあゆみ』の検討」『朝日評論』一九四七年三月号。なお編纂の経緯としては、家永三郎編『『くにのあゆみ』編纂始末』解説・岩本務、民衆社、二〇〇一年、に詳しい）。

います。

通史とかかわるもうひとつは教科書です。高木さんは、今の教科書について規定演技と言ったが、規定演技で縛られている枠をどうやってはみ出していくか。お渡しした教科書[★64]は、ぼくが初めてかかわった歴史教科書です。そこでは、ひとつに、署名入りの記述を入れるということを意識したわけです。主要に書いている人の署名を入れることはできなかったのですが、日本国籍以外の国籍を持っている人に、署名入りで教科書のなかに書き込んでもらう。これは六人の方に書いてもらい、小さな冒険ですが大きな意味を持っていると思っている。教科書記述は中性的・客観的なのではないということを示したかったのです。もうひとつは、時間のなかに空間をどうやって入れていくかということです。これは、必ずしもうまくいかなかったのですが、地図を使ったりして試みました。

今西　いま日韓で共通の教科書ということが言われていますが、私は無理だと考えています。ヨーロッパ共通の教科書といっても、宗主国と植民地でつくった教科書があるのですか。日本と韓国のあいだには、まだまだ越えなければならない問題が多すぎると思います。

私にとっての歴史研究

牧原　またもや時間切れですが、最後にもう一度「歴史学に未来はあるか」あるいは「歴史学と私」といった感じで皆さんに発言していただきましょう。

私自身は、常雄さんがいわれた「廃墟」が、この一〇年間で世界中のあらゆる局面にあらわれていることにある種の無力感すら感じることがあります。もちろん「廃墟」からこそ新たなものが生まれてくるし、ユートピアということでいえば、抵抗している時、闘っている時にのみ、人は解放されている、西川さんの言われた「瞬間の共同性」を実感できる、それが敢えて言えばユートピア

★64　田中彰ほか『日本史A　現代からの歴史』（東京書籍、二〇〇二年）。

だ、と思ってはいますけれど。そうしたなかで、歴史研究という他者認識、あるいは他者と自己との相互媒介的な認識の往復運動を介して、自分が不条理だと思う事柄を少しでも構造的に、より矛盾し複雑なものとして認識する、そのことが現実に立ち向かううえでなんらかの力を「われわれ」に与えてくれるのではないか。たとえば、被害と加害の連鎖を自覚することから、その鎖を解きほぐす手だてが生まれてくるのではないか、という思いでやってきました。ただ、きょうの皆さんの話を聞いていて、たとえば通史は可能かという問題にしても、自分には通史や教科書を書く力はないという断念が先にあって、歴史学の方法とか概念について本気で考えたことはあまりなかった、とあらためて思いました。その意味では「学」以前でやってきましたし、それで終わりそうです。

大門　歴史研究に関して、西川さんに言われたことに答えようと思っていましたが、時間がなくなってしまいました。実証が揺らいでいる、まさにそのとおりですが、それでもなお歴史学に固有の意味があるとすれば、それは現在において過去のことを考えるという、歴史研究のごくあたりまえのことのなかに含まれていると思っています。現在と過去は相互に規定的です。現在から過去を見る、過去によって現在は規定されている、こういう関係にあります。歴史は勝手に認識できるようでいて、そうではなく、現在と過去の二つによって縛られています。しかしこの制約は決してマイナスではないはずです。制約があることによって恣意的な認識は制限され、歴史像の描き方がまさに問われるわけです。この縛りがあるところに、ぼくは歴史学のよさがあると思っています。

安田（浩）　西川さんの出された問題に関連して、ぼくが前から考えてるのは、歴史学の機能の問題で、そこに非常に矛盾したところがあると思います。ぼくもある歴史像を書くときにどういう機能を果たそうかというと、今後に向けて、未来に向けて、新しい可能性が開かれることを語りたいために書くという要素がある。

他方で歴史学の伝統的な機能は、過去の価値あるものを継承させようという、非常に保守的な性格があると思う。この矛盾をどう取り扱うのか：ということにかかわっていると思います。自分史でも、過去の自分の行為の意味を確認し、他者にそれを伝達しようというものだから、過去の継承性という問題を考えなくてもいいという話にならないんじゃないかと考えてる。その意味で、歴史学、歴史的な研究は存在意義があるだろう、あり続けるだろうと思ってます。

西川　さっき言ったように、ぼくは大歴史主義者ですから、ひとつは、世界のあらゆる雑多な要素を抱えこんだ広大な歴史を考えています。もっともそんなものはもはや歴史とは言えないだろうけど。もうひとつは、歴史作品というのは国民国家の時代のものすごい遺産だと思うわけです。国民国家が生み出した偉大な作品であるということを認めたい。それは国語によって書かれた文学についても同じことだと思います。と同時に、それは国民国家と同じくらい、抑圧的・犯罪的なものであるということはぜひ言いたい。だからどう変えていくかという話になるのだと思います。

長　私が、ということでいえば、歴史学的手法や作業は私にとっては思考を深めるための立ち止まる場所みたいなものなので手放せないのですが、学ということでいうと最近気になっているのは、企画のようなことを考える際、歴史学で独自のものをなかなか立てられないこと。皆が同時代に生きているのだから関心が共通するのは当然ですが、古い枠組みを残しながらだと、「他」領域の人を招いて閉じた言語で反発するといったような問題が起こりがちなのではないでしょうか。自分（たち）が変わる機会を逃してきているような気がします。

今西　かつてマニュファクチュア論争や寄生地主制論争が歴史学の大きなテーマでした。しかしいまそのようなことを情熱をもってやろうとする若い研究者はほとんど皆無です。民衆史や民衆運動史も若い研究者からはなれていっているし、このままでいけば消滅していくでしょう。もちろん流行という問題がありますし、新しい分野が生まれてくることは悪いことだと考えていません。しかし、歴史学が変わらなければ、時代や若者にとり残されていくでしょう。私たちが、歴史学をどう変貌させられるのかは大きな課題だと思います。

牧原　ありがとうございました。安田常雄さんの報告で出された論点のうちの、ほんの一部しか議論できませんでしたが、討論の全体的な構図はあの報告によく整理されているので、あらためてくり返す必要はないでしょう。

とにもかくにも、予備討論を含めて六日間に及ぶ超長距離レースもこれで終わりです。私なんかは、ヨレヨレになってゴールに倒れ込みましたが、名残惜しいような、ホッとしたような気分ですね。

なにはともあれ、お疲れさまでした！

討論を終えて

行きつ戻りつ……

大門　正克

座談会のなかで西川長夫さんから、「歴史で譲れないものは何か」と問われた。

西川さんの問いは、この四、五年のあいだ、自分自身に問いかけてきたものでもあった。「ものごとを考える際に、なぜ歴史に戻るのか、歴史でなくてはいけないのか、歴史になんらかの有効性があるとすればそれは何なのか」。歴史認識をめぐる議論のなかで突きつけられた問いに対して、私はくり返し考えてきた。

現在のところ私は、さまざまな関係に含まれる矛盾を動態的に把握することが大事だと考えている。矛盾を動態的に、つまりダイナミックに把握しようとすれば、ふさわしい場として時間を含む歴史過程があるのではないか。このように考えていたので、西川さんに対して私は、「矛盾を動態的に考えたい。動態的に考えようとすれば、その有効な場として歴史過程があると思う」と応えた。

では、矛盾を動態的に把握するとはどのようなことなのか。二項対立ではなく、また一方的に規定する関係とも異なる視点として、「とらえ返す」という視点を重視したい。歴史の過程（変化）は、「規定される」ことを「とらえ返す」という矛盾的な相互関係の連鎖のなかでつくられるのであり、歴史の動態的な把握もこの相互関係に注目することで可能になる。この視点を私は、『民衆の教育経験』という本を執筆する過程で得た。

座談会のなかで私は宿題を残すことになった。それは、人びとが歴史に働きかける契機はどこから出てくるのかということである。私の重視する「とらえ返す」という視点をつきつめると、「規定される」関係の徹底、つまり統合の内面化が徹底されることによって逆に獲得されると考えることもできる。だが、他方で私は、歴史のなかには国家に還元されない社会の領域が存在し、歴史に働きかける契機はそこからつくり出されるとも考えている。座談会では、歴史のなかに社会の存立を認めるのか否かをめぐって議論になり、意見が分かれた。この二つの点、つまり内面化の徹底と社会の存立は両立しうるのかということが宿題として残された。

今のところ私は、「とらえ返す」という視点を豊富化することで宿題に答える新しい視点を提案できるのではないかと考えているが、ただしそれは、なによりも歴史研究の作品のなかで具体的に論じることにしたい。宿題への答えを出すことができていないので、ごまかすような言い方に聞こえるかもしれないが、歴史研究は史料や過去の事象との緊張関係のなかでこそ成り立つものであり、そこに歴史研究の特性がある。つまり、都合の悪い史料や事象があれば、それらを含めた有機的な説明を求められるのが歴史研究であり、言いたいことをそのまま言えるわけではないところに、歴史研究の特性と有効性がある。

私の応答に対して、西川長夫さんが間髪いれずに「ぼくもそう思います」と言われたのは、正直ありがたかったし、真剣なやりとりを含む座談会の妙を感じた。ただし、私の応答もまた、具体的な歴史研究の作品として結実して初めて意味をもってくるように思う。西川祐子さんにいただいたコメントを含め、いつかは歴史研究の作品を提示して再度議論する機会があればと考えている。

このように思うのは、井戸端談議を重ねたことともかかわっている。これだけ言いたいことを言ったからには、それに見合うだけの作品を書かなくてはならない。歴史批評は作品があってこそ初めて成り立つ。これは私だけでなく、井戸端談議の参加者それぞれに課せられた宿題のはずである。その宿題は、自らの歴史認識と史料・事象のあいだを往復するなかで、果たされるべきものであろう。

座談会をすべて終えたあとで私に浮かんだのは、「行きつ戻りつ」という言葉であった。日々の思考のなかに、また歴史認識と史料・事象のあいだに、「行きつ戻りつ」する道がある。あるいはまた、現在を生きる人間が過去を対象に研究し、現在と過去を「行きつ戻りつ」するところに歴史研究の特性がある。さらにまた、

「規定される―とらえ返す」という関係そのものが「行きつ戻りつ」することだといっていいだろう。「規定される―とらえ返す」という関係は、一回限りのものではなく、また同じことのくり返しでもなく、「行きつ戻りつ」するくり返しのなかで徐々に変更されていくものに違いない。矛盾的な相互関係の連鎖とは、そのようなことだといっていいだろう。

歴史研究とは、「行きつ戻りつ」するいくつもの道によって成り立っているものなのではないか。さまざまな「行きつ戻りつ」する道が交差するなかから歴史研究の作品が生まれる。そうであれば、行きつ戻りつ考えるしかない、それが座談会後の私の思いである。

アイデンティティのぐらつきのなかで

長 志珠絵

一昨年の一二月に行われた二回目の準備会、牧原さんがコーディネートする会の魅力に誘われて、不遜を省みず、単発の発言者のつもりで参加した。ところが東京までのこのこ出かけていくとそこは、尊敬やまない歴史家の先輩諸氏とその批判の対象でもある西川先生が同席するおそろしい場だった。とくに初回が国民国家とジェンダーを考える趣旨のものとなり、私の緊張はピークに達する。報告の手順としては、ジェンダー論の成果、ことに近代家族論を無視してよいのか？　と大門さんに向かってぶつけることを突破口に、歴史研究―民衆史・国家論とジェンダー射程との可能性と課題を考える、というものだった。とくに、近代家族論はもっと可能性をもっているのに、と私も「義憤」をもって臨んではいるものの、そもそも提起だけでも荷が重いうえ、議論の当面の相手は歴史家なのだけれど、ふっと気づくと「歴史家はどう考えるのですか？」と問う西川氏の視線がはりめぐらされてもいる。不得手な座談会発言はますます要領を得ないものになっていくし、アプローチの有効性を示すには、私自身がオリジナルな史料に即した事例を解析してみせるような話をぶつけないかぎり、こわもての歴史家を説得できるわけもない。もちろん、なぜそこに史料があるのか、あるいはなぜ「私」はその史料に接することができるのか、が問われねばならないし、その史料が選択されてきた「制度」のありようを不問に付すことはできない。あるいは、個別、近代家族論に対する批判――規範研究では実態と乖離する――について、たとえば、規範性こそが近代家族の特徴だ、とする議論やあるいはカルチュラル・スタディーズの議論にのっとって、テクストすなわち表象が求める読者と現実の女性たちの姿は一致しない、この間の亀裂やズレにこそ文化変容・受容の契機があるというとらえ方を開陳することも可能かもしれない。けれど結局、今までの事例を再解釈して説明することでは歴史家は得心しない。それはおそらく皮膚感覚のようなもので、これができない以上、ふだんあまり向き合わないでもすむ私の歴史家としてのアイデンティティはぐらつく。大門さんは時々「世代」をもちだされているが、史学科学生の受ける訓練や必読文献・研究史枠組みや歴史学世界の空気のようなものが大きく変わっていくのは九〇年代に入ってからではないだろうか。強いていえば、スコットから読み始め、歴史学の訓練を受けていくなかで女性史領域にもようやく関心を拡げることができるようになった、といったような、文献を読む時差や順序が違う点であり、研究領域の組み合わせ学習の違いだろう。

だが、興味深い研究会とは継続する時間のなかで醸成され、いろいろなレベルでの発見があるものなのだろう。ジェンダー論の回だけをとっても、質問や討論は誤解や反発も含めて多くの知見とそこからする新たな課題に満ちている。この印象は時間をおいて読むことで強くなっていった。たとえば今回の討論を通じて私は、国家論の新たな理論展開の過程で、近代家族論に関心をもち、さらには女性史研究に誘われた、という経緯が個人的な好みの問題ではなく、九〇年代の研究動向を如実に物語る例であることにも気づいた。女性史からジェンダー史へ、という歴史学からする立てかたそのものが、ある種の思いこみの産物なのではないか。

私が参加した初回と三回目の間には、八カ月間ほどの時間が流れているのだが、二回目の討論を経て、場の雰囲気は緊張のなかにも自然な議論の流れがつくられるものとなっていた。私自身は西川国民国家論の大きな変化に気づいた。アルチュセールも含め、読み直す必要性を痛感している。あるいは、主体という論点については、今まで放置していた分、考えさせられることが多かった。九〇年代民衆史はサブジェクトとしての主体とその可能性を問うてきたが、このことはニューヒストリーの文脈で、「主体」の問題を考える際、フーコーの著作が大きな影響力をもってきたことと無縁ではないだろう。だが他方、ホミ・バーバに代表されるようなポストコロニアリズムの文脈はフーコーには批判的だ。ここには、アメリカ経由のフーコー受容という事情が大きく作用するという。末廣幹は「テクストの歴史的な受容者ではなく、批評的主体として集団的エージェンシーを志向することは可能だろうか」と問うている（末廣幹「継承と断絶――フーコーとニューヒストリシズム再考」『現代思想』25‐3、青土社、一九九七年三月）。

いずれにせよ、西川さんというバイアスを通した国民国家論が本音も交えて本格的に検討され、応答があり、予想をこえて共有されるものが多くあり、そしておそらくかなり有効なツールとして再認識・再発見されたのではないだろうか。なにより、「文明」概念が露骨な暴力として機能しようとしている今、国民国家論ではなく、国民国家への批判的な問いすなわち加害国の国籍をもつ私の歴史へのかかわりは、その深刻さを増している。この書の読まれ方は、歴史「学」から離れないだろうが、そこに緊張感をもってたたずむ思考からなにが展望されようとしているのか、得難い場に参加できた幸運を感謝する。

言い残したこと

高木　博志

その場で発言するという座談会がまったく苦手なので、ほとんど発言していないのですが、じつは私はジェンダーの回から最後まで、その場にいました（もっとも予備的な研究会にでていないハンディキャップは大きかった）。少し思いつくことを最後に述べます。

最初に、私はここ三〜四年、国民国家という概念をなるべく使わないようにしています。それは社会を含み込んだ広義の国家を考える場合に、近代天皇制国家という枠組みでもう一度考えてみたいと思うようになったからです（ここでいう近代天皇制国家とは、講座派流ではなく、近代に創り出されたものです）。なぜなら天皇制ではなく君主制とおきかえることによって広がる地平と抜け落ちるものを、自分の天皇制の政治文化をめぐる研究のなかで感じていたからです。社会をおおう「万世一系」の国体論や正倉院・天皇陵といった文化的構築物の問題、あるいは国家神道の宗教化の問題、紀元二千六百年（一九四〇年）をめぐる畝傍山山麓のファナティックな状況など。同じことを、長さんが取り組んでいる、日の丸・君が代問題にもおもいます。国旗・国歌と置き換えることによって、ひろがった比較の視座・地平と、解けない固有な領域がある。長さんの研究をしても、やはり日の丸・君が代問題は残るのです。

とくに一九三〇年代以降の天皇制が、私のいう〈世界の孤児の君主制〉であることを考えるときに、解けない問題が大きいことに帰結します。その時代は、「例外」とするのではなく、明治維新からの構造のもとで考えたい。根元的に、身近なところでは父の世代の日中戦争以降の戦争体験、戦争による家庭生活の破壊は、天皇制国家によってもたらされたと考えるほうが、自分にはしっくりくるのです。父の世代の戦争体験者がもつ、天皇制への憎悪（あるいは反対の極の崇拝）に接し、常に感じてきたことです。

次に第二回目の「民衆史」をめぐる議論で言い残したことです。

靖国神社や兵士の慰霊の問題が議論されるなかで考えるのは、憲法の「信仰の自由」に対応する、〈慰霊の自由〉を考えてはどうか、と思っています。もちろん靖国神社のみを国家的な「慰霊」の場とすることには、反対ですが、治安維持法で虐殺された運動家の死から、「日本人」兵士の死や、災害による犠牲者まで、多元的な〈慰霊の自由〉が、葡萄の房のようにさまざまに保証され、存在してよいと思うのです。靖国の遺族を含めて、〈癒される自由〉や〈癒され方の多様性〉があると思うのです。もちろん私の議論は、日本の近現代が侵略戦争の歴史であることや近代天皇制国家の暴力性は前提とした上ですし、「慰霊」については、日本だけではなくアジアや世界の人びとにも〈慰霊の自由〉や〈癒される自由〉があることを念頭におく必要があると思います。

その発想の根底には、「民衆史」をめぐる回で発言したように、戦後の歴史学がしてきた、意識的な「人の営みへの価値づけ」への違和感があります。生きている人間が平等であれば、死者も平等であってもいいのでは、と思っています。ある意味で、人の営みや経験、そして死に対しても、〈等価性の指向〉をもつべきだというのが、最近の私の考え方です。獄中に倒れた共産主義者も、戦争に協力しつつ市井で子供を育てた無名の人びとに対しても、彼らの生の営みを大切にしたい、というおもいです。

最後に歴史叙述のあり方、あるいは可能性として、渡辺京二の『逝きし世の面影』（葦書房、一九九七年）をあげたい。民衆史の方法論でも述べましたが、文字を残さない民衆に対して、安丸良夫さんなどは「お筆先」の先につらなる底辺民衆の思いを明らかにしました。こうした形にしにくい民衆に取り組んだものとして、最近の『逝きし世の面影』があります。渡辺作品は、史料の使い方についての着眼がすごい。文字の読めない民衆の生活文化や生き方を、外国人の紀行文・観察を素直に読みこむことで、復元している。しかも、貧しいが質素で明るく好奇心あふれる民衆のあり方を、一九世紀まであった日本の「文明」の質とみています。最近の歴史学の作品で、私はもっとも感銘を受けたものです。

三〇年後に再会したら、私たちはなにをしゃべり始めるだろうか

西川　長夫

最後に国民国家論について私なりの総括めいた少し長い文章を書かせてもらうつもりでいたのだが、それは止めにしたいと思う。毎回四、五時間にわたる報告＝討論の記録を読み進めているうちに、私はすっかり堪能してしまったからだ。言いたいこと、言わねばならぬことを全部言ってしまったというわけではないが、快い充実した満足感がある。私から見れば年齢的には若い、働き盛りの優れた歴史研究者たちと、おそらくは三〇時間を越える（一年半という持続を考えればさらに長い）濃密な時間を共有しえたことは、私にとってはこのうえない幸福であり幸運であった。これまで何十という研究会にかかわってきたが、このように比較的少ない、数人のメンバーで長時間続けてひとつのテーマを追究し、本音で語り合うことのできた研究会は少ないと思う。このような集いを計画し、実現し、出版にまでこぎつけてくれたみなさんに心から感謝したい。きっと素晴らしい本ができると思う。

最初の打合わせ会に出席していないこともあって、正直言うと、私はこの会の趣旨を十分に理解していたとは言えず、初めのうちは自分は招かれざる客であったのかもしれないという不安が心の片隅にあったことも事実であるが、この集まりの魅力に引きつけられて、二〇〇一年六月九日の予備討論会から一回も休まず、遠い京都から東京に通うことになった。みんな忌憚なく自分の意見を言い、自分の疑問や直面している難問を正直に語っていたと思う。この二年近い間の、個性豊かな歴史学者たちとの出会いを通じて、歴史研究者の気質や倫理観といったものも少しはわかり、歴史学者と歴史学に対する敬意をこれまで以上に深めることができたの

は嬉しいことであった。このメンバーのなかで、おそらく一番得をしたのは私だろう。討論を通じて、私は自分のやっている仕事がなんであり、どういう意味を持っているかを教えられ、またこれからなにをやり、どういう方向に進むべきかについて貴重な示唆を得たのだから、みなさんの御好意にいくら感謝しても感謝し足りない気持である。

四回にわたる報告と討論を読みかえしながら、二〇年か三〇年後に同じメンバーが集まって同じような井戸端会議を開いたら、どんな情景があらわれるだろうか、とふと思った。地球が廃墟にならず人類がまだ生き残っていると仮定しての話だが、世界は、そして歴史学は、民衆史や社会史や女性史やジェンダー論や国民国家論はどうなっているだろうか。歴史の審判はとりわけ歴史学者にとって恐ろしい。三〇年後といえば、私たちのメンバーで一番若い長さんが今の私の年になるころだ。もう少し早めて一〇年後にしてはどうだろう。この再会の計画を、歴史学のためにもぜひ実現させてほしい。もっともそれだけ早めても私は別世界の天空から拝見するということになるであろうが、そんな参加の仕方もまた楽しいだろう。

二〇〇三年一月二八日夜

「立場」と「絡み合い」

牧原　憲夫

とにかく妙におもしろく楽しかった。これだけのメンバーが一年半のあいだに予備討論をいれて六回も顔をそろえることになるとは思いもよらなかった。「対立の構図」が鮮明だった予備討論のほうが緊張感はあったかもしれない。しかし、長時間の対話型討論はめずらしいから、その意味でも貴重な体験だった。今では、「この問題について○○さんならどう言うか」がおおよそ予測できそうな気さえするが、討論記録を読みかえして、「主体」の語への意味の込め方と各人のスタンスの違いとが密接に関係しているという、考えてみれば至極あたりまえのことを再認識させられた。個人的には、（討論のなかでは誰も意識していなかったろうが）「らせん階段をひとまわり」でふれた論点のどれもがかなり深められたことに感謝している（最近、安丸良夫さんも「表象の意味するもの」〔歴史学研究会編『歴史学における方法的転回』青木書店、二〇〇二年〕で拙論を批判してくださった）。そして、体調不良にもかかわらず全討論に参加してにこやかに挑発を続けてくださった西川長夫さんや、西川祐子さんの熱のこもった応答に驚きつつも研究者としての姿勢を教えられた。あらためてお礼を申しあげたい。ただ、西川長夫さんの剛速球を私は受けとめきれなかった。学問をやっているという覚悟の乏しさが露呈したというほかない。

それでも、第四回で「立場」を鮮明にしろと迫られたときにわたしが言いよどんだのは、必ずしも中立や超越的な位置に逃げようとしたためではなかった。立場の「宣言」が立場の「保証」にならない、との思いもあったからだ。反体制運動が体制を補完することがあるという歴史認識をふまえてなお、「立場に立つ」にはどうしたらいいのか。むろん国民主義・帝国主義の横行に批判や憤りをもっているが、二項対立の一方に自らを置くよりは、「立場」の両義性や相互浸透性を意識し、自分の「立場」をつねに点検し続けることの必要性に、どうしても思考が向いてしまう。

といって、「過不足なく叙述する」のは（安田浩さんも強調するように）不可能であり、それゆえに、「一面的である」といった批評の仕方はあまり好きではない。それは裁断であって大した実りをもたらさないだろう。そんなことを考えていたとき、小さな新聞記事が目にとまった。

量子コンピューターは電子などの粒子の特性を利用し、「一方から見たら0だが、違う方向から見ると1でもある」というように、一つの情報に複数の顔をもたせる形で処理でき、計算は爆発的に早くなるという。……ただ素子だけでは膨大な計算はできず、素子がもつ情報を関連づける「絡み合い」という技術が必要だ。

（「量子コンピューターへの前進」『毎日新聞』二〇〇三年二月二〇日朝刊）

もちろん何のことやら解らない。しかしこれは、「われわれ」が議論してきたことではなかったか。両義性の構造連関を構築することと、それを認識することとはベクトルが逆であるし、前者は処理の超高速へ、後者は認識の深化へ、という点でも対蹠的だが、認識もまた（意味あいは異なるにせよ）「構築」であるとすれば、「絡み合いという技術」とは、まさに歴史認識、歴史叙述の「技術」でもあるだろう。わたしとしてはやはり、できるかぎり認識と叙述を複雑化させながら、そして敢えて言えば「自覚的な客分」にあこがれつつ、自らの「立場」性をつねに対象化していくことをめざし続けるほかないように思う。

初源の場所から

安田　常雄

はじめ今西さんからこの研究会への参加を誘われた時、この研究会の基本的モティーフが、一九九九年の歴史学研究会大会（再考・方法としての戦後歴史学）で展開された「国民国家論批判」の内容を深めることにあると聞いたと記憶している。今西さんにはあの大会での議論が大いに不満であったに違いない。十分な議論が展開できなかった責任の一端は、当日司会をしていた私にもあることはいうまでもないが、どのようなスタンスでこの研究会に参加するかはよくわかっていたわけではない。たしかにあの企画の「仕掛け人」は私であり、いわば二一世紀への転換期に広い射程で歴史学の存立する基盤についての根本的再検討をやるべきではないかと考えていたことは確かである。さらにその討論において、どちらが勝つか負けるかなどということはどうでもよく、ある大きな射程でしかもできれば持続的に議論の場を設定することが目的であった。とりあえず準備会には行ってみようという腰のひけたスタンスからの出発であった。

しかし参加された皆さんも書いているように、それは回を追うごとにスリリングな緊張とより深い応答が積み重なり、言葉の厳密な意味において相互応答的コミュニケーションの実質を備えていったように思われる。素朴にいって、とてもおもしろかったのだ。しかし一回終わるごとに、ぐったりと疲れがでたことも本当だが、そこにはある充実した経験のみにある爽快感があったといえるかもしれない。

私個人のモティーフからいえば、なによりも西川長夫さんの学問と経験を、戦後の思想史・学問史のなかにおいて再考するかけがえのない機会となったことを、皆さんに、とくに西川さんに感謝しなければならないだろう。あれは第一回目の準備会の時だっただろうか。西川さんがご自身の戦中・戦後経験を詳しく語られたことがあった。今になってみれば、あの談話が手違いで記録されなかったことはまことに残念というしかないが、その経験と思想・学問への向き合い方のリアリティが、この研究会が緊張をはらんで楽しく持続した根底に存在していたと思われる。もとより著作を通して、あいまいながらそのりんかくは知ってはいたが、経験とはいつも私たちの〈知る〉次元を衝撃的に更新するように働くといえばよいだろうか。それまでなにを報告するかなどまったく決まっていなかったのだが、おそらくその経験が、西川長夫さんの国民国家論が発想される初源を確かめるという射程をもった報告になったのではないかと考えている。

そこであらためて確かめられたことは、個別の学問領域に枝分かれし、専門分化（あるいは閉塞化）する以前の根底的な混沌の世界ともいうべき場所であり、そこには一人ひとりの生きる姿が存立してあり、やや誤解を恐れずにいえば、希望や欲求とともに憎悪や嫌悪も共存している。そしてここでも重要なのは、なにかの偶然によって「研究者」とよばれる仕事に携わっているにせよ、その根源にはそのような固有の場所が隠れて存在しているだろう。歴史学ももちろん例外ではない。もし私たちのやっている歴史研究というものになにがしかの意味があるとすれば、そのひとつはこうした世界との不断の応答にどれだけ自覚的か否かという基準によって測られるべきだろう。そしてそこが「学問」と「思想」がスパークする場所であり、「学問」という「思想」が発酵する母体であることは間違いない。今後「超高層ビル」の客観的・数量実証的「学問」がますます主流となっていくことは避け難いが、たとえそれがどのような学説であれ、せめてこの初源の場所へのまなざしがほそぼそとでも生き続ける道をさぐっていかなければならないのではないか。

もともとあまり学会活動や共同研究などに熱心でない私にとって、この研究会は貴重な経験であり、力づくで引っ張りだしてくれた今西一さんに感謝したい。そして西川長夫さんを軸にした、牧原憲夫さん、安田浩さん、大門正克さん、そして若い世代の長志珠絵さんと高木博志さんとの討論は、ふだん活字ではなかなかわからない発想と感受性のニュアンスをさまざまな場面で発見・確認させてくれたことに、私個人としては深く感謝したいと思う。討論を読んでいただくとおわかりいただけると思うが、問題は「国民国家論」に賛成か反対かだけではなく、さまざまな論点についての認識と発想の共通性と異質性は、いわば複数のタスキがけのように入り組んでいるのである。それは世代や経験、問題意識などの複合だからであり、そこには参加された一人ひとりの方々のまぎれもない個性が鮮やかに浮かび上がっているはずである。

「民衆」と歴史学と

安田　浩

一九九九年度の歴史学研究会大会全体会報告へのコメント（「戦後歴史学の論じ方によせて」）では、西川長夫さんの報告に対し意識的に批判を前面に出したのだが、必ずしも意をつくせなかった点もあり、また西川さんの議論の意図や仕組みで了解できない点もあったので、こうした議論の機会を設けたいという牧原さん、今西さんの話に、西川さんと直接議論できるよいチャンスだとすぐ乗ってしまったのが、この座談会の私にとっての発端であった。だから、これほど長期間の、また膨大な論点についての討論になるとは、最初は予想していなかった。いま、討論の記録を読み返してみると、出されてきた検討すべき課題の多種多様さにあらためて圧倒される思いで、多くの宿題が私にも与えられたような気がしている。議論を終えてみると、討論のなかでもう言うべきことは述べたような思いと、まだひどく言いたらないような気分とのあいだにあって、中途半端な気持ちだが、ここでは二つの点についてだけ、付け足しておきたい。

ひとつは、「民衆」をどうとらえるかについての補足である。前から牧原さんに、安田は「民衆」を「民衆運動」としてとらえているから、との批評をされている。私も「民衆」とは生活者性を基本とする存在で「運動家」ではない、だから「民衆」はつねに運動を行っているわけではないと考える。しかし歴史の展開の把握では、「民衆運動」としての局面を重視する必要があると思っている。それは、ある大衆性をもった「民衆運動」・社会運動の成立が、その運動の直接的な目標達成の成否にかかわりなく、しばしば社会関係や国家的関係に不可逆的な変化をもたらすからである。たとえば日本における、第一次世界大戦後の普選運動の大衆的展開と男子普通選挙制の成立によって、それ以前の社会関係や政治的関係・基盤ときわめて異なる状況がもたらされたことは明らかである。もちろんそれは、普通選挙によって「民衆」の「解放」がもたらされるとの、運動当事者たちの期待が実現したことを意味するわけではなく、「ファシズム」的動向への条件が生じたことでもあったが。だがすでに明治期から存在した普選要求が、「民衆運動」としての形態をとったことの意味を把握することで、歴史の段階的認識は初めて可能になると考える。

もうひとつは、歴史学あるいは歴史認識の二面的性格の問題である。歴史学には、自己認識を歴史的全体性の脈絡のなかに置きなおすことで、その相対化をはかるという性格と、他方、自分や人類の意味ある行為と考えられるものを記録し、その継承を期待しはかるという性格との、二つの側面がある。もっともプリミティブな歴史叙述である自分史を考えても、それがなぜ書かれるのかを考えると、自分を歴史的全体的脈絡のなかで再把握するという性格と、それをつうじて自分の行為の意味を再確認し、他者の理解と継承を期待するという性格との、二面があることは確認されよう。こうした自己相対化と自己確認・自己主張との、時には矛盾する二面性を歴史学・歴史認識がもつものとすると、この二つのバランスのとれた記述とはどういうものかが問題になる。討論で、歴史を記述する意味まで議論にのぼったが、こうした歴史記述の基本的性格にまでたちかえっての皆さんの意見を聞く時間が足らなくなったのが、心残りである。

残された課題

今西　一

歴史学は、再び大きな誤りを犯そうとしている――これが、一昨年留学先の韓国で、新しい歴史教科書を「つくる会」運動の教科書採択への動きを聞いた時の感想である。今日、また「国民史」を再構築しようとする人びとは、戦前の歴史学と歴史教育を、どう考えているのだろうか？　旧植民地の人びとの怒りを、どう受けとめているのだろうか？　そこには反省どころか、いなおりの姿勢しか見られない。また、これに反対する人びとも、戦後の進歩的歴史学が、「国民史」という枠組みを脱構築できなかったことを、どれだけ自覚しているのかは疑問である。

私が、この討論会を呼び掛けたのは、歴史学研究会が、その全体会で、西川祐子氏・長夫氏を招いて報告者にする、という画期的な試みを実現しながら、その受けとめ方の鈍感さに、怒りさえ覚えたからである。まして日本史研究会にいたっては、国民国家を批判するのではなくて、西川氏の国民国家論批判に血道をあげているのを見て、あきれ果ててしまった。その怒りから、『国民国家とマイノリティ』（日本経済評論社、二〇〇〇年）という本を刊行した。

私が尊敬する近代史研究者の安田浩氏・大門正克氏らの国民国家論批判も、かなり誤読や誤解があると思えた。ともすれば日本の学問的風土のなかでは、他者への批判が感情的になり、党派的になりやすいなかで、意見を異にする人びとを一堂に会して、研究会を開きたいと考えるようになった。幸い安田氏・大門氏にも快諾していただき、西川氏も参加していただけた。

この一年半の討論のなかで、私は西川氏の学問的・人間的魅力は、かなり参加者に伝わったのではないかと考えている。なにより本書の表題を、大門氏が「〈私〉にとっての国民国家論」と提案してくれたのは意外であった。当初、この研究会を、戦後歴史学の総括の場として、西川氏の国民国家論を中心にすえることに反対しておられたのが大門氏であったからである。もちろん、この研究会では、かなり国民国家論が中心に討論されたためでもあるが。

私がこの討論に参加してえた最大の成果は、私自身がとってきた〈民衆史〉という方法への反省である。もちろん、色川大吉氏や安丸良夫氏・ひろたまさき氏や鹿野政直氏らの研究と出会うことがなければ、私は日本近代史を専攻することもなかったであろう。しかし、安丸氏の「通俗道徳」論などには、〈差別〉の問題から周縁民衆史に接近していた私には一定の違和感があった。それが近代の〈主体〉信仰への懐疑であることが、この討論のなかでいっそう明確になった。

新政反対一揆、自由民権運動、水平運動、どれをとっても〈他者〉への抑圧なしには〈主体〉を立ち上げられない困難性がある。しかも、最近では、「男らしさ」を強調するジェンダーの問題まである。民衆史や民衆運動史は、これらのアポリアを抱え込まなければ前進しないであろう。安丸氏らは、もちろんそんなことは百も承知で論理を組み立てていっているが、私には民衆〈美化〉論が根底に流れているように思われる。

いまひとつは近代天皇制の問題である。私は、近世からの生き神信仰や水戸学などの国体論からは、とても近代天皇制は解けないと考えている。ヨーロッパやアジア・アフリカの君主制の政治統治技術や文化・支配を含めた比較検討が必要で、その点でも西川長夫氏のボナパルティズム論は先駆的な業績であり、この問題を積み残して議論を終えたのは残念である。

討論を終えて、もっと議論を深めなければならない問題は山積みにされている。歴史学の発展段階や進歩の「神話」が崩壊するなかで、どのような「物語」が構築できるのか、できないのか？　一国史的な発想が解体するなかで、どのようなアジア史、世界史が構想できるのか？　「帝国」と国民国家の問題をどう考えればいいのか？　民衆的な「主体」の幻想性が批判されているなかで、どのように〈開かれた主体〉が提起できるのか？　歴史の史料を文献史料に限定し、口承や図像、映像や音響などを排除していていいのだろうか？　どのような共同研究を組めば、上記のような問題を克服できるのか？　などなど、どれひとつをとっても大きな問題である。また、機会があれば、討論の場をつくりたいと考えている。

　討論の呼びかけこそ行ったが、討論の途中の一〇カ月間、韓国に在外研究に出かけ、帰国後の体調不良から「頸椎《けいつい》後縦《こうじゅう》靱帯《じんたい》骨化症《こっかしょう》」という「難病」にかかっていることがわかり、左半身麻痺になって外科手術を受けたため、実務をすっかり牧原憲夫氏に押しつけてしまった。幸い手術は成功し、少しずつ手足の機能は回復しており、リハビリに励む毎日である。牧原氏をはじめ参加者一同には大変なご心配をおかけした。また慎重に参加者の意見を聞きながら、民主的に討論を進める氏のスタイルからは多くを学ばせられた。そして本書出版に大きな理解を示していただいた日本経済評論社代表取締役栗原哲也氏、また本書の作成を最初から支援し、討論にも毎回出場していただいた出版部の谷口京延氏、困難な校正を引き受けて下さった新井由紀子氏および、討論テープを整理して下さった㈲東京速記・大賀令子氏にも感謝したい。

　本書が、少しでも閉塞的な歴史学に波紋を投げかけ、新たな討論の出発点になることを切に願っている。それさえできないとすれば、歴史学は、ただ滅亡の季節を迎えるだけであろう。

【執筆者紹介】（五十音順）

今西　一（いまにし・はじめ）
1948年生まれ。1979年立命館大学大学院文学研究科修士課程修了。
現在，小樽商科大学商学部教授，名古屋女子大学大学院非常勤講師。
主著：『国民国家とマイノリティ』（日本経済評論社，2000年），『文明開化と差別』（吉川弘文館，2001年）ほか。

大門　正克（おおかど・まさかつ）
1953年生まれ。1982年一橋大学大学院経済学研究科博士課程単位取得。
現在，横浜国立大学大学院国際社会科学研究科教授。
主著：『近代日本と農村社会――農民世界の変容と国家』（日本経済評論社，1994年），『民衆の教育経験――農村と都市の子ども』（青木書店，2000年）ほか。

長　志珠絵（おさ・しずえ）
1962年生まれ。1991年立命館大学大学院文学研究科博士課程単位取得。
現在，神戸市外国語大学外国語学部助教授。
主著：『近代日本と国語ナショナリズム』（吉川弘文館，1998年），「近代知の成立」（岩波講座　近代日本の文化史3『ナショナル・シンボル論』岩波書店，2002年，所収）ほか。

高木　博志（たかぎ・ひろし）
1959年生まれ。1988年立命館大学大学院文学研究科博士課程単位取得。
現在，京都大学人文科学研究所助教授。
主著：『近代天皇制の文化史的研究――天皇就任儀礼・年中行事・文化財』（校倉書房，1997年），『文化財と近代日本』（共編著，山川出版社，2002年）ほか。

西川　長夫（にしかわ・ながお）
1934年生まれ。1965年京都大学文学研究科博士課程単位取得。
現在，立命館大学大学院先端総合学術研究科教授。
主著：『増補　国境の越え方――国民国家論序説』（平凡社，2001年），『戦争の世紀を越えて』（平凡社，2002年）。

西川　祐子（にしかわ・ゆうこ）
1937年生まれ。1966年京都大学文学研究科博士課程単位取得。
現在，京都文教大学人間学部教授。
主著：『借家と持ち家の文学史――「私」のうつわの物語』（三省堂，1998年），『近代国家と家族モデル』（吉川弘文館，2000年）。

安田　常雄（やすだ・つねお）
1946年生まれ。1977年東京大学大学院経済学研究科博士課程単位取得。
現在，国立歴史民俗博物館教授。
主著：『日本ファシズムと民衆運動』（れんが書房新社，1979年），『展望日本歴史24　思想史の発想と方法』（共編，東京堂出版，2000年）ほか。

安田　浩（やすだ・ひろし）
1947年生まれ。1977年東京教育大学文学研究科博士課程単位取得。
現在，千葉大学文学部教授。
主著：『大正デモクラシー史論』（校倉書房，1994年），『天皇の政治史――睦仁・嘉仁・裕仁の時代』（青木書店，1998年）ほか。

【編者紹介】

牧原　憲夫（まきはら・のりお）

1943年生まれ。1979年東京都立大学大学院人文科学研究科博士課程単位所得。
現在，東京経済大学経済学部助教授。
主著：『明治七年の大論争——建白書から見た近代国家と民衆』（日本経済評論社，1990年），『客分と国民のあいだ——近代民衆の政治意識』（吉川弘文館，1998年）ほか。

〈私〉にとっての国民国家論 ——歴史研究者の井戸端談義——

2003年6月1日　第1刷発行　　定価（本体3,200円＋税）

編　者　牧　原　憲　夫
発行者　栗　原　哲　也

発行所　株式会社　日本経済評論社
〒101-0051　東京都千代田区神田神保町3-2
電話　03-3230-1661　FAX　03-3265-2993
E-mail: nikkeihy@js7.so-net.ne.jp
URL: http://www.nikkeihyo.co.jp/
印刷＊文昇堂／製本＊協栄製本
装幀＊渡辺美知子

乱丁本落丁本はお取替えいたします.　Printed in Japan

ISBN4-8188-1505-5